한국을 빛낸 선사들

한국을 빛낸 선사들

현각 스님의 테마가 있는 범문 — 원효 성사에서 나옹 선사까지

머리말

옛날과 현대는 다른 것이 판이하게 많기도 하다. 옛사람들은 심성이 질박하여 끌어당기는 강한 흡인력 같은 것이 있었다. 반면에 현대인은 세련미는 있으나 붙임성은 덜한 것 같다. 마치 쇳덩이마냥 차갑게 느껴지는 것이 사실이다. 절기도 춘하추동이 구별되기 마련이다. 하지만 사람의 마음은 험할 때는 산천보다 험하고 어렵기로는 하늘보다 알기 어려운 것이다. 그러한 마음작용을 다잡기 위해 성인들은 자기 성찰을 게을리 하지 않았던 것이다.

선사들 역시 자기 수련을 촌각도 게을리 하지 않았다. 선지식이 주석하는 곳이라면 산을 넘고 바다를 건너 구법 행각을 하였다. 타임캡슐이 없었던 시절이지만 그에 비견되는 기록물이 있다. 당시 선사들의 일대기를 통해 그 시대의 풍속, 문화, 사상, 교단을 이해할 수도 있다. 통일신라의 원효 성사에서 고려 말 나옹 선사에 이르기까지 서른여섯 분을 소개하였다. 선사들 대부분이 열악한 조건에서도 오직 구법에 뜻을 두고 유학을 감행하였다. 그리고 고국에 돌아와 당시 국민의 정신세계를 고양시키는 데 기여했을 뿐 아니라 왕권의 통치이념에 지대한 영향을 미치기도 했다.

구법하기 위하여 중국이나 인도에 갔다고 하지만 꼭 그런 것만은 아니라고 본다. 선사 자신의 공부 경지를 점검하고자 하는 면이 있었고, 한편으로는 그들의 퇴락한 마음을 일깨우기도 했다. 『한국을 빛낸 선사들』이란 제목을 붙이고 나니 왠지 마음이 무거워진다. 여기에 오르지 않은 선사들은 제 몫을 다하지 못했단 말인가 하는 반문이 앞서기도 하기 때문이다. 역사의 그늘에 얼룩진 선사들이 어찌 한두 분뿐이랴. 어찌 보면 그분들의 저변 구축이 있었기에 한국불교는 영고성쇠를 겪으면서도 그 맥을 견고히 했다고 본다. 부연하고 싶은 말은 율사, 밀교사, 거사도 있으나 그들도 수행에 매진하였을 뿐 아니라 다수가 선사이기에 선사들이라고 명명하였다.

이 책은 지난 5년간 BBS의 주말 프로그램 '테마가 있는 법문'에서 청취자에게 선 보인 바 있는 내용을 모았다. 방송의 일회성이란 한계를 극복하는 길은 활자화하는 것이라 생각했으며, 모든 사람과 공유하고자 하는 바람도 있다.

언젠가 방송을 마치고 나니 원고를 갖고자 하는 청취자도 있었다. 사연인즉 방송을 경청하다 보니 본인의 조상에 대한 얘기가 나와 방송에 더욱 빠져들게 되었다고 한다. 그 후 함영자咸英子 · 영재英載 남매는 환희심이 나 필자의 연구실로 찾아오기도 하였다. 조상님들의 부처님 도량을 외호하는 신심과 원력이 후손들에게 귀감이 되어 더욱 발심하여 참 불자의 길을 가겠다는 다짐을 하기도 하였다.

끝으로 이 책이 출간되기까지 대학원생 오태섭 군의 노고가 지대하였다. 그리고 출판부 심종섭 편집장의 노고를 치하하며 관계자들에게도 고마움을 전한다.

불기 2555(2011)년 5월 18일
인왕산 마니사에서
현　각

한국을 빛낸 선사들

차례

머리말 … 5

원효 성사의 신통력 … 11

원광 법사의 세속5계 … 20

의상 스님과 선묘 이야기 … 29

부설 거사 … 36

혜통 스님의 도력 … 45

자장 율사와 금와보살 … 55

이차돈의 순교 … 64

김대성의 원력 … 73

낙산사와 조신의 꿈 … 83

정중무상 나한님 … 89

혜초 스님의 왕오천축국전 … 97

도의 국사의 선법 … 107

범일 국사의 진귀조사설眞歸祖師說 … 115

순지 선사의 삼편성불론三遍成佛論 … 124

무염 선사의 무설토론 … 133

범패의 선구자 혜소 선사 … 142

동리산문 혜철 선사 … 149

봉림산문 현욱 선사 … 157

사자산문 도윤 선사 … 166
봉암산문 도헌 선사 … 174
실상산문 홍척 선사 … 183
보조체징 선사 … 191
대통 선사 … 199
행적 선사 … 208
영조 선사 … 216
혜청 선사 … 226
안 선사 … 236
형미 선사 … 244
경보 선사 … 253
여엄 선사 … 262
찬유 선사 … 272
이엄 선사 … 281
긍양 선사 … 290
대각 국사 의천 … 298
보우 선사 … 307
나옹 선사 … 316

원효 성사의 신통력

원효(617~686) 성사는 속성이 설薛씨이고, 할아버지는 잉피공仍皮公이며 적대공赤大公이라고도 합니다.(지금 적대연赤大淵 옆에 잉피공의 사당이 있습니다.) 아버지는 담날내말談捺乃末입니다. 원효 스님은 압량군押梁郡 남쪽 불지촌佛地村의 북쪽 밤골 사라수 아래에서 태어났는데, 불지촌은 간혹 발지촌發智村이라고도 합니다. 압량군은 지금의 경북 경산시 압량면으로 설총과 일연 스님이 태어난 곳이기도 합니다. 사라수沙羅樹라는 것을 세간에서는 이렇게 말했습니다.

"법사의 집은 본래 이 골짜기 서남쪽에 있었다. 어머니가 아이를 배어 달이 찼는데 마침 이 골짜기의 밤나무 아래를 지나다가 갑자기 해산을 하게 되었다. 급한 나머지 집으로 돌아가지도 못하고 남편의 옷을 나무에 걸어놓고 그 안에 누워 아이를 낳았기 때문에 그 나무를 사라수라고 불렀다 한다. 그 나무의 열매 또한 보통 것과는 달라서 지금까지도 사라율沙羅栗이라고 부른다."

　삼국통일을 기점으로 신라에는 두 분의 정신적인 지주가 있었습니다. 원효 스님과 의상 스님이었습니다. 원효 스님은 교의를 깊이 연구하여 해동종海東宗의 시조가 되었습니다. 해동종은 법성종法性宗이라고도 하는데, '일체 만유는 깨달음을 가졌고 모두 성불할 수 있다'는 것을 종지宗旨로 삼은 종파로, 본사는 경주 분황사였으며 신라 5교의 하나였습니다.

　원효 스님은 의상 스님과 달리 유학을 포기하고 포교활동에 나섰습니다. 당시 신라는 통일전쟁이 일어나 백성들의 불안이 가중되던 시기였습니다. 이때 대중교화에 나선 것입니다. 그 무렵 교단은 자장 스님과 같은 진골 출신 스님들이 당나라 유학을 마치고 돌아와 국가의식 고취와 왕실 권위의 강화에 주력하고 있었습니다.

　그들은 때로는 정치 일선에 깊숙이 발을 디밀기도 했습니다. 하지만 교단 내에서는 계율을 엄히 고수했습니다. 이때 축조된 황룡사나 황룡사 9층탑은 신라의 자랑거리이면서 동시에 지배층의 전유물이기도 했습니다. 따라서 일반 백성들은 오랫동안 불교에서 소외되어 있었고, 게다가 통일전쟁으로 지쳐 있었습니다. 이러한 때에 지배층 중심의 불교는 반성의 계기를 맞아 백성들에게로 관심을 돌렸습니다. 이는 시대적 요청이기도 했습니다. 혜공惠空·대안大安 스님 같은 선배들이 경주 외곽지대를 무대로 불교 대중화운동을 펼치고 있었습니다. 원효 스님은 이러한 선배 스님들과 함께 운동을 시작했습니다.

　그런데 한 가지 중요한 문제가 제기되었습니다. 일반 백성들과 함께 지내며 부대끼면서 그들을 교화하려면 때로는 계율을 어기는 파격적인 일을 할 때가 있었습니다. 원효 스님은 계율에 얽매이지 않고 백성들을 깨우쳐야 한다고 결심했습니다. 그리하여 파격적인 행동을 서슴지 않았습니다. 원효와 요석 공주의 이야기는 사랑의 승화로 아름답게 미화되었습니다.

어느 날 거리에서 노래를 불렀습니다.

그 누가 내게 자루 없는 도끼를 주려는가.
내가 하늘을 떠받칠 기둥을 찍어 보련다.

사람들은 모두 그 의미를 알지 못했습니다. 이때 태종무열왕이 그 말을 듣고는 말했습니다.

"이 대사가 아마 귀한 부인을 얻어 어진 아들을 낳고 싶어 하는 것 같구나. 나라에 위대한 현인이 있으면 그 이로움이 막대할 것이다."

이때 요석궁瑤石宮에 과부 공주가 있었습니다. 왕은 관리를 시켜 원효 스님을 불러오게 했습니다. 왕명을 받들어 스님을 찾아보니, 이미 남산을 거쳐 문천교蚊川橋를 지나고 있었습니다. 스님은 관리를 만나자 일부러 물속에 빠져 옷을 적셨습니다. 관리는 원효를 요석궁으로 인도하여 옷을 말리고 그곳에서 머물고 가게 하였습니다. 공주는 태기가 있어 설총을 낳았습니다. 설총은 태어나면서부터 지혜롭고 영민하여 경서와 역사책에 널리 통달하였으니, 신라의 10현十賢 중 한 사람입니다.

원효 스님은 계율을 어겨 설총을 낳은 이후부터는 속인의 의복으로 바꾸어 입고 스스로 소성거사小姓居士라 불렀습니다. 『삼국사기』에는 '소성거사小性居士'라고 되어 있습니다. 우연히 광대들이 굴리는 큰 박(瓠)을 얻었는데, 그 모양이 기괴하였으므로 그 형상을 따라 도구를 만들었습니다. 『화엄경』의 "일체 무애인無碍人은 한 번에 생사를 벗어난다."라는 구절을 따라 무애라 이름 짓고, 노래를 지어 세상에 유포시켰습니다.

일찍이 원효는 이 박을 지니고 수많은 부락을 돌아다니면서 노래하고 춤을 추며 교화하고 읊다가 돌아오곤 했습니다. 그래서 뽕나무 농사 짓는 늙은이와 옹기장이나 무지몽매한 무리들도 모두 부처님의 이름을 알고 나무아미타불을 부르게 되었으니, 스님의 교화가 컸다고 할 수 있습니다.

혜공惠空 스님은 항상 작은 절에 머물면서 날마다 미친 듯이 만취하여 삼태기를 지고 거리에서 춤을 추었으므로 사람들은 그를 부궤화상負簣和尙이라 불렀습니다. 그가 머무는 절을 부개사夫蓋寺라 불렀는데, 삼태기의 향언(신라 말)입니다. 또 종종 절의 우물 속에 들어가 몇 달 동안 나오지 않아 스님의 이름으로 우물 이름을 삼았습니다. 우물에서 나올 때면 항상 푸른 옷을 입은 신동이 먼저 솟아올랐기에 절의 대중들은 이를 혜공 스님이 나올 징조로 보았습니다. 혜공 스님은 우물에서 나온 후에도 옷이 물에 젖어 있지 않았습니다.

스님은 노년에 항사사恒沙寺(지금의 오어사吾魚寺)에 거처하고 있었습니다. 이때 원효 스님은 여러 불경의 소疏를 지으면서 혜공 스님을 찾아가 의심나는 것을 물었다고 합니다. 어느 날 원효와 혜공이 시냇가에서 망중한을 즐기다 곡차를 하기로 하였습니다. 그런데 안주가 마땅치 않자 냇가의 물고기를 잡아 안주로 삼자는 것이었습니다. 아니 그런 살생을 해서야 되겠는가? 아니야, 물고기를 살려내면 그만 아니겠는가? 혜공이 뒷일을 보았는데 원효가 그것을 가리키며 말했습니다.

"자네가 눈 것은 내 물고기이다."

원문에는 여시오어汝屎吾魚(너는 똥을 누고 나는 고기를 누었다.)라고 되어 있습니다. 때문에 오어사吾魚寺라고 이름 지었습니다.

혜공 스님은 신비스런 자취가 꽤 많았습니다. 죽을 때는 공중에 떠 있는 채로 입적했는데, 사리가 수를 셀 수 없을 정도로 많았습니다. 스님은 일찍이 『조론肇論』을 보고서 말하였습니다.

"이것은 내가 예전에 지은 것이다."

이로써 혜공이 승조의 후신後身임을 알았습니다. 『조론』은 후진後秦의 스님 승조가 지은 책인데, 그는 구마라습鳩摩羅什의 제자로 교리에 밝았습니다.

필자는 십수 년 전 일본인도학·불교학회에서 「원효 스님의 쟁관법」이란 주제로 발표한 바가 있습니다. 원효 스님의 쟁관법은 부처님이나 역대 조사들이 내세운 바가 없는 스님만의 유일한 수행법이어서 우리가 누구나 선양할 만한 것이었기 때문입니다. 쟁관법의 경우 쟁 자가 쇳소리 쟁錚 자입니다. 삽관법이라고 하면 가래 삽鍤 자를 쓰기도 합니다. 논밭을 갈 때 가래라는 농기구를 사용합니다. 밭이나 논이랑을 일구다 보면 가래가 돌멩이에 닿기도 합니다. 그럴 경우 쇳소리가 나기 마련입니다. 쟁관법의 쇳소리 쟁 자도 금속의 소리가 나는 것만은 분명합니다. 누구든 산란심이 일어 마음의 고요를 갖지 못하면 쇳소리를 내어 그 금속의 소리를 따라 마음을 싣고 따라가다 보면 점점 산란심이 가라앉는다고 합니다. 산란한 미진이 다할 때까지 반복하다 보면 어느 결에 안정을 찾고 적멸의 세계에 노닐게 된다는 것입니다.

원효 스님의 『금강삼매경론』은 『금강삼매경』에 대한 주석서로서 『대승기신론소』와 더불어 가장 뛰어난 저술로 알려져 있습니다. 원효 스님 개인으로서만이 아니라 한국불교 저술 가운데서도 백미로 꼽히고 있습니다. 특히 『금강삼매경론』은 아직 우리나라에 본격적인 선법이 전래되기 이전에 등장한 것임에도 불구하고 원효 스님의 개인적인 선법 이해에 대한 하나의 단서로 간주할 수 있다는 점에서 원효 스님의 선관禪觀을 엿볼 수 있는 자료이기도 합니다. 스님은 금강삼매의 뜻에 대하여 어떤 것이라도 파破하지 못할 것이 없다는 의미로 해석하면서 일미관행一味觀行으로 요지를 삼고 있습니다. 파하다, 즉 깨뜨리는 것을 능사로 삼는다는 것에는 두 가지가 있는데, 하나는 모든 의식을 파하는 것이고, 둘은 모든 선정을 꿰뚫는 것이라 하였습니다.

나라에서 백고좌인왕경대회百高座仁王經大會 때 많은 대덕을 모시게 되었습니다. 그런데 유독 원효 스님만 초대받지 못했습니다. 하지만 후일에 조정에서는 원효 스님에게 『금강삼매경』을 강의하게 하였습니다. 그때 스님은 힘주어 말했습니다.

예전에 백 개의 서까래를 고를 때 비록 참여하지 못했는데
오늘 아침 대들보를 놓을 때 오직 나만이 할 수 있다네.
昔日採百椽時雖不預會
今朝橫一棟處唯我獨能

처음에 5권의 소疏가 되었는데 황룡사에 도둑이 들어 원고를 몽땅 잃어 버리고 말았습니다. 3일을 연기하여 재집필하여 오늘날까지 3권(상·중·하)이 남아 있게 되었습니다.

원효 스님은 소외되고 지친 백성을 외면하지 않고 항상 그들 곁을 떠나지 않았습니다. 그들과 같이 호흡하며 극락정토를 현세에 실현하고자 했던 행동하는 수행자였습니다. 창백한 얼굴로 자신만을 응시하고 있는 나약한 모습이 아니었습니다. 스님은 보살도의 실천자였을 뿐만 아니라 깊은 수행의 면면을 저술로 남겨 후학들에게 큰 길잡이가 되게 하였습니다. 저술이 대략 99부 240여 권에 달합니다. 당나라 석학들이 스님의 저술을 '해동소海東疏'라고 칭송하였습니다. 20부 23권이 현존하고 있습니다. 뿐만 아니라 원효 스님의 신통력은 감탄스러울 정도입니다. 원효 스님이 통도사 앞 천성산에서 수도하고 있을 때였습니다. 토굴에서 좌선삼매에 들어가 있던 스님이 갑자기 혀를 끌끌 차며 중얼거렸습니다.

"이게 웬일인가. 서둘러야겠구나. 많은 사람이 다치기 전에 조처를 취해야겠어."

시자가 어리둥절하여 물었습니다.

"큰스님 무슨 말씀이신지요?"

"글쎄, 멀리 중국에서 변이 생길 조짐이 보이니라."

시자는 기가 막혔으나, 큰스님의 천안통天眼通을 아는지라 숨을 죽이고 지켜보았습니다. 원효 스님은 급한 김에 마루의 판자를 뜯어 '신라의 원효가 판자를 던져 중생을 구하노라' 라는 글을 써서 공중으로 힘껏 던졌습니다.

중국 태화사에서 1천여 명의 스님과 신도들이 법당에 모여 막 법회를 시작하려던 참이었습니다. 그런데 난데없이 법당으로 날아오고 있는 판자에 모두 놀랐습니다. 온 대중이 법당에서 빠져나오자마자 아무렇지도 않던 법당이 굉음을 내며 무너져 내렸습니다. 하지만 대중은 한 사람도 다치지 않았습니다.

한 스님이 판자에 쓰인 원효 스님의 글씨를 보고 외쳤습니다.

"그냥 유명해진 원효 대사가 아니로군."

"천안통이 귀신의 경지로세. 신라에서 태화사 법당이 무너질 줄을 알다니, 부처님이 다 되셨군."

중국의 한 스님이 원효 스님의 신통력에 감읍하여 신라로 떠나려 하자 사부대중이 다투어 나섰습니다. 그 수가 1천여 명이나 되었습니다.

원효 스님은 토굴에서 1천여 명의 대중을 외호할 수 없어, 이들이 기거할 수 있는 절터를 찾아 나섰습니다. 산을 내려오고 있는데 백발의 산신령이 나타났습니다.

"허허, 대사께서 절터를 찾아나섰구만."

"그렇습니다."

"이 산 중턱을 둘러보오. 1천 명 대중이 수행할 수 있는 썩 좋은 절터가 있소이다. 다른 곳으로 가지 말고 내 말대로 그곳으로 가보시오."

그곳에 절을 세우고 절 이름을 멀리 중국에서 1천여 명의 대중이 왔다 하여 올 래來 자, 멀 원遠 자를 써서 '내원사'라 하였습니다. 그리고 『화엄경』을 설한 곳을 '화엄벌'이라 불렀습니다. 지금도 『화엄경』을 놓았던 자리에는 풀이 자라지 못하고 풀빛이 다르다고 합니다. 산 이름을 천성산千聖山이라 한 것도 중국에서 온 1천 명의 대중이 원효 스님의 가르침을 받고 모두 깨우침을 얻어 그 산에서 1천 명의 성자가 나왔다 하여 붙여진 이름입니다.

원광 법사의 세속5계

원광 스님은 속성이 박씨입니다.『수이전殊異傳』본전에는 속성이 설薛씨라고 하였으며,『해동고승전』본전에는 '박朴'씨 혹은 '설薛' 씨라고 병행하여 열거하고 있습니다. 집안 대대로 서라벌에서 살았는데, 조상의 풍습이 멀리 이어져 왔습니다. 그는 도량이 컸으며, 또한 글을 좋아하고 현학玄學과 유학을 폭넓게 섭렵하였으며, 제자백가서와 역사서를 공부하여 그 명성을 삼한, 즉 마한(고구려)·진한(신라)·변한(백제)에 떨쳤습니다.

신라의 이야기책 가운데 일연 스님이『삼국유사』를 집필할 때 많이 참고한 책으로 손꼽히는『수이전』이 있습니다. 이『수이전』에「원광법사전」이 실려 있는데, 그 내용은 다음과 같습니다.

원광 스님은 출가하여 불교를 배웠는데 나이 30세에 조용히 살면서 수도할 생각을 품고는 혼자서 삼기산三岐山에서 살았습니다. 그 후 4년이 지나 한 스님이 와서 멀지 않은 곳에 절을 짓고 2년을 살았는데, 그는 사람됨이 강인하고 매우 사나우며 주술 배우기를 좋아하였습니다.

원광 법사가 밤에 혼자 앉아 경을 외고 있는데, 갑자기 신의 목소리가 들리더니 법사의 이름을 부르며 말하였습니다.

"좋구나, 좋구나. 그대의 수행이여! 대개 수행하는 사람이 많다고는 하지만 법사 같은 사람은 드물구나. 지금 이웃에 어떤 스님이 있는데 그를 보면 곧잘 주술을 닦지만 얻는 것은 없고, 지껄이는 소리는 다른 사람의 조용한 마음을 뒤흔들고, 머무는 곳이 내가 다니는 길을 막고 있어 항상 오갈 때마다 몇 번이나 미운 생각이 드니, 법사는 나를 위해 그에게 말하여 다른 장소로 옮기도록 하여라. 만약 오래 머문다면 아마도 내가 문득 죄업罪業을 저지를 것 같다."

이튿날 원광 법사가 가서 알려주었습니다.

"내가 어젯밤에 신의 말을 들었으니 비구는 제발 다른 장소로 옮기시오. 그렇지 않으면 재앙이 따를 것이오."

비구가 대답했습니다.

"수행이 지극한 사람도 잡귀에게 미혹되는군요. 법사는 어찌 귀신의 말을 걱정합니까?"

그날 밤 신이 또 와서 말했습니다.

"지난번 내가 말한 일에 대해 비구가 무어라고 답하던가?"

법사는 신이 몹시 화를 낼까 두려워하며 대답하였습니다.

"아직 말을 다 하지 못했습니다만 강하게 말한다면 어찌 감히 듣지 않겠습니까?"

신이 말했습니다.

"내가 이미 다 들었는데, 법사는 어찌하여 말을 덧붙이는가? 잠자코 내가 하는 일을 보시게."

말을 마치고 가더니 그날 밤 우레와 같은 소리가 들렸는데, 이튿날 살펴보니 산이 무너져 비구가 살던 절을 덮어 버렸습니다. 신이 또 와서 말하였습니다.

"법사가 보니 어떠한가?"

법사가 대답했습니다.

"보기에 매우 놀랍고 두려웠습니다."

신이 말했습니다.

"내 나이는 거의 3천 살로서 신령스러운 술법에 가장 뛰어나니 이 정도는 작은 일이네. 어찌 놀랄 것이 있겠는가. 나는 앞으로 다가올 일을 알지 못하는 것이 없으며 천하의 일을 통달하지 않은 것이 없다. 지금 생각해 보니 법사가 이곳에만 살면 비록 자신에게는 이로운 행실이 있겠으나 다른 사람을 이롭게 하는 공은 없을 것이다. 지금도 높은 명성을 드날리지 못하고 미래에도 뛰어난 성과를 드날리지 못할 것인데, 어찌 중국에 가서 불법을 가져와 이 나라의 미혹한 무리들을 인도하지 않는가?"

법사가 대답했습니다.

"중국에 가서 도를 배우는 것이 본래 제가 바라던 바이나 바다와 육지가 막혀 있어 스스로 가지 못할 따름입니다."

신이 중국에 갈 수 있는 계책을 자세히 일러주었으므로, 법사는 그 말을 따라 중국에 가서 11년 동안 머물면서 경·율·론 삼장에 널리 통달하고 유학도 배웠습니다.

　진평왕 22년(600)에 귀국하여 신에게 감사를 드리기 위해 전에 거주하던 삼기산의 절에 도착하니 밤중에 신이 또 와서 그의 이름을 부르며 말했습니다.

　"바다와 육지 길을 다녀오는 것이 어떻던가?"

　법사가 대답했습니다.

　"신의 은혜를 입어 편안히 다녀왔습니다."

　신이 말했습니다.

　"나 또한 법사에게 계戒를 주겠다!"

　그리고 윤회하는 세상에서 서로 구제해 주자(生生救濟)는 약속을 맺었습니다. 법사가 또 요청하였습니다.

　"신의 참모습을 볼 수 있겠습니까?"

　신이 말했습니다.

　"법사가 만일 내 모습을 보고자 한다면 아침에 동쪽 하늘 끝을 보면 된다."

　법사가 이튿날 아침에 그곳을 바라보니, 큰 팔뚝이 구름을 뚫고 하늘 끝에 닿아 있었습니다. 그날 밤, 신이 또 와서 말했습니다.

　"법사는 내 팔뚝을 보았는가?"

　법사가 대답했습니다.

　"보았는데 매우 기이하고 절묘했습니다."

　이로 인해 세속에서는 삼기산을 비장산臂長山이라고 불렀습니다.

　신이 말했습니다.

　"비록 이런 몸을 가졌다 해도 무상의 고통을 면하지는 못한다. 나는 어느 달 어느 날에 그 고개에 나를 버릴 것이다. 법사는 와서 영원히 가는 내 혼을 송별해 주시게."

약속한 날을 기다렸다가 가서 보니 옻칠한 것처럼 검은 늙은 여우 한 마리가 헐떡거리며 숨도 쉬지 못하다가 얼마 후 죽었습니다.

『삼국사기』「열전」제5에는 이러한 내용이 있습니다.

어진 선비 귀산貴山은 사량부 사람으로 한 동네에 사는 추항箒項과 막역한 친구 사이였습니다. 하루는 두 사람이 만나 말했습니다.

"우리들이 덕망 있는 선비와 교유하길 기약하면서 먼저 마음을 바르게 하고 몸을 닦지 않는다면 아마도 욕을 초래하는 일을 면하지 못할 것이다. 그러니 어찌 어진 사람을 찾아가 도를 묻지 않을 수 있겠는가?"

이때 원광 법사가 수隋나라에 들어갔다가 돌아와서 가슬산嘉瑟山(지금의 청도군 운문사)에 머물고 있다는 말을 듣고 두 사람이 찾아가 아뢰었습니다.

"속된 선비들은 무지몽매하여 아는 것이 없으니, 한 말씀만 해 주시면 평생토록 경계로 삼겠습니다."

원광 법사가 말했습니다.

"불교에는 보살계가 있고 거기에 따로 열 가지가 있으나, 너희들이 다른 사람의 신하 된 몸으로는 아마도 감당할 수 없을 것 같다. 지금 세속에는 다섯 가지 계(世俗五戒)가 있다. 첫째는 충성으로 임금을 섬기는 것(事君以忠)이고, 둘째는 효도로 어버이를 섬기는 것(事親以孝)이고, 셋째는 믿음으로 벗과 사귀는 것(交友以信)이고,

넷째는 싸움터에 나가서는 물러남이 없는 것(臨戰無退)이고, 다섯째는 살생을 가려서 하는 것(殺生有擇)이다. 너희들은 이를 실행하는데 소홀함이 없어야 한다."

귀산과 추항은 말했습니다.

"다른 것은 잘 알겠습니다만, 이른바 살생을 가려서 하라는 것만은 그 의미를 잘 알지 못하겠습니다."

원광 법사가 말했습니다.

"육재일六齋日과 봄·여름에는 살생하지 말아야 하니, 이는 시기를 가리키는 것이다. 부리는 가축을 죽이지 말라고 하는 것은 말·소·닭·개를 말하는 것이다. 미물을 죽이지 말라고 하는 것은 그 고기가 한 점도 되지 못하는 것을 말하니, 이는 바로 대상을 가리라는 것이다. 또한 죽일 수 있는 것도 꼭 필요한 양만큼만 죽이고 많이 죽이지는 말라는 것이다. 이것이 곧 세속의 좋은 계이다."

귀산과 추항이 말했습니다.

"지금부터 이를 받들어 두루 행하여 감히 실수하는 일이 없도록 하겠습니다."

이후 진평왕 24년 백제와의 전투에서 귀산과 추항은 장렬한 죽음을 맞았습니다.

원광 법사의 제자 원안圓安은 지혜롭고 기민하였으며 성품이 유람을 좋아하여 그윽한 곳을 구하면서 스승을 섬겼습니다. 마침내 북쪽으로 평양을 돌아보고, 동쪽으로 안변(함경남도)을 보았으며, 또 서쪽으로 연燕나라와 위魏나라에 가고, 나중에 황제가 사는 장안까지 갔습니다. 이렇게 하여 지방의 풍속에 두루 통달하고 여러 경론을 탐구하여 큰 줄기를 꿰뚫고 미묘한 뜻까지도 훤히 통달하게 되었습니다. 만년에 이르러서는 선수행으로 돌아가 스승의 뜻을 높이 따랐습니다. 처음에는 장안의 절에 머물렀는데 도가 높은 것으로 알려지자, 특진特進 소우蕭瑀가 왕에게 아뢰어 남전藍田에 지은 진량사津梁寺에 머물게 하였는데 사사공양四事供養, 즉 방, 의복, 음식, 탕약을 온종일 변함없이 하였습니다.

원안 스님은 스승 원광 법사에 대하여 다음과 같이 서술하고 있습니다.

우리 임금이 병이 들었는데 의원의 치료에도 낫지 않았다. 원광에게 궁궐로 들어올 것을 요청하여 옆에 따로 모시고 매일 밤 두 차례씩 심오한 법을 들었다. 원광이 왕에게 계를 받고 참회하게 하니 왕이 그를 몹시 신봉하였다. 한번은 초저녁에 왕이 원광의 머리를 보니 금빛이 찬란하게 빛나고 햇무리(日輪) 같은 형상이 그의 몸이 가는 대로 따라다녔다. 이것을 왕후와 궁녀들이 모두 보았다. 이로 말미암아 마음을 거듭 내어 병실에 머물게 하니, 오래지 않아 왕의 병이 나았다. 원광은 진한(신라)과 마한(고구려) 사이에서 부처님의 교법을 크게 폈으며, 해마다 두 차례의 강론을 통해 후학을 기르고, 시주받은 재물은 모두 절을 운영하는 데 보태니 남은 것은 단지 가사와 바리때뿐이었다.

원광 스님이 나이가 들어 수레를 타고 대궐로 들어가자, 왕이 손수 의복과 약과 음식을 마련하여 다른 사람이 돕는 것을 허락하지 않고 오로지 혼자 대접하였으니, 그 감동하고 공경하는 모습이 이 정도였습니다. 스님이 임종하려 할 때 왕이 직접 손을 잡고 위로하며 백성들을 구제할 수 있는 법을 남겨 달라고 부탁하니, 상서로운 징조를 설명하여 온 나라 구석구석에 미치게 하였습니다.

진평왕 52년(630)에 몸이 여의치 않음을 느끼다가 7일이 지나 황룡사에서 단정히 앉아 좌탈입망하였습니다. 임종할 때, 절의 동북쪽 허공에는 음악소리가 가득하고 이상한 향기가 절에 충만하여 온 대중들이 모두 슬퍼하면서도 경사로 여겼습니다. 나라에서는 온갖 장례용품을 내려 마치 왕의 장례에 버금가게 치렀습니다.

신라 24대 진흥왕은 천성이 풍류를 좋아하고 신선神仙을 매우 숭상하여 백성들 집안의 아름다운 처녀를 뽑아 원화原花로 삼았습니다. 이것은 무리를 모으고 선비를 뽑아 효도, 우애, 충성, 신의를 가르치고자 함이었고, 또한 나라를 다스리는 큰 요체이기도 하였습니다. 이에 남모랑南毛娘과 교정랑姣貞娘 두 원화를 뽑고, 무리 3~4백 명을 모았습니다. 그런데 교정랑이 남모랑을 질투하여 술을 준비해 남모랑에게 먹여 취하게 한 후, 몰래 부천으로 데리고 가서 큰 돌을 갖다 그 속에 묻었습니다. 남모랑의 무리들은 남모랑의 소재를 몰라 슬피 울면서 흩어졌습니다. 어떤 사람이 교정랑의 음모를 알아차리고는 노래를 지어 어린아이들을 꾀어 거리에서 부르게 하였습니다. 남모랑의 추종자들이 노래를 듣고는 그의 시체를 부천 가운데서 찾아낸 후 교정랑을 죽였습니다. 그러자 진흥왕은 명령을 내려 원화를 폐지하였습니다.

수년이 지나자 왕은 또 나라를 흥성하게 하려면 반드시 먼저 풍월도風月道를 해야 한다고 생각하여, 다시 명을 내려 좋은 집안의 남자 가운데 덕행이 있는 올바른 사람을 뽑아 화랑花郎이라 고치고 맨 먼저 설원랑薛原郎을 받들어 국선國仙으로 삼았습니다. 이것이 화랑 국선의 시초입니다. 그래서 명주溟州에 비를 세웠는데, 이로부터 사람들로 하여금 악행을 고쳐 다시 선행을 하게 하고 윗사람을 공경하며 아랫사람에게 순하게 하니 인·의·예·지·신의 5상五常이 널리 행해졌으며, 예禮·악樂·사射·어御·서書·수數의 육예六藝, 성신聖臣·충신忠臣·양신良臣·지신智臣·정신貞臣·직신直臣의 육정六正이 이 시대에 널리 행해졌습니다.

 오상, 육예, 육정은 모두 유교의 가르침이 근간이 되는 인륜의 덕목입니다. 이러한 덕목을 원광 법사가 각색하여 불교적 가르침으로 만들었습니다. 그리하여 세속5계의 가르침을 몸소 실천하여 삼국통일의 젊은 기수가 되었던 귀산과 추항 같은 분들도 나오게 된 것입니다.

 시대는 선각자를 찾고 있습니다. 선각자는 그 시대의 횃불이 되기 마련입니다. 이 시대의 냉엄한 현실도 큰 선각자를 배출하고자 하는 진통같이 느껴지는 것은 한 출가자의 목마름으로만 치부할 일이 아닙니다.

의상 스님과 선묘 이야기

의상(625~702) 스님은 속성이 박씨라고 하기도 하고 김씨라고도 합니다. 신라 계림부 사람이고, 아버지 이름은 한신翰信입니다. 소년 시절에 도를 흠모하여 원대한 포부를 갖고 집을 나섰습니다. 19세 때인 644년, 황복사皇福寺에서 축발하였습니다. 661년 무렵 의상 스님은 중국으로 가 부처님의 교화를 보고자 하여 마침내 원효 스님과 함께 길을 떠나게 됩니다. 의상 스님이 처음 중국 땅을 밟은 곳은 산둥 반도 부근으로 그곳의 독실한 불교신도 집에서 머물렀습니다. 이 집 거사의 딸 선묘 아가씨는 스님을 사모하게 되었습니다.

당나라 수도 장안의 남산이 종남산終南山인데 그곳에는 절들이 많았습니다. 지엄智儼 스님이 주석하고 있는 지상사至相寺에 도착하였습니다. 지엄 스님은 간밤에 기이한 꿈을 꾸었습니다. 꿈에 큰 나무 한 그루가 해동海東에서 생겨나 가지와 잎이 널리 우거지고 그늘이 생겨 신주神州까지 와서 덮었습니다. 나무 위에는 봉황의 둥지가 있었는데 올라가 보니 마니보주摩尼寶珠가 하나 있어 빛이 멀리까지 뻗치고 있었습니다. 꿈에서 깨어 이상하게 여기며 청소를 깨끗이 하고 기다리는데, 의상 스님이 왔습니다. 지엄 스님은 극진한 예로 맞이하며 조용히 말했습니다.

"내가 어젯밤에 꾼 꿈은 자네가 나에게 의탁할 징조였다."

지엄 스님은 의상 스님을 방으로 들어오게 하였습니다. 방에 들어오게 했다는 것은 제자로서의 법을 잇게 하겠다는 뜻입니다. 의상 스님은 『화엄경』의 오묘한 뜻을 세밀한 부분까지 분석하였습니다. 지엄 스님은 뛰어난 자질을 지닌 의상을 만난 것을 기뻐하며, 새로운 이치를 가르쳤습니다. 깊이 숨어 있는 것을 찾아내어 청출어람靑出於藍의 경지에까지 도달하였습니다.

그때 신라의 재상 김흠순金欽純(혹은 김인문金仁問이라고도 한다.)과 김양도金良圖 등이 당나라에 갇혀 있었습니다. 당나라 고종이 동쪽을 치려 하자 김흠순 등은 의상 스님에게 넌지시 신라로 돌아갈 것을 권유하였습니다. 의상 스님은 함형咸亨 원년 경오년(670)에 신라로 돌아와 조정에 그런 사실을 보고하였습니다. 그러자 조정에서는 신인종神印宗의 대덕 명랑明朗 스님에게 명하여 밀교의 제단(密壇法)을 임시로 세우고 법령을 내어 기도하게 하니 곧 위기에서 벗어날 수 있었습니다.

섬서성 종남산에는 남산율종南山律宗의 개조 도선 율사道宣律師가 있었습니다. 도선 율사는 언제나 하늘로부터 공양을 받았는데 매일

재齋를 올릴 때마다 하늘의 주방에서 재물을 보내 왔습니다. 하루는 도선 율사가 의상 스님에게 재를 올리기를 청하였습니다. 의상 스님이 도착하여 자리잡고 앉은 지 오랜 시간이 지났으나 하늘에서 보내는 공양물은 때가 지나도록 이르지 않았습니다. 하는 수 없이 의상 스님은 빈 바리때만 가지고 돌아갔는데, 그때 비로소 하늘에서 천녀가 내려왔습니다.

다급증이 난 도선 율사가 물었습니다.

"오늘은 어찌하여 늦었습니까?"

천녀가 말했습니다.

"예전같이 재 때에 왔습니다만 온 고을에 화엄신장님이 가득히 가로막고 있어 들어올 수가 없었습니다."

'옳지!' 도선 율사는 의상 스님께 화엄신장의 옹호가 있음을 알고, 스님의 뛰어난 도력에 감탄하여 하늘에서 보내는 음식물을 그대로 두었다가 같이 공양하였습니다. 이튿날 또 도선 율사가 의상 스님을 맞이하여 재를 올린 후 그 까닭을 말하였습니다. 의상 스님이 조용히 도선 율사에게 말했습니다.

"율사께서는 이미 천제의 존경을 받고 계십니다. 저는 일찍이 제석궁帝釋宮에는 부처님의 치아 40개 중 어금니 하나가 있다고 들었습니다. 우리들을 위해 천제께 청하여 인간 세상으로 내려보내 복을 받게 하는 것이 어떻겠습니까?"

도선 율사가 이후에 하늘의 천녀와 함께 그 뜻을 천제에게 전하니 천제가 7일을 기한으로 하여 보내 주었으므로 의상 스님이 경배를 마치고 대궐에 맞이하여 모셨습니다.

선묘 아가씨 얘기로 좀 거슬러 올라가 보겠습니다.

선묘는 의상 스님을 사모하여 스님이 처소를 옮겨도 따라다니고, 탁발할 때에도 멀리서 바라보며 흠모하였습니다. 의상 스님은 선묘의 마음을 알고 있었으나 출가자의 본분을 지키고자 아무런 내색도 하지 않았습니다. 아름다운 여인 선묘는 깊이 감동하여 바로 도심을 일으켜 맹세하였습니다. "저는 세세생생에 스님께 목숨을 다하여 귀의하고 대승을 배워 일대사一大事를 성취하겠으며 반드시 신도가 되어 스님께 필요한 자원을 공양하겠습니다."

문무왕 11년, 즉 당나라 함형咸亨 2년(671) 의상 스님은 선묘의 집에 가서 수년간 베풀어 준 은혜에 감사하고 상선을 구하여 바다를 건너기로 하였습니다. 바야흐로 배가 출발하고 여정이 시작될 무렵 선묘가 의상 스님을 위하여 법복과 각종 불구를 바구니에 가득 준비하여 해변가로 나왔습니다. 그리고는 풍랑이 의상 스님의 배를 잘 모시도록 주문을 외고 나서 자기도 몸을 바다에 던져 큰 용으로 변하였습니다. 그 용은 기세 있게 뛰어오르기도 하고 꿈틀꿈틀 기기도 하면서 의상 스님이 탄 배 밑에서 배를 보호하여 편안히 귀국할 수 있도록 도왔습니다. 이 여인을 기념하기 위하여 화엄종의 근본 도량인 부석사浮石寺 법당 뒤에 선묘각을 지어 선묘의 입상을 모시고 영구히 보존하고 있습니다.

의상 스님에게 있어 선묘는 호법신장이고 대보살이었습니다. 그런가 하면 역사적으로 볼 때 한 여인의 몸짓으로 인해 일국이 무너지고 패가망신하는 경우도 허다히 볼 수 있습니다. 한나라의 걸왕桀王에게는 말희妹嬉라는 절세미인이 있었으며, 주나라 유왕幽王에게는 포사라는 미인이 있었으나 그들은 여인에 빠져 나랏일을 돌보지 않은 폭군의 대명사로 전락하고 말았습니다.

『십팔사략』에 걸왕에 대한 이야기가 전하고 있습니다. 탐욕스럽고 포악했으며, 힘은 구부러진 쇠고리를 펼 정도였습니다. 유시有施씨의 딸 말희를 사랑하여 그녀의 말이라면 다 들어 주었습니다. 옥과 구슬로 꾸민 궁전을 만들어 백성들의 재물을 고갈시켰습니다. 고기는 산처럼 쌓이고(肉山), 포는 숲처럼 걸려 있었으며(脯林), 술로 만든 못에는 배를 띄울 수가 있었고, 술지게미가 쌓여서 둑은 십 리까지 뻗어 있었다고 합니다.

『사기』에는 주왕에 대해 자세히 말하고 있습니다. 그는 구변이 좋고 몸이 날랬습니다. 보는 눈과 듣는 귀는 남보다 빨랐습니다. 힘이 장사여서 손으로 맹수를 쳐 죽이기도 했다고 합니다. 그의 지혜는 간하는 말을 충분히 물리칠 수 있었고, 그의 구변은 자기의 그릇된 행동을 정당화시킬 수 있었습니다. 그래서 신하들에게 자기의 훌륭함을 자랑하고 자기의 위대한 이름이 천하에 널리 알려진 데 대해 우쭐하고 있었습니다.

주지육림에 빠져 밤낮없이 놀기만 했습니다. 백성들의 원성이 높아지고 제후들 중에 배반하는 사람이 생겼습니다. 그러나 주왕은 형벌을 무겁게 함으로써 이를 막을 생각으로 포락지형炮烙之刑이란 벌을 창안해냈습니다. 그것은 차마 입에 담기 힘든 형벌로, 산 사람을 통째로 태우거나 불로 지지는 가혹한 형벌을 비유하는 말입니다.

위정자의 몸가짐이 어떠해야 하는가를 우리에게 가르쳐 주는 바가 큰 역사적 사건이었습니다. 하지만 똑같은 몸을 지닌 선묘라는 여인은 한 수행자를 흠모하였으나 연정을 뛰어넘어 아름다운 순애 보殉愛譜를 이루었던 것입니다.

효소왕 원년(692), 당나라에서 유학한 승전勝詮 스님이 귀국하는 길에 중국 법장 스님이 의상 스님에게 증정하는 서적과 편지를 보냈는데, 그 내용에는 "한 번 이별한 지 벌써 20년이나 되었습니다. 이 마음을 다 기울여 그대를 앙모하는 간절한 정성이야 어찌 한시라도 염두에서 떠날 수 있겠습니까. 만리길 구름 넘어 바다와 육지가 천겹이나 둘러싸였으니 이 일생에 재회할 기회가 다시 없을까 한스러워하며 회한과 그리움을 머금을 뿐 무슨 말을 더 하겠습니까? 스님께서는 귀국하신 후 화엄을 설하여 법계의 무애 연기가 중중제망重重帝網함을 선양하시어 불국토를 거듭 새롭게 하며 중생을 널리 이롭게 하여 환희심이 증장케 하신다니, 법륜을 굴려 법이 오래도록 머물게 할 사람은 오직 의상 스님임을 알겠습니다……. 법장 화남 정월 28일"이라고 하였습니다.

의상 스님의 저술은 『화엄일승법계도』 1권 · 『백화도량발원문』 · 『입법계품초기』 1권 · 『화엄십문간법기』 1권 · 『아미타경』 1권 등이 있습니다. 법성게 혹은 의상조사 법성게는 『화엄일승법계도』를 말합니다. 법성게는 7언 30구 210자의 한자로 구성되어 있으며, 법法자로 시작하여 마지막에 불佛자로 끝맺고 있습니다.

    법성원융무이상法性圓融無二相
    제법부동본래적諸法不動本來寂
    ……

이다라니무진보以陀羅尼無盡寶

장엄법계실보전莊嚴法界實寶殿

궁좌실제중도상窮坐實際中道床

구래부동명위불舊來不動名爲佛

  의상 스님은 화엄사상의 저변 확대를 위해서 해인사, 범어서, 화엄사, 부석사 등 전국 열 곳에 화엄종 사찰을 창건하였습니다. 물론 제자나 손제자 스님들에 의해서 창건되었음을 부연합니다.

  『송고승전』에 선묘·의상 대사와 관련한 부석사 창건설화가 전하고 있습니다. 그리고 일본 교토(京都) 근처 고산사에서는 10세기 작품으로 보이는 아름다운 신라 여인상이 근세에 발견되어 국보로 지정되었습니다. 이 여인상이 다름 아닌 의상 대사와 애절한 사연을 간직한 당나라 처녀 선묘 아가씨라고 보고 있습니다. 이 절에는『화엄연기』라는 책이 전해 오는데, 이 책에 의상 스님과 선묘에 관한 기록이 있습니다.

부설 거사

부설浮雪 스님은 경주에서 태어나 불국사 원경 스님을 은사로 축발하였습니다. 그 후 전국 각지를 돌며 열심히 수도하였습니다. 두륜산에서 경론을 연구하고, 법왕봉 아래에 묘적암妙寂庵을 짓고 10년을 정진하는데 도반들이 찾아와 오대산으로 가 문수보살을 친견하자고 하였습니다. 부설 스님은 도반 영조靈照, 영희靈熙 스님과 동행하게 되었습니다.

날이 저물어 부설 스님 일행은 만경 고을 구무원仇無冤의 집에서 하룻밤 묵게 되었습니다. 장맛비가 억수로 쏟아져 객의 발길을 잡아 놓았기 때문이었습니다. 기약 없이 나날이 흐르고 있었습니다. 어느 날 밤 부설은 주인집 딸 묘화妙花를 만났습니다. 묘화는 말더듬이였는데 부설을 만나고 나서 말을 하기 시작했습니다. 기적이 일어난 것입니다. 묘화는 부설에게 푹 빠졌습니다. 묘화의 집에서는 부설을 보내려고 하지 않았습니다.

"스님, 내 딸은 스님이 아니면 이 세상을 살아갈 수 없소이다. 딸의 목숨이 오로지 스님에게 달렸소이다."

"그 무슨 말씀이오?"

"딸에게 기적을 일으킨 것은 스님이 아니오? 그러니 우리 딸의 앞날도 스님이 책임을 져야 합니다."

"나는 아시다시피 전국을 떠도는 수도승이오. 나더러 가정을 꾸리란 말은 억지가 아니오?"

"내가 왜 그걸 모르겠소? 허나 스님의 수도도 중요하지만 내 딸의 생명은 더 소중하지 않겠소이까?"

"억지 부려서 될 일이 아닙니다."

부설은 날이 밝는 대로 떠나려고 했습니다. 그때까지 침묵을 지키고 있던 묘화가 말했습니다.

"스님, 한 말씀 올리겠습니다. 장차 많은 중생을 구제해야 될 스님께오서 이 작은 계집 하나 구하시지 못하고 어찌 큰 뜻을 이루실 것이옵니까?"

부설은 마음이 뜨끔했습니다. 듣고 보니 말인즉 옳은 말이었습니다. 일체 중생을 구제하려는 불제자가 자기가 아니면 죽겠다는 목숨 하나 구하지 못하면 무슨 명분으로 장차 중생 구제에 나설 것인가. 부설은 묘화와 인연을 맺기로 하였습니다.

이튿날, 영조와 영희 두 도반은 부설의 파렴치한 말에 어이가 없었습니다.

"잔말 말고 어서 가세."

"자네들이나 가게. 나는 이미 묘화 낭자와 언약을 하였네."

"불제자 되기를 포기했단 말인가?"

"그건 아닐세. 불제자를 포기할 수는 없네. 내 한평생 뜻이 거기에 있거늘 어찌 포기한단 말인가?"

"우리는 모르는 일이네, 알아서 하게나."

두 도반은 퉁명스럽게 말을 건네고 작별인사도 없이 떠나 버렸습니다.

부설과 묘화는 결혼한 후 지금의 전북 김제시 성덕면 성덕리 고현 부락에 신접살림을 꾸렸습니다. 그 마을에는 이상하게도 늘 눈이 날리므로 마을 이름을 부설촌이라고 하였습니다. 부설은 남매를 낳고 살면서 아내와 함께 불경 공부와 정진을 게을리 하지 않았습니다.

어느 날 옛 도반인 영조·영희가 찾아왔습니다. 부설이 어떻게 지내나 궁금했던 것입니다.

묘화 부인이 정중히 청을 넣었습니다.

"두 분 도반께오서 도가 높으신 듯하온데 저희 집 어른과 도를 한 번 겨뤄 보시겠습니까?"

"도를 겨루다니요?"

"신심과 도의 경지를 겨뤄 보시라는 것입니다."

"무엇으로 겨룬다는 말씀이오?"

묘화 부인이 병 세 개에 물을 가득 담아 벽에 걸어놓고 말했습니다.

"물만 벽에 매달아 놓고 병을 바닥에 떨어뜨려 보십시오."

"예에?"

부설·영조·영희 세 도반이 눈을 감고 벽에 매달린 병을 향해 열심히 기도했습니다. 얼마 후 부설 거사 앞에 매달린 병이 바닥에 떨어져 깨졌지만 물은 병에 담은 듯이 매달려 있었습니다. 영조·영희 두 스님의 병은 모두 깨진 뒤 물이 그대로 바닥에 쏟아졌습니다. 그 모습을 보고 자신들의 공부가 부끄러워 고개를 숙였습니다.

"비구계를 소지한 자네들이 세속에 사는 나보다 수행이 익지 못했으니 어찌 출가 공덕이 있겠는가? 병이 깨지자 물이 함께 쏟아진 것은 자심이 생멸에 이끌린 증거요, 병은 깨졌지만 물이 매달린 것은 자심이 생멸에 이끌리지 않은 것일세."

부설 거사는 간절한 마음으로 두 도반에게 말했습니다.

부설은 가족을 거느리고 부안 변산으로 들어가 옛날 영조·영희와 공부하던 자리에 부설암을 짓고 묘화 부인을 위해 낙조대에 오르는 중간쯤에 묘적암을 지었습니다. 그리고 딸을 위해 월명암을, 아들을 위해 등운암을 지어 각자 자기의 암자에서 수도생활을 하였습니다.

부설 거사 이야기는 『영허대사집』에 전하고 있으며, 묘화는 110세까지 살았다고 합니다.

조선의 명인 가운데 장혼張混(1759~1828)이 있었습니다. 그는 요즘 말로 소아마비를 앓아 한쪽 다리가 불편한 장애인이었습니다. 장혼의 자는 원일元一이며, 호는 이이엄而已广이었습니다. 그의 문집 『이이엄집而已广集』 4권의 오양생悟養生에서 이이엄이란 호를 설명하고 있습니다. 집 엄广 자는 집을 나타내는 당호에 상투적으로 붙이는 말이므로 특별할 게 없습니다. 이이는 특별한 뜻이 없이 쓰이는 허자虛字입니다. 이것이 함께 붙어 문장 끝에 올 때에 '~뿐, ~따름'이라는 뜻이 될 뿐입니다.

남의 잘못은 듣기만 할 '따름'이고, 일의 흑백은 보고 있을 '따름'이며, 쉽거나 어려운 일을 만나게 되면 피하지 않을 '따름'이며, 기쁨과 성냄 그리고 사랑과 미움을 받더라도 표현하지 않을 '따름'이다. 세상을 달관한 사람만이 터득했음직한 '따름철학'을 장혼은 자신의 호로 사용함으로써 시비에 말리지 않고 비난의 화살을 피해 가는 슬기로운 삶의 모습을 보여 주었습니다.

장혼은 어려서부터 중후하고 총명하였으나 지나치게 총명한 것이 걱정스러워 부모가 서당에 보내지 않았다고 합니다. 그의 아버지가 이미 세상의 한계를 알고 아들의 능력이 뛰어난데도 신분 때문에 좌절하게 될까 봐 염려하여 오히려 공부를 시키지 않은 것입니다. 양반이 아닌 모든 계층 사람들을 보통 위항인委巷人이라고 합니다. 위항인들은 스스로 자신의 정체성을 찾고 자기들만의 문화를 만들며 자기들의 삶과 문학과 역사를 기록으로 남기려고 노력했습니다. 그리하여 그들은 스스로 한시를 짓고, 그중 뛰어난 것을 모아 시집을 펴내기도 하였습니다. 이 책을 『소대풍요昭代風謠』라 하고, 장혼은 천수경千壽慶(?~1818)과 힘을 합해 위항시인 333인의 작품을 실어 『풍요속선風謠續選』을 펴냈습니다.

신체적 장애를 뛰어넘은 인쇄출판업의 대가 장혼, 신분의 한계를 극복하기 위해 혼신의 힘을 기울였던 장혼에게서 세상만사가 마음 먹기 달렸다는 사실을 직시하게 됩니다.

부설 거사의 모습도 그렇습니다. 오직 수행에만 전념했던 옛 도반들의 입장에서 보면 성글고 어설프기 그지없는 삶이 재가자 부설의 모습이었을 것입니다. 그러나 수행의 결과는 영 딴판으로 나타났습니다. 수행의 단면을 드러내 보자 하였을 때 그만 고개를 숙여야 했던 두 도반의 모습에서 사람은 외면보다 내면이 튼튼해야 한다는 사실을 재삼 느끼곤 합니다. 내공을 다진다는 것은 건축현장에서 벽돌을 쌓아 올리듯이 쭉쭉 가시적으로 올라가는 것은 아닙니다. 어떤 역경이 닥치거나 혹은 극한 상황에서 유감없이 발휘되는 것입니다.

석개라는 명창은 들에 나가 노래를 한 곡 할 때마다 자갈 하나를 바구니에 넣고, 다 차면 이번에는 노래 하나에 자갈 하나씩 덜어내기를 몇 번씩 반복한 후에야 집에 오기를 계속했다고 합니다. 세종 임금이 인정할 만큼 음악적 소질이 풍부했던 임성정은 3년 동안 아무것도 하지 않고 문 앞에 앉아 양 손을 번갈아 들며 장구 치는 연습을 했다고도 합니다. 학산수라는 소리꾼은 폭포 앞에서 노래 연습을 하되 신발을 벗어놓고 노래 하나에 모래 한 알을 넣어서 그 신발이 다 찬 후에야 산에서 내려오기를 몇 년간이나 반복했다는 것입니다. 부설 거사는 외피는 재가자였으나 내면에는 금은보화로 장식한 찬란한 왕국을 건설했던 것입니다.

〈세한도〉는 추사가 제주도에 귀양 가 있을 때 연경에 가서 어렵게 구한 귀중본 책들을 두 번씩이나 스승께 가지고 왔던 이상적李尚迪의 인품을 칭송하여 스승이 그려 주었다고 합니다. 이 〈세한도〉의 '세한歲寒'이라는 말은 『논어』「자한子罕」편에 나옵니다. 공자는 14

년간에 걸친 망명생활이 끝날 무렵에 한 말씀 하셨습니다.

"추워진 다음에야 비로소 소나무·측백나무 잎이 다른 나무에 비해 늦게 시드는 것을 알게 된다.(歲寒然後松柏之後彫也)"

처음에는 꽤 많이 따라나섰던 제자들도 이가 빠지듯이 하나둘 떠나갔을 것입니다. 이 외로운 처지에서도 제자들을 비난하지 않고, 추위 속에서 마지막까지 푸른 빛깔을 유지하다가, 드디어 조금씩 시들어 가는 송백의 모습에 자신을 비유했던 것입니다. 성인의 이 말씀은 신념을 가지고 사는 사람과 그렇지 않은 사람의 차이를 아주 단적으로 드러내 주고 있습니다.

'유안遺安'이란 말은 자손에게 편안함을 남겨 준다는 뜻입니다. 방덕공龐德公이 현산峴山 남쪽에서 밭을 갈고 살면서 성시城市를 가까이 하지 않자, 형주 자사荊州刺史 유표劉表가 찾아와서 말했습니다.

"선생은 시골에서 고생하며 지내면서도 벼슬 해서 녹봉을 받으려 하지 않으니, 자손에게 무엇을 남겨 주려고 합니까?"

그러자 방덕공이 답했습니다.

"세상 사람들은 모두 위태로움을 남겨 주는데 나는 유독 편안함을 남겨 주니 비록 남겨 주는 것이 똑같지는 않으나, 남겨 주는 것이 없지는 않을 것입니다."

남보다 앞서야 하고 남보다 뛰어나야만 잘살 수 있다고 가르치는 지금 세상의 가정교육에 경종을 울리는 가르침이 아닐 수 없습니다. 남보다 앞서고 남보다 뛰어나게 잘하려면 얼마나 위태로움이 따르겠습니까. 한때 경쟁에서 승리했다고 해서 일생을 보장받는 것은 아닙니다. 그 자리를 지키기 위해 노심초사 고단하고 불안을 떨치기가 여간 힘든 일이 아닙니다. 반면에 행동이 굼뜨고 뒷전에 있다고 해서 항상 패자가 되는 것은 아닙니다. 그 뒷전에 있는 사람에게는 유안, 즉 편안함이 동반하고 있습니다. 높은 벼슬 자리도 없고, 녹봉도 받지 않는다 해도 상대를 내다볼 수 있는 안광이 있다면 더할 나위 없이 행복한 사람이 될 것입니다. 세상에는 어항 속의 금붕어마냥 빠끔거리는 금붕어족이 많습니다. 입만 가지고 사는 사람들 말입니다. 못 배우고 갖지 못한 사람보다 배움이 많고 가진 것이 많을수록 이 족속에 속하는 경우가 많습니다.

산과 같고(如山) 언덕과 같고(如阜) 산마루와 같고(如岡) 구릉과 같고(如陵) 냇물이 한창 흘러오는 것과 같으며(如川之方至) 초승달과 같고(如月之恒) 떠오르는 해와 같고(如日之升) 장구한 남산과 같고(如南山之壽) 무성한 송백과 같음(如松柏之茂)을 '구여九如'라 하여 『시경』「소아小雅」에서 임금의 덕으로 칭송하고 있는데, 비단 임금에 국한되지 않고 우리 범부의 삶도 마음먹기에 따라 구여와 같은 삶을 살 수 있습니다.

지난 호랑이 해에 어느 기업에서 만든 달력을 보니 1월의 그림이 유명한 〈송하맹호도〉였습니다. 낙관을 보면 사능士能이라고 되어 있습니다. 사능은 김홍도(1745~1806)의 자입니다. 『맹자』「양혜왕장구梁惠王章句」상上에서 사능이란 말을 인용하여 자字로 썼던 것입니다. 사능은 '참 선비만이 할 수 있다'는 말로 '재산이 없으면서도 한결같은 마음을 유지할 수 있는 것은 오직 선비만이 할 수 있다'는 데서 유래하였습니다. 최소한 김홍도는 물질과 권력에 좌우되지 않는 선비가 되고자 다짐했을 법합니다. 김홍도는 명나라 이유방李流芳의 호에서 본떠 자기의 호를 단원檀園이라고 하였으니, 이유방의 문사로서의 흐트러짐 없는 삶을 흠모했기 때문이라고 봅니다. 〈송하맹호도〉에서 소나무는 그의 스승인 강세황姜世晃(1713~1791)의 그림입니다. 맹호나 소나무 그림에 눈길이 머물기보다 낙관 글씨 '사능'에 필자의 눈길이 머무는 것은 '참 선비만이 할 수 있다'는 데 의미 부여를 더하기 때문이라고 생각합니다.

혜통 스님의 도력

혜통 스님은 속명이 존승각간尊勝角干입니다. 집은 경주 남산 서쪽 기슭 은천동銀川洞 어귀에 있었습니다.

어느 날, 집 동쪽 시냇가에서 놀다가 수달 한 마리를 잡아 죽이고는 뼈를 동산에 버렸는데, 이튿날 아침에 가 보니 그 수달이 없었습니다. 기이하게 생각하고 있던 차 핏자국을 따라갔더니 그 수달은 옛날에 살던 굴속으로 들어가 다섯 마리의 새끼를 끌어안고 웅크리고 있었습니다. 그 광경을 본 혜통 스님은 한참 동안 놀라워하고 탄식하며 머뭇거리다가 마침내 속세를 버리고 출가하여 이름을 혜통惠通이라고 하였습니다.

혜통 스님이 당나라로 가서 선무외삼장善無畏三藏을 친견하고 배움을 간청하였습니다. 삼장이 말하기를, "변방 사람이 어찌 불법의 기량(法器)을 감당하겠는가?"라고 하며 끝내 받아 주지 않았습니다.

혜통 스님은 그렇다 해도 쉽사리 떠나지 않고 3년 동안 열심히 섬겼습니다. 하지만 그래도 허락하지 않았습니다. 혜통 스님이 애가 타고 분심이 나 뜰에 서서 머리에 화로를 이자 잠깐 사이에 이마가 터지면서 우레 같은 소리가 났습니다. 삼장이 이 소리를 듣고 와 보고는 화로를 내리고 손가락으로 터진 자리를 만지며 주문을 외자 상처가 그전과 같이 아물었습니다. 그 아문 자리에 임금 왕王 자 모양의 흉터가 생겼습니다. 그래서 혜통 스님을 왕 화상王和尙이라 일컫고, 큰 그릇이 될 것으로 여겨 인결印訣을 가르쳐 주었습니다. 인결이란 심인과 같으며 선종에서 이심전심하는 심법의 비결을 말합니다.

이때 당나라 황실의 공주가 병이 나자 고종은 선무외삼장에게 병을 낫게 해달라고 요청하였습니다. 선무외는 자기 대신 혜통 스님을 천거하였습니다. 혜통 스님이 명을 받고 머물면서 흰 콩 한 말을 은그릇 속에 넣고 주문을 외자 낱낱의 콩알이 흰 갑옷을 입은 신병神兵으로 변하였습니다. 그 신병으로 잡귀를 쫓아내려 했으나 여의치 않았습니다. 다시 검은 콩 한 말을 금그릇 속에 넣고 주문을 외자 검은 갑옷을 입은 신병 부대로 변하였습니다. 두 색깔의 신병 부대가 힘을 합쳐 잡귀를 쫓아내자 갑자기 교룡蛟龍이 뛰쳐나가고 말았습니다. 이렇게 해서 마침내 공주의 병이 낫게 되었습니다.

쫓겨난 교룡은 혜통 스님이 자신을 쫓아낸 것을 원망하여 서라벌 문잉림文仍林으로 가 수많은 사람의 목숨을 해쳤습니다. 이때 정공鄭恭이 당나라에 사신으로 갔다가 혜통 스님을 만나 고국에 질병이 창궐하고 있다는 얘기를 자세하게 했습니다.

"스님이 내쫓은 독룡毒龍이 서라벌에 와서 심한 피해를 끼치니,

빨리 없애도록 하십시오."

혜통 스님은 견당사遣唐使인 정공과 함께 문무왕 5년(665)에 귀국하여 독룡을 쫓아냈습니다. 그러자 독룡은 이번에는 정공을 원망하면서 정공의 집 문 밖에 버드나무로 몸을 바꿔 태어났습니다. 정공은 심지도 않은 버드나무가 무성하게 자라는 것을 즐기며 잘 키웠습니다.

신문왕(재위, 681~692)이 붕어하고 효소왕이 자리에 올라 장사 지낼 길을 만드는데, 정공의 집 버드나무가 길을 막고 있자 의전 담당자가 그 나무를 베어 버리려고 하였습니다. 그러자 정공이 크게 화를 내며 말했습니다.

"차라리 내 머리를 벨지언정 이 나무는 베지 못한다."

의전 팀에서 왕에게 아뢰니, 왕이 매우 화가 나 법관(司寇)에게 명령했습니다.

"정공이 왕 화상의 신술神術을 믿고 임금의 명을 거스르며 제 머리를 베라고 하니 원하는 대로 해주는 것이 마땅하리라."

그래서 정공을 죽이고 그의 집을 헐어 묻어 버렸습니다.

조정에서는 이런 논의를 하였습니다.

"왕 화상은 정공과 상당히 친밀했으므로 반드시 정공의 죽음을 의심할 것입니다. 그를 없애야 합니다."

왕은 군사를 풀어 왕 화상을 잡아들이도록 하였습니다.

혜통 스님은 왕망사王望寺에 있다가 군사가 몰려오는 것을 보고는 지붕으로 올라가 결명 주사朱砂가 든 병을 가지고 붉은 먹을 붓에 묻혀 이렇게 외쳤습니다.

"내가 하는 것을 보아라."

그리고는 병목에다 한 획을 그으며 말했습니다.

"너희들은 모두 각자의 목을 보아라."

그들이 자신의 목을 보니 모두 붉은 줄이 그어져 있어 서로를 보고 깜짝 놀랐습니다. 혜통 스님이 이어서 말했습니다.

"만약 내가 병목을 자르면 너희들의 목도 당연히 잘릴 것이니, 어떻게 하겠느냐?"

그 말을 들은 군사들은 혼비백산하여 줄행랑을 치고 말았습니다. 그들이 목에 붉은 줄이 그어진 채로 왕에게 달려가니, 왕이 말했습니다.

"도인의 신통력을 어떻게 사람의 힘으로 도모하겠느냐?"

왕은 혜통 스님을 그냥 내버려 두었습니다.

공주가 갑자기 병이 들어 왕이 혜통 스님에게 고쳐 달라 부탁하였고, 곧 나았습니다. 왕이 몹시 기뻐하자 혜통 스님이 말했습니다.

"정공은 독룡의 더럽힘을 받아 애매하게 나라의 형벌을 받은 것입니다."

왕은 그 말을 듣고 후회하는 마음이 생겨 정공의 처자식을 방면해 주고 혜통 스님을 국사國師로 삼았습니다.

독룡은 정공에게 원수를 갚고 난 후 기장산機張山으로 가 웅신熊神이 되었는데, 그 악독함이 극심하여 백성들이 몹시 괴로워하였습니다. 혜통 스님이 산속에 가서 독룡을 타일러 불살계不殺戒를 주니 웅신의 해코지가 바로 그쳤습니다.

신문왕은 몹쓸 종기가 등에 나자 혜통 스님이 문진問診하길 청하였습니다. 혜통 스님이 도착하여 주문을 외자 즉시 종기가 나았습니다. 혜통 스님이 말했습니다.

"폐하께서는 전생에 재상의 신분으로 있으면서 선량한 백성 신충信忠을 잘못 판단하여 종으로 삼았기에, 신충이 원한을 품고서 되살아나 앙갚음을 하는 것입니다. 지금의 몹쓸 종기도 신충의 일 때문이니, 신충을 위해 절을 세우고 명복을 빌어 원한을 풀어 주어야만 합니다."

왕이 옳다고 수긍을 해 절을 세우고 신충봉성사信忠奉聖寺라 하였습니다. 절이 완성되자 하늘에서 외치는 천성이 들렸습니다.

"왕께서 절을 지음으로써 제가 괴로움에서 벗어나 하늘에 태어났으니 원망이 이제 풀렸습니다."

그 소리가 났던 곳에는 절원당折怨堂을 세웠는데, 그 본당과 절은 지금까지도 남아 있습니다.

여기서 잠깐 왕조의 계보를 살펴봅시다. 31대 신문왕의 아버지는 통일을 완성한 문무왕文武王(재위, 661~681)입니다. 그는 민심의 성成을 쌓아야 나라가 편안해진다는 의상 대사의 건의를 받아들여 부드러운 문치를 지향했습니다. 그리하여 시호에도 글월 문文이 들어가게 되었던 것입니다. 그 다음 신문왕은 귀족 세력을 대대적으로 숙청하고 유교교육을 강화하기 위해 682년에 국학을 설치했으며, 685년에는 전국에 9주와 5소경을 두어 지방 통치조직을 정비하였습니다. 전국에 9주를 설치한 것은 황룡사 9층탑과 아울러 신라가 오행의 금金을 자처하고 금을 상징하는 숫자인 9를 선호한 것과 관련이 있어 보입니다. 9주의 이름과 위치는 다음과 같습니다.

신라 땅: 사벌주(尙州), 삽량주(良州; 梁山), 청주(康州; 晉)
고구려 땅: 한산주(漢州; 漢城), 수약주(朔州; 春州), 하서주(溟州; 江州)
백제 땅: 웅천주(熊州; 公州), 완산주(全州), 무진주(武州; 光州)

(한영우, 『다시 찾는 우리 역사』)

삼국통일의 주역이었던 문무왕은 죽으면서 유언을 남깁니다. 자신의 무덤을 따로 쓰지 말고 화장해서 바다에 뿌리라는 것이었습니다. 불교가 융성하던 신라에서 화장이 이상할 건 없었으나 일국의 왕이 무덤을 쓰지 않는다는 것은 예사롭지 않은 일이었습니다. 이유는 문무왕이 왜구의 침략을 걱정했기 때문이었습니다. 그래서 그는 죽어서 동해의 용이 되어 왜구를 막아야겠다는 유언을 남긴 것입니다. 이렇게 해서 그의 묘는 경주 앞바다의 대왕암이 되었습니다. 그의 아들 신문왕은 아버지의 숭고한 뜻을 기리기 위해 대왕암이 바라다보이는 바닷가에 감은사라는 절을 지었습니다.

그 후 동해의 용으로부터 만파식적萬波息笛이라는 신비한 피리를 받았다고 합니다. 해관海官 파진찬波珍飡 박숙청朴夙淸이 임금께 아뢰었습니다.

"동해 가운데 작은 섬 하나가 감은사 쪽으로 떠내려와 파도를 따라 왔다갔다 합니다."

왕은 이 말을 듣고 이상하게 여겨 일관 김춘질金春質에게 점을 치도록 명하였습니다. 일관이 왕께 아뢰었습니다.

"돌아가신 임금께서 지금 바다의 용이 되어 삼한을 지키며, 또 김유신 공이 33천의 한 아들이 되어 지금 내려와 대신大臣이 되었습니다. 두 성인께서 덕을 같이하여 성을 지킬 보배를 내리시려고 하는 것입니다. 만약 폐하께서 바닷가로 나가시면 반드시 값을 매길 수 없는 큰 보배를 얻으실 것입니다."

왕은 감은사로 가서 묵었습니다. 이튿날 오시에 대나무가 하나로 합치자, 천지가 진동하고 이레 동안 폭풍우가 치면서 날이 어두워졌다가 그 달 16일에야 바람이 멈추고 파도가 가라앉았습니다. 왕이 배를 타고 가니 용이 검은 옥대玉帶를 가져다 바쳤습니다. 왕은 용을 영접하여 함께 자리에 앉았습니다. 왕이 물었습니다.

"이 산과 대나무가 떨어졌다가 다시 합치는 것은 무슨 까닭인가?"

"한 손으로 치면 소리가 나지 않지만, 두 손으로 치면 소리가 나는 것과 같습니다. 이 대나무란 물건은 합친 이후에야 소리가 나게 되어 있으니, 성왕께서 소리로써 천하를 다스릴 징조입니다. 왕께서 이 대나무를 얻어 피리를 만들어 불면 천하가 화평해질 것입니다. 지금 돌아가신 왕께서는 바다 속 큰 용이 되셨고, 김유신은 또 천신이 되었습니다. 두 성인께서 한마음이 되어, 값으로는 정할 수 없는 이런 큰 보물을 내려 저에게 바치도록 한 것입니다."

왕은 놀라고 기뻐하며 오색 비단과 금옥으로 답례하고는 사람을 시켜 대나무를 베어 가지고 바다에서 나오니, 산과 용이 갑자기 사라져 보이지 않았습니다. 왕은 감은사에 묵었습니다. 태자 이공理恭(32대 효소왕)이 대궐을 지키다가 이런 일이 있었음을 듣고는 말을 달려와 축하하고 천천히 살펴본 다음 아뢰었습니다.

"이 옥대의 여러 쪽들은 모두 진짜 용입니다."

왕이 말했습니다.

"네가 그것을 어떻게 아느냐?"

태자가 아뢰었습니다.

"한쪽을 떼어 물에 넣어 보십시오."

그리하여 왼쪽에서 두 번째 쪽을 떼어내어 시냇물에 담갔더니 곧바로 용이 되어 하늘로 올라갔고, 그 자리는 못이 되었습니다. 그래서 용연龍淵이라 불리게 되었습니다.

왕은 궁궐로 돌아와 그 대나무로 피리를 만들어 월성月城 천존창고天尊倉庫에 보관했는데, 이 피리를 불면 적군이 물러가고, 병이 낫고, 가물 때는 비가 내리고, 장마 때는 비가 그치고, 바람이 그치고, 파도가 잠잠해졌으므로 만파식적萬波息笛이라 부르고 국보로 삼았습니다.

혜통 스님은 진언종眞言宗의 시조로서 밀행密行과 신주神呪를 보이고 있으며, 밀교의 교법적인 면은 보이지 않습니다. 정통적인 밀교사상은 개체와 전체의 신비적 합일을 목표로 하며, 그 통찰을 전신적全身的으로 파악하는 실천과 의례의 체계입니다.

밀교에 해당하는 인도의 호칭은 금강승(vajrayana)으로, 금강승은 후기 대승불교를 대표합니다. 금강승은 실재實在의 현상을 자기의 한 몸에 융합하는 즉신성불卽身成佛을 목표로 합니다. 그것은 다양한 것의 통일이라는 사상을 바탕으로 하고 있는데 그 통일 원리는 공과 자비의 일치, 즉 반야와 방편의 일치로 나타납니다.

종교의식에서 여러 가지의 비법과 화제火祭 등을 행하는 것은 소위 탄트리즘으로 베다(Veda) 시대부터 인도에서 행해졌습니다. 그런데 이런 법을 불교에서는 처음에는 배척하였으나 부처님이 입멸하신 후 얼마 안 가서 받아들이게 되었습니다. 그러나 그것은 주로 의식 또는 유가관행瑜伽觀行에 응용될 뿐 교리 체계와는 관계가 없습니다. 이것을 잡부雜部 밀교라고 합니다. 반면에 교리 체계를 명료하게 법신 대일설大日說로 전개하여 구교舊敎를 일변시킨 순부純部 밀교와는 대립됩니다. 즉 현세적 욕망을 처리하는 주술적인 것과 극단적인 신비주의 속에서 발달한 상징의 철학으로 구분이 됩니다. 전자인 잡밀 혹은 주밀呪密은 금기·부적·주법呪法 등으로 표현되는 반면 후자인 순밀 혹은 통밀通密은 7세기 전후에 성립된 대일·금강정의 두 대경大經에 의하여 그 체계를 확립하였습니다. 전자는 서인도에서 후자는 남인도에서 성립하였습니다. 그 사상 계통도 다소 다르지만 모두 대일법신의 자증화타自證化他의 양방면을 믿음과 행동의 양면으로부터 체계적으로 바로잡았습니다. 이것이 선무외善無畏·금강지金剛智·불공不空 등에 의해서 중국에 들어왔습니다.

앞에서 혜통 스님이 중국에 가 선무외삼장을 만났다는 데서 밀교의 진수를 맛보았음을 미루어 알 수 있습니다. 그리하여 밀교의 교법적인 면보다 밀행과 신주를 보이고 있는데, 이는 초기 밀교에서 중생을 교화하는 데 잡밀이 더 가시적이고 효과적이었기 때문이라고 보입니다.

부처님의 눈을 청련목靑蓮目이라고도 합니다. 청련의 의미는 집착을 벗어나 청정하고 온화한 이미지를 드러내는 것입니다. 이는 제법의 삼매에조차 집착이 없이 청정한 실상을 보는 것을 말합니다. 이것이 곧 부처님께서 가섭을 바라보는 눈빛이었습니다. 청정한 눈으로 보기 때문에 그곳에서 가섭은 이미 청정한 모습으로 나타나 있었습니다. 허공이 아주 넓어 일체 중생을 다 수용하면서도 거기에 집착하지 않는 것처럼, 일체 중생과 세상의 선근을 비추면서도 세상의 선근을 떠나 집착하지 않는 이치와 같습니다. 부처님은 한 법이나 한 행이나 한 몸이나 한 세계만으로 중생을 교화하지 않습니다. 한량없는 법과 한량없는 행과 한량없는 몸과 한량없는 세계를 갖춰 일체 중생을 평등하게 교화합니다.

밀교의 순밀이야말로 부처님의 청련목과 같고, 분별 없이 중생을 평등하게 대하려는 부처님의 언행과 합일되는 것입니다.

자장 율사와 금와보살

　자장 스님은 속성이 김씨이고 진골 출신 소판蘇判(3급 벼슬) 무림茂林의 아들입니다. 아버지는 청렴한 관리로서 요직을 두루 거쳤습니다. 그러나 뒤를 이을 후사가 없었으므로 삼보님 전에 귀의하여 천수천안관세음보살님을 조성하여 자식 하나 낳기를 바라며 축원하였습니다.
　"만일 사내아이를 낳으면 시주하여 불법의 바다(法海)에 나루터로 삼겠습니다."
　무림의 아내가 갑자기 별이 떨어져 품안으로 들어오는 꿈을 꾸고는 아이를 낳았는데, 부처님과 생일이 같았기에 이름을 선종랑善宗郎이라 하였습니다. 아이는 정신과 의지가 맑고 슬기로우며 문학적 사고가 날로 풍부하여 세속의 정취에 물들지 않았습니다. 일찍이 부모를 잃고 세속의 시끄러움을 혐오하여 처자식을 버리고 전답을 모두 내놓아 원녕사元寧寺를 세웠습니다. 그리고는 깊숙한 곳에 혼자 살면서 이리와 호랑이도 피하지 않았습니다. 고골관枯骨觀을 닦으면서 조금이라도 피곤하면 작은 집을 짓고 주변에 가시 울타리를 둘러친 다음 알몸으로 그 가운데 앉아 조금만 움직여도 가시에 찔리도록 하였으며, 머리는 들보에 매달아 혼미한 상태를 쫓았습니다. 때마침 재상 자리가 비었는데 후임자로 적당하다고 생각하여 조정에서 여러 차례 불렀으나 나아가지 않았습니다.

왕이 곧 명하였습니다.

"조정에 나오지 않으면 목을 베겠다."

자장 스님이 왕의 말을 듣고 말했습니다.

"내 차라리 하루 동안 계율을 지키다가 죽을지언정 파계하여 백년 동안 계율을 어기면서 살기를 원하지 않습니다.(吾寧一日持戒而死 不願百年破戒而生)"

이 말을 듣고 왕은 출가를 허락하였습니다.

그 후 스님은 바위 사이에 깊숙이 숨어 살았으므로 아무도 양식을 대주지 않았는데, 이때 이상한 새가 과실을 물어와 공양하니 손으로 받아먹었습니다. 얼마 후 꿈에 천인天人이 와서 5계를 주었습니다. 그제서야 골짜기에서 나오니 마을의 남녀들이 다투어 와서 계를 받았습니다.

자장 스님은 중국에 유학하여 불법을 익히길 서원하고 선덕여왕 3년(636) 칙명을 받아 제자 실實 등 10여 명과 함께 서쪽 당나라로 들어가 청량산淸凉山(오대산)을 찾았습니다. 산에는 문수보살님의 소상塑像이 있었는데, '제석천이 공장을 데리고 와서 조각하여 만든 것이다' 라고 구전되고 있었습니다.

    자장 스님이 소상 앞에서 기도하고 선정에 들었는데, 소상이 자장 스님의 머리를 어루만지며 범게梵偈를 주었으나 깨어나서도 그 의미를 알지 못했습니다. 이튿날 아침에 이상한 스님이 와서 해석해 주며 이렇게 말했습니다.

    "비록 만 가지의 가르침을 배우더라도 이보다 더 나은 것이 없다."
    그리고는 가사와 사리 등을 그에게 주고는 사라졌습니다.

    정관 17년(643)에 신라 선덕여왕이 표문을 올려 자장 스님을 돌려보내 주기를 요청하였습니다. 태종은 조서로 허락하고 자장을 궁궐로 불러들여 비단 가사 한 벌과 좋은 비단 5백 단端을 내려주고, 태자 역시 비단 2백 단을 내려주었으며, 그 밖에도 예물을 많이 주었습니다. 스님은 신라에 불경과 불상이 갖추어지지 못하였으므로 대장경 1부와 여러 번당幡幢, 화개花蓋에 이르기까지 복과 이로움이 될 만한 것을 모두 싣게 하였습니다.

    스님이 귀국하자 온 나라가 기뻐하며 환영하고 분황사에 주석하게 하면서 소모품과 시중 드는 사람을 보내 극진히 대하였습니다. 어느 해 여름에 궁중으로 초청하여 대승론大乘論을 강론하게 하니, 하늘에서 감로수가 내리고 구름 안개가 자욱하게 강당을 덮었습니다. 그러자 온 대중이 모두 그 신기함에 탄복하였습니다.

    조정에서 의논하였습니다.
    "불교가 동방으로 들어온 지 비록 오래되었으나, 불법을 유지하고 받드는 규범이 없으니 잘 만들어진 이치가 아니면 바로 잡을 수가 없다."

 왕이 칙서를 내려 자장을 대국통大國統으로 삼고 스님들의 모든 규범을 승통에게 위임하여 주관하도록 하였습니다.

 자장 스님은 이런 좋은 기회를 얻자 용기가 솟아나 불교를 널리 전파하고자 하였습니다. 이때 나라 안의 사람들이 계를 받고 불법을 받드는 이가 열 집 가운데 여덟아홉 집은 되었습니다. 또한 출가하기를 청하는 사람이 날이 갈수록 늘어났습니다. 따라서 통도사를 세우고 계단을 쌓아 사방에서 오는 사람들을 받아들였습니다.

 자장 스님 하면 금와보살을 빼놓을 수 없습니다.

 자장 스님이 자장암에 있을 때였습니다. 어느 날 저녁 자장 스님이 공양을 짓기 위해 쌀을 씻으러 암벽 아래 석간수가 흐르는 옹달샘으로 나갔습니다. 막 물을 뜨려던 스님은 잠시 멈칫거렸습니다. 샘에서 놀고 있는 개구리 한 쌍을 보았던 것입니다. 스님은 그 개구리 한 쌍을 샘에서 건져 근처 숲 속으로 옮겨놓았습니다.

 "이 옹달샘은 부처님께 올리는 공양을 짓는 쌀을 씻는 곳이니라. 다시는 오지 말거라."

 이튿날 스님은 옹달샘에서 또 개구리 한 쌍을 보았습니다. 어제 그놈들이었습니다. 스님은 이번에는 옹달샘에서 멀리 떨어진 곳에 버리고 돌아왔습니다. 그런데 그 다음날에도 개구리는 옹달샘에서 놀고 있었습니다.

 '예사로운 일이 아니로구나.' 스님은 중얼거리며 그 개구리들을 자세히 살펴보았습니다. 다른 개구리와는 달리 입과 눈가에 금띠가 선명했습니다. 뿐만 아니라 등에는 거북처럼 무늬가 있었습니다.

'필시 부처님과 인연이 있는 개구리 같구나.' 자장 스님은 개구리들이 옹달샘에서 살도록 그냥 두었습니다. 겨울이 가까워 오고 있었습니다. 겨울잠을 자러 가야 할 그 개구리들은 옹달샘을 떠나지 않았습니다. 어느덧 눈이 오고 얼음이 얼었습니다. 스님은 개구리들이 살 곳을 마련해 주었습니다. 암자 뒤 절벽에 큰 손가락이 들어갈 만한 구멍을 뚫고 그 안에 개구리 한 쌍을 넣어 두었습니다.

"죽지 말고 영원히 살면서 이 자장암을 지켜라."

스님은 개구리에게 이렇게 수기授記를 내리고 개구리를 '금와金蛙'라고 이름 지었습니다. 그 뒤 스님들은 이 개구리를 '금와보살'이라 하고, 바위 구멍을 '금와석굴'이라고 불렀습니다.

근세의 고승 경봉 스님이 12세 때였습니다. 당시 80세이던 용익 스님이 해인사 팔만대장경을 종이에 탁본하여 모실 수 있기를 발원하였습니다. 용익 스님은 통도사 법당에서 백일기도를 올렸습니다. 기도가 끝나기 3일 전 금와보살이 법당 탁자 위에 나타났습니다. 용익 스님은 금와보살을 보는 순간, 불사가 성취될 것이라는 확신을 갖고 남은 3일간 부처님께 철야기도를 했습니다. 기도가 끝나고 며칠 뒤 시주자가 나타나 팔만대장경 3부를 책으로 묶어 통도사·해인사·송광사에 각기 1부씩 보관하게 되었다고 합니다.

후일에 태응 스님은 자장암 법당 증축 불사를 위해 기도를 드리다가 개구리 소리를 들었습니다. 이상하게 여긴 스님이 관세음보살을 외면서 계속 기도를 하다 보니 옆 탁자 위에 회색 바탕에 다리가 붉은 금개구리가 기어나와 있었습니다.

스님은 그 뒤 사계절을 굴속을 들여다보며 금개구리를 자세히 살펴보았습니다. 초봄의 금개구리는 자연석 같은 회색 바탕에 등에는 검은 점이 있고 발끝에는 둥글둥글한 구슬이 달려 있었습니다. 금테 같은 선을 두른 입은 두꺼비 입을 닮았습니다. 여름이 되면 몸이 파랗게 변하면서 검은 점이 많이 보이다가 장마가 오면 다시 초봄의 색으로 변했습니다. 여름 무더위 때에는 몸 색깔이 누렇게 변하고, 겨울이면 별처럼 보였습니다. 일기와 계절 따라 변하는 금개구리가 먹이는 무엇을 먹고 언제 밖으로 나오는지 아무도 알 수 없었습니다.

궁금하게 여긴 자장암 스님들은 어느 날 밤낮없이 교대로 바위 구멍을 지켰습니다. 영축산에 어둠이 깃들자 금개구리 한 쌍이 바위 구멍이 있는 절벽을 오르는데 그 속도가 얼마나 빠르던지 순식간에 4~5미터를 뛰어오르는 것이었습니다. 그러나 언제 바위 구멍으로 들어갔는지를 본 사람은 아무도 없습니다.

옛날 어떤 관리가 금개구리 소문을 듣고 자장암을 찾았습니다. 스님이 금개구리 얘기를 들려주자 그 관리는 믿으려 하지 않았습니다.

"내가 그 금개구리를 잡아 관찰해 보겠소."

"아니되오. 그 금개구리는 자장 스님과 인연을 맺은 불가사의한 생명이오."

관리는 만류를 뿌리치고 금개구리를 잡아 상자 속에 넣어 밀폐한 뒤에 절을 나와 상자를 열어 보았습니다. 상자는 깨끗이 비어 있고 금개구리는 온데 간데 없었습니다.

그 후 전하는 말로는, 그 금개구리들은 자장 율사의 신통력으로 살아가고 있다고 합니다. 자장암을 찾는 신도님들은 금와보살 보기를 소원했습니다. 그러나 신심이 돈독한 불자에게만 보여 좀체 볼 수 없다고 합니다.

자장 스님은 나라의 관복이 중국과 같지 않다며 조정에 건의하니 조정에서 관복을 정하도록 허락했습니다. 그래서 진덕여왕 3년(649)에 처음으로 중국식 의관을 입고, 이듬해 초하루부터 처음으로 영휘永徽란 연호를 썼습니다. 이후부터는 항상 중국에 조회하면 번국蕃國의 제일 윗자리에 자리하게 되었으니, 이는 자장 스님의 공이었습니다.

만년에는 서라벌을 떠나 명주군(지금의 강릉)에 수다사水多寺를 세우고 주석하였는데, 꿈에 지난번 오대산 북대에서 본 것과 같은 형상을 한 스님이 나타나 말했습니다.

"내일 너를 대송정大松汀에서 만나게 되리라."

그가 놀라 일어나 일찍 출발하여 송정에 도착하니 과연 문수보살이 감응하여 와 있었습니다. 문수보살에게 법요法要를 물어보니 말했습니다.

"다시 태백산 갈반지葛蟠地에서 만나기를 기약하자."

그리고는 자취를 감추고 사라져 버렸습니다.

자장 스님이 태백산에 가서 찾아보니 큰 구렁이가 나무 아래에 똬리를 틀고 있는 것이 보였는데, 따라나선 사람에게 말하였습니다.

"이곳이 이른바 갈반지다."

이어서 석남원石南院(지금의 정암사淨岩寺)을 창건하고 성인이 내려오기를 기다렸습니다. 그러자 한 늙은 거사가 남루한 옷을 입고 칡으로 만든 삼태기에 죽은 강아지를 담아 메고 와서 자장 스님의 시자에게 말하였습니다.

"자장을 보려고 왔다."

그가 말했습니다.

"아직까지 우리 스승의 이름을 부르는 사람을 보지 못했는데, 당신은 누구이기에 이처럼 공손하지 않은 말을 하는가?"

거사가 말했습니다.

"네 스승에게 알리기나 하거라."

시자가 마침내 들어가 자장 스님에게 알렸으나, 자장 스님도 이를 깨닫지 못하고 말했습니다.

"아마도 미친 사람일 것이다."

시자는 다시 나와 거사를 꾸짖어 내쫓으려 하였습니다.

거사가 말했습니다.

"돌아가야겠다. 돌아가야겠다. 남을 업신여기려는 마음이 있는 자가 어찌 나를 알아보겠는가?"

거사가 삼태기를 거꾸로 하여 터니 강아지가 사자보좌獅子寶座로 변했고, 거기에 올라앉아 빛을 발하고는 가버렸습니다. 자장 스님이 그 말을 듣고는 그제서야 위의를 갖추고 빛을 찾아 서둘러 남쪽 고개에 올랐으나 이미 까마득하여 따라가지 못하였습니다. 자장 스님이 그곳에서 쓰러져 열반하자 화장하여 석혈石穴 가운데 유골을 모셨습니다.

자장 스님이 사탑寺塔을 지은 것이 모두 열 곳이 넘었는데, 매번 하나를 지을 때마다 반드시 이상한 상서로움이 있어 공양하려는 사람들이 끊이질 않아 며칠도 되지 않아 사탑이 완성되곤 하였습니다.

자장 스님이 중국에 유학했을 때 오대산에서 문수보살님으로부터 받은 사리 1백 과를 기둥 속과 통도사 계단 그리고 대화사大和寺 탑에 나누어 모셔, 못에 있는 용의 청원에 이바지하였습니다. 탑을 세운 이후에 천지가 태평하고 삼한이 통일되었으니, 어찌 탑의 영험이 아니겠습니까?

그 뒤 고구려 왕이 장차 신라를 정벌하고자 계책을 세우고 말했습니다.

"신라에는 세 가지 보물이 있어 침범할 수가 없다고 하는데, 무엇을 말하는가?"

"황룡사의 장륙존상과 9층탑, 그리고 진평왕의 천사옥대天賜玉帶입니다."

이 말을 듣고 고구려 왕은 신라를 치려는 계획을 멈추었습니다. 주周나라에는 구정九鼎이 있어서 초楚나라 사람들이 감히 주나라를 엿보지 못했던 것과 마찬가지였습니다. 구정은 하나라의 우왕이 구주에서 구리를 거둬들여 주조한 솥으로, 하夏·은殷·주周에 걸쳐 임금의 보물로 보전되었습니다.

스님의 저술은 『아미타경소』 1권 · 『아미타경의기』 1권 · 『관행법』 1권 · 『사분갈마사기』 1권 · 『십송율목차기』 1권이 있으나 모두 유실되었습니다. 스님은 불법에 공헌한 바가 매우 컸으므로 세인들이 칭하기를 호법보살이라고 하였습니다. 또한 동경에 있는 흥륜사 금당에 조소彫塑된 성인 10인의 반열에 들어 있습니다.

이차돈의 순교

이차돈(506~527)은 신라 중기의 관리입니다. 성은 박씨이고 자는 염촉厭觸입니다. 할아버지는 아찬阿湌 벼슬 중에도 높은 지위에 있던 분으로 습보習寶 갈문왕葛文王의 아들입니다. 이차돈의 아버지는 길승吉升이고, 할아버지는 공한功漢이요, 증조할아버지는 걸해대왕乞骸大王이라는 설도 있습니다. 이차돈은 사인舍人 벼슬을 살고 있었습니다.

이따금 좌중에서 이차돈의 성이 무엇이냐고 물어보면 이씨 아닌가 하고 대답을 흐리곤 합니다. 이씨가 아니고 박씨라고 하면 얼굴을 마주보며 의아해합니다. 이차異次와 돈頓이 합해졌습니다. 다를 이異, 버금 차次, 이차란 '고슴도치' 란 말입니다. 그리고 돈頓은 의미 없이 말미에 붙는 조자助字인 것입니다. 아들 이름을 좋은 글자 다 놔두고 왜 고슴도치라고 했을까 궁금해집니다. 의술이나 의약이 턱

없이 부족하던 옛날에 어버이들이 자식들이 질병으로부터 벗어나는 길은 무엇일까 곰곰이 생각하였던 것입니다. 그에 대한 해답은 이차와 같은 이름으로 자식을 무장하면 질병에서 벗어날 수 있다고 생각하여 이렇게 가시 많은 고슴도치를 이름으로 썼습니다.

유비가 나라를 건국하여 촉蜀나라라고 하였던 데도 그 이유가 있습니다. 한자漢字의 그 많은 글자 가운데 왜 하필이면 나비 촉蜀 자로 나라 이름을 지었을까 생각해 보면 흥미진진해집니다. 촉나라는 오늘날 사천성입니다. 사천성은 산악이 험준하여 농무가 많았습니다. 그러다 보니 해를 보는 날이 많지 않았습니다. 그래서 촉견폐일蜀犬吠日이라는 고사가 생겼습니다. 촉나라는 사방으로 산이 높고, 또한 운무가 많아서 해를 볼 수 있는 날이 적으므로, 어쩌다가 해가 나면 개가 괴이하게 여겨 짖는다는 뜻입니다. 물론 '식견이 좁은 사람이 다른 탁월한 언행에 대하여, 이상하다는 의심으로 비난 공격함'을 비유하며 이르는 말입니다. 이러한 사례는 토템신앙에서 연유된 것입니다. 토템(totem)이란 미개 사회에서, 부족이나 또는 씨족과 특별한 혈연관계가 있다고 믿어 신성시하는 특정한 동식물이나 자연물을 말합니다. 아마 유비가 나라를 건국했을 때 험준하고 습한 땅 사천성에는 나비가 많아 질병을 일으키는 사례가 많아지자 나비 촉蜀 자를 써서 나비와 백성들의 친화를 도모하고자 했던 것 같습니다.

원화元和란 연호는 당나라 헌종 이순李純의 연호입니다. 원화 연간(806~821)에 남간사南澗寺의 일념一念 스님이 「촉향분예불결사문髑香墳禮佛結社文」을 지었는데, 여기에 이차돈과 관련된 이야기가 자세히 실려 있습니다. 대략은 다음과 같습니다.

　옛날 법흥대왕이 자극전紫極殿에서 등극하였을 때 동방을 굽어살피고 말하였습니다.

　"옛날에 한漢나라의 명제明帝가 꿈에 감응하여 불법이 동쪽으로 흘러들어 왔다. 과인이 제위에 오르면 백성을 위해 복을 빌고 죄를 없애는 장소를 만들고자 한다."

　이에 조정 신하들은 그 깊은 뜻을 헤아리지 못한 채 오직 나라를 다스리는 대의만을 지키고 절을 세우려는 신성한 생각에는 따르지 않았습니다. 법흥왕은 탄식하며 말했습니다.

　"아아! 과인이 부덕하여 대업을 크게 이어받아 위로는 음양의 조화를 이루지 못하고, 아래로는 뭇 백성들의 즐거움이 없어, 정무를 보는 틈틈이 석가모니 부처님의 교화에 마음을 두고 있으나 누구와 더불어 일을 하리오?"

　이때 마음을 닦은 사람으로 이차돈이 있었습니다. 그의 성품은 대나무와 잣나무 같은 절개로 자질을 삼고 물과 거울 같은 지조에 뜻을 두었으며, 선행을 쌓은 가문의 후손이었습니다. 이때 이차돈은 사인舍人이라는 벼슬에 올랐습니다. 신라의 17등급 가운데 12등급에 대사大舍가 있고 13등급에 소사小舍가 있으므로 사인이라면 12등급이나 13등급에 속했다고 봅니다. 영민한 이차돈은 임금의 얼굴을 보고는 속내를 알아차리고 아뢰었습니다.

　"신이 듣건대 옛날 사람은 꼴을 베는 나무꾼에게도 계책을 물었다고 합니다. 큰 죄를 무릅쓰고라도 여쭙고자 합니다."

　왕이 말했습니다.

"사인舍人이 할 만한 일이 아니다."

사인 이차돈은 말했습니다.

"나라를 위해 몸을 바치는 것은 신하의 큰 절개이고, 임금을 위해 목숨을 다하는 것은 백성의 곧은 의리입니다. 거짓된 말을 전한 죄로 신을 형벌에 처하여 목을 베시면 만백성이 복종하여 감히 하교를 어기지 못할 것입니다."

왕이 말했습니다.

"살을 베이고 몸이 고문당해도 새 한 마리를 살리려 하고, 피 뿌리며 스스로 목숨을 끊어도 짐승 일곱 마리를 불쌍하게 여겨야 할 것이다. 과인의 뜻은 백성들을 이롭게 하고자 함인데 어찌 죄 없는 자를 죽이겠는가? 너는 비록 공덕을 쌓으려 하지만 죄를 피하는 것만 못하다."

왕의 말 가운데 '살을 베이고 몸이 고문당해도 새 한 마리를 살리려……' 했는데, 이는 시비尸毗(sivi)왕이 고행할 때의 고사입니다. 시비왕은 부처님의 전생에서 의왕입니다. 제석천왕은 매로 변하고 제석환인은 메추라기로 변했는데, 메추라기가 매를 피하여 시비왕의 품속으로 들어왔습니다. 그러자 그는 자신의 살을 메추라기의 몸뚱이만큼 잘라 저울에 달아 매에게 먹였다는 데서 연유된 말입니다.

사인이 말했습니다.

"버리기 어려운 모든 것들 중에 목숨보다 더한 것은 없을 것입니다. 그러나 소신이 저녁에 죽어 불교가 아침에 행해진다면, 부처님의 해(佛日)는 다시 중천에 떠오르고 성스러운 임금님께서는 영원토록 편안할 것입니다."

왕이 말했습니다.

"난새와 봉황의 새끼는 어려서부터 하늘 높은 곳에 뜻을 두고, 기러기와 고니의 새끼는 나면서부터 물결을 헤칠 기세를 품는다 하는데, 네가 그와 같이 한다면 가히 보살의 행동이라 할 수 있다."

그래서 왕은 짐짓 위풍을 차려 바람 같은 칼(風刀)을 동서로 늘어놓고 서슬 퍼런 형구를 남북으로 벌려놓은 다음 여러 신하들을 불러서 물었습니다.

"과인이 절을 지으려 하는데 그대들이 일부러 늦추려는 이유는 무엇인가?"

그러자 여러 신하들이 두려움에 벌벌 떨며 그런 일이 없다고 정성을 다해 맹세하고 손가락으로 동서쪽을 가리켰습니다. 왕이 사인을 불러 문책하자 사인은 낯빛을 잃어 대답도 하지 못했습니다. 왕이 진노하여 목을 베라고 명령하자 관원들이 그를 묶어 관아 아래로 데려갔습니다. 사인이 맹세하고 옥사정이 그를 베자 흰 젖이 한 길이나 솟구치고 하늘이 어두워지면서 석양이 그 빛을 감추고 땅이 진동하고 비가 후두둑 떨어졌습니다. 임금은 슬퍼하여 구슬픈 눈물이 용포를 적시고, 여러 재상들도 근심하고 슬퍼하여 머리에 쓴 사모에 땀이 배었습니다. 샘물이 갑자기 말라 물고기와 자라가 다투어 뛰어오르고, 곧은 나무가 부러지니 원숭이들이 떼지어 울었습니다. 동쪽 궁궐에서 말고삐를 나란히 하던 동료들은 서로 마주보며 피눈물을 흘렸습니다. 대궐 뜰에서 소매를 잡고 놀던 친구들은 애끊는 석별을 하여 관棺을 바라보며 우는 소리가 마치 부모의 상을 당한 것 같았습니다.

'흰 젖이 한 길이나 솟구쳤다'는 내용에서, 향전에 따르면 사인이 맹세하기를 "큰 성인이신 법왕法王께서 불교를 일으키려고 자신의 목숨을 돌보지 않고 세상 인연을 버리니, 하늘은 상서로움을 내리시어 사람들에게 두루 보이십시오." 하자 그 머리가 날아가 금강산 꼭대기에 떨어졌다고 합니다. 여기서 금강산은 이북이 아닌 경주 시내에 있는 산으로, 그곳에는 백률사가 있습니다. 이 절은 이차돈의 명복을 빌기 위해 세운 절입니다.

그들은 모두 말했습니다.

"개자추介子推가 허벅지살을 벤 것도 이차돈의 뼈아픈 절개에는 비교할 수 없고, 홍연弘演이 배를 가른 것도 어찌 그의 장렬함에 견줄 수 있겠는가? 이것은 단지 법흥왕의 신심을 붙들어 아도의 본심을 이룬 것이니 참으로 성스러운 분이다."

개자추는 춘추시대 진나라 문공의 망명길에 동행하여, 굶주리던 문공에게 자기 허벅지살을 베어 굶주림을 이기게 하였습니다. 그러나 후에 귀국하여 문공에게 괄시를 받자 면산綿山에 은둔하였습니다. 문공이 잘못을 뉘우치고 산에 불을 질러 나오도록 했으나 끝내 나오지 않았다고 합니다. 개자추의 죽음을 기리기 위해 한식날이 생겼으며 이 날만큼은 불을 쓰지 않고 찬밥을 먹는 풍습이 있습니다.

홍연이란 인물은 춘추시대 위衛나라 사람으로, 적인狄人들이 위나라를 공격하여 의공을 죽여 살을 다 파먹고 간만 남겨 놓았을 때, 외국에서 돌아오던 길에 이 모습을 보고 자신의 배를 갈라 의공의 간을 자기 뱃속에 넣고 죽었다고 합니다.

마침내 사인을 북망산 서쪽 고개에 장사 지냈는데, 아내가 이를 슬퍼하여 좋은 터를 점쳐서 절을 짓고 이름을 자추사刺楸寺라 하였습니다. 따라서 집집마다 이 절에서 불공을 드리면 반드시 대대로 영화를 누리고, 사람마다 도를 행하면 불교의 이로움을 깨닫게 되었던 것입니다.

이차돈의 순교로 불교가 국가에서 공인된 이래 진흥왕이 특히 불교를 크게 진흥시켰으며, 진평왕은 자신의 이름을 부처님의 아버지 이름을 따서 백정白淨이라 했고 왕비까지도 부처님의 어머니 이름인 마야 부인이라 불렀습니다. 이런 집안에서 자식 하나 출가시키는 것은 어렵지 않은 일이었을 것입니다. 오늘날에도 티베트 같은 곳에서는 아들 하나를 골라 스님으로 만드는 풍습이 전해지고 있습니다. 진평왕이 53년간이나 재위하면서도 아들을 두지 못한 까닭에 처음으로 대가 끊기는 일이 생겼습니다. 이제 진골 남자는 있어도 성골 남자는 없었습니다. 성골聖骨은 부모가 모두 왕족인 경우이고, 진골眞骨은 부모 중 한쪽만이 왕족인 경우를 뜻하지만 신라 왕실에서는 족내혼이 행해졌으므로 사실 그 구분은 큰 의미가 없습니다. 신라 귀족들은 딜레마에 빠지게 되었습니다. 골품이 중요한가 아니면 성별이 중요한가? 귀족들이 고민한 결과는 골품을 선택하였습니다. 비록 여성이라 할지라도 성골이 아직 남아 있는 이상 왕위 계승권자는 성골이어야 한다고 결론지은 것입니다. 그래서 진평왕의 맏딸인 덕만이 왕위를 계승하게 되는데, 그녀가 한반도 역사상 최초의 여왕이 되는 선덕여왕善德女王(재위, 632~647)입니다.

출가했던 이력이 있는 만큼 선덕여왕은 불교에 특히 관심이 많았습니다. 전대에 완공된 황룡사에 거대한 목탑을 세우도록 한 것도 여왕이었는데, 흥미로운 것은 분황사라는 또 하나의 사찰을 건립하게 한 사실입니다. 이 분황사의 분芬은 향기롭다는 뜻인데 사찰 이름에는 영 어울리지 않습니다. 혹여나 여왕은 황룡사의 남성적 이미지를 분황사로 중화시켜 균형을 잡으려는 의도를 가졌던 건 아니었을까 의문을 가져 봅니다.

향전에는 "고을의 장로들이 매번 제삿날 아침이 되면 흥륜사에서 모임을 가졌다."고 전합니다. 이때는 바로 팔월 초닷새로 이차돈이 불법을 위해 목숨을 바친 날 새벽입니다. 이런 임금이 없었으면 이런 신하가 없었을 것이고, 이런 신하가 없었으면 이런 공덕이 없었을 것이니, 바로 유비라는 물고기가 제갈량이라는 물을 만난 것과 같으며, 구름과 용이 서로 감응한 아름다운 일이었습니다.

법흥왕은 피폐해진 불교를 일으키고 절을 세웠으며, 절이 완성되자 면류관을 벗어 버리고 가사를 입고 궁궐의 종친들을 절의 노복으로 삼고 그 절의 주지가 되어 몸소 널리 교화시켰습니다. 절의 노복은 지금까지도 왕손이라고 부릅니다. 나중에 태종무열왕 때 재상 김양도金良圖가 불법을 믿었는데, 화보花寶와 연보蓮寶라는 두 딸을 바쳐 이 절의 종으로 삼았습니다.

진흥왕은 이로 인해 선왕의 성덕을 이어받아 왕위에 올라 위엄으로 백관을 거느리고 호령을 갖추었으며, 절에 대왕흥륜사大王興輪寺라는 이름을 내렸습니다. 법흥왕의 성은 김씨이고 법명은 법운法雲입니다. 처음 절 공사를 시작하던 을묘년(535)에 왕비가 영흥사永興寺를 세우고 왕과 함께 삭발하고 비구니가 되었는데, 이름을 묘법妙法이라 하고 영흥사에서 머물다가 몇 년 후에 열반하였다고 합니다.

지난 해, 한 스님의 열반은 우리에게 많은 것을 생각하게 했으며, 자기 정리를 하는 기회가 되어 주었습니다. 불교도는 물론이요 온 국민에 이르기까지 무공해 청정산소 같은 법정 스님을 떠나 보냈기 때문입니다. 비구법정比丘法頂이란 위패가 그렇게 위풍당당하고 참신했습니다. 『무소유』의 저술처럼 소유하지 않고 자연과 동화되어 살며 청정무구한 수행의 구도자 길만을 가셨던 법정 스님은 가치관이 혼돈된 이 시대의 목탁이셨습니다. 이차돈의 순교가 헛되지 않고 불교가 신라의 국교로 자리잡았듯이 스님의 열반이 온 국민의 가슴에 깊이 새겨지길 발원합니다. 스님이 원하신 대로 생텍쥐페리의 어린왕자처럼 거짓을 모르고 위선을 모르는 나라에서 편히 열반낙을 누리시도록 전 불자님들의 원력으로 함께 '원왕생 원왕생' 하고 발원합니다.

김대성의 원력

『삼국유사』「효선편」에서는 김대성(?~774)의 원력이 얼마나 컸던가를 엿볼 수 있습니다.

모량리의 가난한 여인 경조慶祖에게 아들이 하나 있었는데, 머리가 크고 정수리가 평평한 것이 마치 성城과 같아 이름을 대성大城이라고 하였습니다. 집안이 가난하여 키울 수가 없었으므로 부자인 복안福安의 집에 가서 품팔이를 하게 하였습니다. 주인집에서 몇 이랑의 논을 주어 의식의 밑천으로 삼게 하였습니다.

이때 덕망 높은 점개漸開 스님이 흥륜사에서 육륜회六輪會를 베풀고자 하여 시주를 받으러 복안의 집에 이르자, 복안이 베 50필을 시주하였습니다. 점개 스님이 축원을 하였습니다.

"신도님이 보시를 좋아하므로 천신이 항상 보호하여 하나를 보시하면 만 배를 얻게 될 것이니, 바라건대 안락을 누리고 장수할 것입니다."

대성이 그 말을 듣고는 집으로 달려와 어머니에게 말했습니다.

"제가 문 밖에 온 스님이 말하는 소리를 들으니, 하나를 시주하면 만 배를 얻는다고 합니다. 생각해 보면 저는 전생에 좋은 일을 한 것이 없어 지금 이렇게 가난한 것입니다. 이제 또 시주를 하지 못한다면 다음에 오는 세상에는 더욱 가난할 것입니다. 우리가 품팔이로 얻은 밭을 법회에 시주하여 후세에 응보를 도모하는 것이 어떻겠습니까?"

어머니도 '좋다' 고 하므로 밭을 점개 스님에게 시주하였습니다.

얼마 후 대성이 죽었습니다. 그날 밤 나라의 재상 김문량金文亮의 집에 하늘에서 외치는 소리가 들렸습니다.

"모량리의 대성이란 아이가 이제 너의 집에 태어나려고 한다."

집안 사람들이 깜짝 놀라 모량리에 사람을 보내어 조사해 보게 하니 대성이 과연 죽었다고 하는데, 하늘에서 소리가 들리던 날과 같은 때였습니다. 김문량의 부인이 임신하여 아들을 낳았는데 왼쪽 주먹을 펴지 않고 있었습니다. 그러다가 7일 만에 폈는데, '대성' 이란 두 글자가 새겨진 금패를 쥐고 있었으므로 이름을 다시 대성이라 짓고 그의 어머니를 맞이하여 집안에 두고 함께 봉양하였습니다.

대성이 어른이 된 뒤에는 사냥을 좋아했는데, 어느 날 토함산에 올라가 곰 한 마리를 잡고 산 아래 마을에서 묵게 되었습니다. 대성의 꿈에 곰이 귀신으로 변해 시비를 걸며 말했습니다.

"너는 대체 무엇 때문에 나를 죽였느냐? 내가 다시 너를 잡아먹어야겠다."

대성이 두려워하며 용서를 비니, 귀신이 말했습니다.

"나를 위해 절을 지어 줄 수 있겠느냐?"

대성이 그렇게 하겠다고 맹세하고 꿈에서 깨어났는데, 이불이 땀으로 흠뻑 젖어 있었습니다. 이후부터는 사냥을 하지 않고 꿈속에 나타났던 곰을 위해 장수사長壽寺를 세웠습니다. 이 일로 해서 감동하는 바가 있어 자비로운 바람(悲願)이 더욱 독실하게 되었습니다.

이로 인해서 이생의 부모를 위해 불국사佛國寺를 세우고 전생의 부모를 위해 석불사石佛寺를 세워 신림神琳과 표훈表訓 두 스님으로 하여금 절에 주석하도록 하였습니다. 대성은 아름답고 큰 불상을 세워 길러준 부모의 노고에 보답하였으니, 한 몸으로 전생과 현세의 두 부모에게 효도한 것입니다. 이것은 옛날에도 듣기 어려운 일로, 과연 시주를 잘한 징험을 어찌 믿지 않을 수 있겠습니까?

대성이 석불을 조각하려고 큰 돌 한 개를 다듬어 감실을 만드는데, 갑자기 돌이 세 개로 쪼개졌습니다. 그래서 애석해 하다가 얼핏 선잠이 들었는데, 밤중에 천신이 내려와 감실을 다 만들어놓고 돌아갔습니다. 그래서 대성은 잠자리에서 일어나 급히 남쪽 고개로 올라가 향나무를 태워 천신에게 공양을 올렸습니다. 그래서 그 땅을 향고개(香嶺)라 합니다.

설총이 이두를 총정리하는 학문적 업적을 남긴 게 무형문화재에 해당한다면 불국사와 석굴암은 오늘날까지도 신라 문화를 대표하는 유형문화재입니다. 이 작품들을 기획한 김대성은 경덕왕 10년(751) 지금의 부총리급인 6등 아찬阿飡까지 오른 인물로 공직에서 은퇴한 후에 대규모 국책사업을 시작했습니다. 불사는 그가 죽을 때까지 완공되지 못하고 이후에 국가에서 완공했습니다. 만약 그가 더 살았더라면 오히려 불국사는 오늘날 수학여행지로 인기 있는 곳이 되지 못했을지도 모릅니다. 왜냐하면 당시 신라 최대의 사찰은 황룡사였는데, 아마 김대성은 불국사를 황룡사보다 더 크고 화려하게 지어 신라의 대표적 사찰로 만들려는 원력을 세웠었나 봅니다. 불국사 창건보다 1백 년 전인 진흥왕 시절에 당시의 기술로 16년 만에 완성된 황룡사보다 더 긴 시간을 공사하고도 불국사의 완공을 보지 못한 게 그 증거라 하겠습니다. 그러나 불국사의 운명을 위해서는 그게 다행이었을 것입니다. 황룡사는 최대 사찰이었기 때문에 13세기 몽골 침략 때 불타 없어졌으니까요.

한편, 현세와 전생의 부모를 위해 봉사했다는 김대성의 생각이 꼭 그렇지만은 않았던 것 같기도 합니다. 일단은 이 불사가 국책사업이었다는 데 주안점을 둘 필요가 있습니다. 토함산 동서 양편에 자리잡은 불국사와 석굴암의 위치로 미루어 다른 해석도 있습니다. 석굴암에서 굽어보는 바로 앞바다는 문무왕의 해중 릉인 대왕암이 있는 곳입니다. 이곳은 예로부터 왜구가 경주를 침략하는 주요 노선인 탓으로 신라 왕실에서 불력으로 방어하기 위해 절을 많이 지은 곳이었습니다. 그렇다면 불국사와 석굴암은 정신적인 왜구 방어기 지였던 셈입니다.

불국사는 원래 2천 칸이 넘는 거찰이었으나 임진왜란 때 불타 없어진 목조건물들을 해방 후 다시 중창했습니다.

불국사의 구조는 불국토(부처님의 나라)의 이상을 균형잡힌 미적 감각으로 표현한 것으로, 정문으로 올라가는 하단의 백운교白雲橋와 상단의 청운교靑雲橋는 하늘나라로 올라가는 구름다리를 의미하는데, 직선과 곡선을 배합시킨 미적 감각이 뛰어납니다. 이 두 다리를 올라서면 정문인 자하문紫霞門이 나오고 정문을 넘어서면 대웅전 앞마당에 다보탑多寶塔과 석가탑釋迦塔이 좌우로 마주 서 있습니다. 이 두 탑은 다보여래와 석가여래가 땅에서 솟아났다는 불교적 세계관을 표현한 것인데, 다보탑은 극히 복잡하고 정교하며, 석가탑은 간결하고 단순하여 서로 조화를 이루도록 설계되었습니다. 그 아름다운 조형미는 구례 화엄사의 4사자 3층석탑 그리고 감은사지 3층석탑과 아울러 신라 후기 석탑의 백미로 꼽히고 있습니다.

감은사지 3층석탑은 682년, 신문왕이 부왕인 문무왕을 위해 동해와 대왕암을 굽어보는 바닷가에 지은 것인데, 사찰은 없어지고 법당 앞에 세운 두 개의 석탑만이 그 위용을 자랑하고 있습니다. 이 탑은 층수가 낮은 3층탑이면서도 웅대하게 크고 높으며 뛰어난 균형미를 갖추고 있습니다. 이 밖에도 신라 말기에는 진골 귀족이 자신들의 행복을 위하여 원탑願塔을 세우는 일이 유행했습니다. 원탑의 사례를 들자면 문성왕을 위한 경주 창림사昌林寺 3층석탑, 민애왕을 위한 팔공산 동화사 비로암 3층석탑, 헌안왕을 위한 장흥 보림사 3층석탑 등이 있습니다.

불국사 문화재 가운데에는 석등도 빼놓을 수 없습니다. 이는 법주사 쌍사자 석등과 아울러 그 단아함과 균형미에서 신라 석등을 대표하는 걸작입니다.

석굴암은 인공으로 축조한 석굴사원으로 중국의 돈황이나 서역의 석굴사원 양식을 받아들였으면서도 중국처럼 거대한 자연암벽이 없는 지리적 조건 때문에 인조석굴을 만든 것입니다. 그 양식은 무덤양식과 사찰양식을 합친 것으로, 전실前室은 땅을 상징하여 네모나게 만들고, 후실後室은 하늘을 상징하여 둥근 방에 둥근 천장(돔)을 얹었습니다. 전실에는 부처님의 옹호신장인 팔부신상八部神像과 인왕仁王을 조각하고, 하늘나라인 후실에는 한가운데에 부처님상을 안치하고, 그 둘레의 벽에는 11면 관음을 비롯하여 대범천大梵天, 10나한 그리고 문수보살과 보현보살 등을 부조로 조각하여 부처님을 에워싸는 형태를 이루었습니다. 또 전실과 후실을 연결하는 중앙 복도에는 무시무시하게 생긴 사천왕을 조각하여 잡귀들이 후실에 들어오는 것을 막도록 배치했습니다.

　석굴암은 건축적인 측면과 미술적인 측면에서 세계적 걸작으로 꼽힙니다. 방의 너비와 천장의 높이, 그리고 조각의 크기 등이 거의 완벽한 균형과 비례를 이루고 있어서 신라시대의 수학적 설계 기술이 얼마나 뛰어났던가를 말해 주고 있습니다. 특히 본존불의 얼굴은 모든 고뇌에서 해탈하여 최고의 이상에 도달한 부처님의 드높은 정신세계를 거의 완벽하게 표현해내고 있습니다. 독일의 실존철학자 칼 야스퍼스가 일본의 미륵반가사유상을 보고, 인간 최고의 이상을 표현한 세계 최고의 걸작이라고 평하여 화제가 된 적이 있습니다. 야스퍼스가 만약 한국에 와 석굴암을 보았다면 어떻게 표현했을지 궁금한 대목입니다.

　석굴암을 왜구를 막는 국방 요지인 토함산 동편에 세운 것도 음미할 가치가 있습니다. 아침 햇살을 받아 석굴암 내부를 조명하려는 의도도 있었겠으나, 동시에 부처님의 힘으로 왜구를 막으려는 호국

정신도 깃들어 있는 것으로 보입니다.

영국이 낳은 생물학자 다윈(Darwin, 1809~1892)이 있습니다. 그는 19세기 중엽에 생물진화론을 확립하여 유명해졌습니다. 그의 이론 가운데 생존경쟁(Struggle for Existence)이 있습니다. 여기에는 1) 이종개체異種個體 사이의 투쟁이 있고, 2) 이종개체 사이의 경쟁이 있으며, 3) 동종개체同種個體 사이나 또는 변종개체變種個體 사이의 경쟁이 있고, 4) 생물이 자연환경, 즉 추위나 가뭄 등에 대하여 극복하려는 투쟁 등이 포함됩니다. 이들 가운데 다윈이 가장 중요시한 것은 3)의 경쟁이므로 생존경쟁의 의미로 널리 사용되었습니다. 투쟁은 주로 먹는 자와 먹히는 자 사이의 관계이고 경쟁은 동일하거나 또는 비슷한 생활 욕구를 지니고 있는 생물 사이에 그 욕구에 대한 공급이 불충분한 경우 일어나는 생활조건의 쟁탈이라고 생각하게 되었습니다. 따라서 욕구가 근본적으로 다른 일반적인 식물과 동물 사이에는 경쟁이 적지만 크기가 비슷한 플랑크톤(plankton)이나 양분을 서로 빼앗는 엽면기생葉面寄生의 경우에는 경쟁이 일어난다고 합니다. 그 유명한 적자생존適者生存(Survival of the fittest)의 경우도 많습니다.

우주는 안정된 상태로 가득 차 있습니다. 안정된 상태는 오늘의 경험으로 내일의 안정된 상태를 기대할 수 있습니다. 안정된 것은 그 나름의 고유한 이름을 가질 만큼 지속적이고 흔한 '원자들의 집합체'입니다. 북한산처럼 고유명사를 가질 수 있을 만큼 오래 지속하는 원자들의 독특한 집합체일 수도 있고, 아니면 빗방울처럼 금방

사라지지만 집합명사를 가질 만큼 많은 양으로 존재하는 실재물일 수도 있습니다.

우리 주위에서 보는 것들과 설명이 필요하다고 생각되는 바위, 파도, 하수 등은 크든 작든 모두 원자들의 안정된 형태들입니다. 비눗방울은 완전한 공 모양이 되려는 경향이 있습니다. 이 비눗방울은 기체로 가득 찬 얇은 막이 가질 수 있는 가장 안정된 형태이기 때문이라고 합니다. 우주선 안에서도 물의 안정된 형태는 공 모양이지만, 중력이 있는 지구에 고여 있는 물 표면의 안정된 형태는 수평입니다.

소금 결정은 직육면체 형태를 갖는데, 이것은 나트륨과 염소 이온이 함께 차곡차곡 쌓일 수 있는 가장 안정된 방법이기 때문이라고 합니다. 태양에서 가장 단순한 원자인 수소는 융합하여 헬륨이 되는데, 수소가 대단히 풍부한 그런 조건에서는 헬륨의 형태가 더 안정되어 있기 때문입니다. 우주 전역에 걸쳐 분포된 항성들에서 훨씬 복잡한 다른 원자들이 생겨나고 있으며, 가장 유력한 이론에 따르면 이것들은 우주를 탄생시킨 대폭발(Big-Bang) 과정에서 생겨났다는 것입니다. 이것이 우리의 세계에 원소들이 생겨난 과정입니다.

다이아몬드 결정은 하나의 분자로 볼 수 있는데, 이 경우는 잘 알려진 것처럼 안정되어 있을 뿐 아니라 내부의 원자배열 구조가 끝없이 반복되기 때문에 매우 단순한 것이기도 하다고 합니다.

혈액 속에 있는 헤모글로빈은 전형적인 단백질 분자입니다. 이것은 더 작은 분자인 아미노산의 사슬로 이루어져 있는데, 각각의 아미노산은 수십 개의 원자가 정교하게 결합되어 만들어진다고 합니다. 헤모글로빈 분자 한 개 안에는 574개의 아미노산 분자가 들어 있습니다. 이것들은 네 개의 사슬을 이루어 하나로 뭉쳐 있는데, 각각의 사슬은 꼬이고 비틀려서 공 모양의 3차원적인 복잡한 구조를 이룹니다. 헤모글로빈 분자 모형은 치밀한 가시덤불처럼 보입니다. 그러나 아무렇게나 대강 얽어 놓은 모양인 실제의 가시덤불과는 달리 헤모글로빈은 명확하고 일정한 형태를 가지며, 자리를 벗어나서 비틀리는 일 없이 사람의 몸 속에서 6×10^{21}번 이상 똑같이 반복 생산되고 있습니다.

앞에서 본 김대성의 원력도 원력의 질서정연한 배열이 없었다면 이룩될 수 없을 것입니다. 정연한 배열은 흐트러짐 없이 초지일관하여 원하는 바를 일심으로 유지하느냐의 문제입니다. 헤모글로빈 분자 한 개 안에 574개의 아미노산 분자가 들어 있다고 했습니다만, 불교에서는 인간의 일념 중에 삼천의 현상이 내포되어 있다고 주장하는 일념삼천설―念三千說이 있습니다. 우리 범부가 일상적으로 일으키는 한 순간 한 순간의 마음에 3천의 수로 표현된 우주의 일체 모습이 완전히 갖춰지고 있다는 것입니다. 3천이라 함은 화엄의 10계 界가 각각 10계를 갖추어 1백 개가 되고 각 세계가 다 법화의 10여시 如是의 뜻이 있으므로 천여千如가 되고, 다시 『지도론』의 3세간을 곱하여 3천 세계가 됩니다. 수행자는 3천의 망심을 배열을 정연하게 해야만 망심이 소멸되고, 그리하여 순일한 마음이 지속되어 원력이 이루어지는 것입니다. 원력이 미치지 못했다는 것은 불순물이 아직도 정제되지 못했다는 말입니다.

한 나라의 고급관리로서 국사에 분주했겠지만 처음 원력이 원대하고 그 원력이 효심과 호국에 바탕을 둔 큰 원력이었기에 토함산에는 지금도 여전히 쉼 없는 발길이 이어져 이 시대의 김대성을 배출하고 있습니다.

낙산사와 조신의 꿈

『삼국유사』「탑상조」에 의하면, 의상 스님이 처음 당나라에서 돌아와 관세음보살님의 진신眞身이 바닷가 동굴 안에 머물고 있다는 말을 듣고는 이름을 낙산洛山이라고 하였습니다. 이는 보타락가산寶陀洛伽山이 있기 때문입니다. 이곳을 소백화小白華라고도 하는데, 백의 대사白衣大士의 진신이 머무른 곳이기 때문에 그 이름을 쓴 것입니다. 백의 대사는 흰 옷을 입은 백의 보살을 말합니다.

의상 스님이 재계한 지 7일 만에 깔고 앉은 자리(座具)를 새벽 물 위에 띄웠더니, 불법을 수호하는 천룡팔부의 신장들이 스님을 동굴 안으로 인도하고는 허공에 예를 올렸습니다. 물에서 수정염주 한 꾸러미를 내주자, 의상 스님이 받아 가지고 나왔습니다. 다시 7일 동안 재계하자 진신이 모습을 드러내고는 말하였습니다.

"네가 앉아 있는 산꼭대기에 대나무 한 쌍이 솟아날 것이다. 반드시 그곳에 불전을 지어야 한다."

의상 스님이 그 말을 듣고 동굴에서 나오자, 과연 땅에서 대나무가 솟아났습니다. 그래서 그곳에 금당金堂을 짓고 불상을 모시니, 그 둥근 얼굴과 고운 모습이 엄연하여 하늘이 내려준 것 같았습니다. 그 대나무가 없어지고 나서야 바로 관음의 진신이 머무른 곳임을 알았습니다. 이 때문에 절 이름을 낙산사洛山寺라고 하였으며, 의상 스님은 본인이 받은 두 개의 구슬을 성전聖殿에 모셔놓고 떠났습니다.

그 후 사굴산의 범일梵日 국사가 태화太和 연간(827~835)에 당나라에 들어가 명주明州 개국사開國寺에 이르렀습니다. 왼쪽 귀가 없는 한 스님이 여러 대중 스님들의 말석에 있다가 범일 국사에게 말했습니다.

"나 또한 신라 사람인데, 우리 집은 명주의 경계인 익령현翼領縣 덕기방德耆坊에 있습니다. 스님께서 이 다음에 본국에 돌아가시면 반드시 제 절을 지어 주셔야 합니다."

범일 국사는 여러 절을 두루 유람하다가 염관제안 스님으로부터 불법을 받고 회창會昌 7년 정묘년(847)에 본국으로 돌아와 먼저 굴산사를 짓고 불교를 전파하였습니다. 대중大中 12년 무인년(858) 2월 15일 밤 꿈에 전에 보았던 스님이 창 아래로 와서 말했습니다.

"옛날 명주 개국사에 있을 때 법사와 약속하여 이미 허락을 받았는데, 어찌 그리 늦는 것입니까?"

범일 국사는 놀라 꿈에서 깨어나 수십 명을 데리고 익령현 경계에 가서 그가 사는 곳을 찾아보았습니다. 낙산 아랫마을에 살고 있는 한 여인의 이름을 물으니 덕기德耆라고 하였습니다. 그 여인에게는 여덟 살 된 아들이 하나 있었는데, 언제나 마을 남쪽의 돌다리 아래에 나가 놀곤 하였습니다. 그런데 하루는 놀다가 돌아와 어머니에게 말했습니다.

"나와 함께 노는 아이들 가운데 몸에서 금빛이 나는 아이가 하나 있어요."

어머니가 이 사실을 범일 국사에게 알렸습니다. 스님은 놀라고 기뻐하면서 아이가 놀던 다리 밑을 찾아보니 물 한가운데 석불이 하나 있었으므로 끄집어냈는데, 왼쪽 귀가 떨어져 있는 것이 예전에 보았던 스님의 모습이었습니다. 이것은 바로 정취보살상正趣菩薩像이었습니다. 따라서 간자簡子를 만들어 절 지을 자리를 점치자 낙산사의 위쪽이 좋다고 하였으므로 여기에 세 칸짜리 불전을 짓고 불상을 모셨습니다.

서라벌이 서울이었을 때, 세달사世達寺의 장원이 명주(지금의 강릉) 날리군捺李郡에 있었습니다. 『지리지』를 살펴보면, 명주에 날리군은 없고 다만 날성군捺城郡이 있는데, 본래 날생군捺生郡으로 지금의 영월寧越입니다. 본사本寺에서는 조신 스님을 보내 장원을 맡아 관리하게 하였습니다.

조신은 장원에 이르러 태수 김흔金昕의 딸을 깊이 연모하게 되었습니다. 여러 번 낙산사의 관음보살님 앞에 나아가 남몰래 인연을 맺게 해 달라고 빌었으나 몇 년 뒤 그 여인에게 배필이 생겼습니다. 조신은 몹시 원망하며 날이 저물도록 슬피 울었습니다. 그리고 그리워하다 지쳐 얼마 뒤 선잠이 들었습니다. 꿈에 갑자기 김씨의 딸이

기쁜 모습으로 문으로 들어오더니, 활짝 웃으면서 말했습니다.

"저는 일찍이 스님의 얼굴을 본 뒤로 사모하게 되어 한 순간도 잊은 적이 없습니다. 부모의 명을 어기지 못해 억지로 다른 사람의 아내가 되었지만, 이제 죽어도 같은 무덤에 묻힐 벗이 되고 싶어서 왔습니다."

이때 조신은 기뻐서 어쩔 줄을 모르며 함께 고향으로 돌아가 40여 년을 살면서 슬하에 자식을 다섯이나 두게 되었습니다. 그러나 집에 가재도구라곤 네 벽뿐이요, 콩잎이나 명아주국 같은 변변한 끼니도 댈 수 없어 마침내 실의에 찬 나머지 조신은 가족들을 데리고 사방으로 다니면서 입에 풀칠을 하게 되었습니다. 이렇게 10년 동안 초야를 떠돌아다니다 보니 옷은 메추라기가 매달린 것처럼 너덜너덜하고 백 번이나 기워 입어 몸도 가리지 못할 정도였습니다. 마침 강릉 해현령蟹縣嶺을 지날 때 열다섯 살 된 큰아들이 굶주려 그만 죽고 말았습니다. 조신은 통곡하며 길가에 묻고, 남은 네 자식을 데리고 우곡현羽曲縣(지금의 우현)에 도착하여 길가에 띠풀을 엮어 집을 짓고 살았습니다. 부부가 늙고 병이 든데다 굶주려 거동할 수 없게 되자, 열 살 난 딸아이가 돌아다니며 구걸을 하였습니다. 그러다가 마을의 개에 물려 부모 앞에서 아프다고 울며 드러눕자 부모는 탄식하며 하염없이 눈물을 흘렸습니다. 부인은 눈물을 훔치고 갑자기 말했습니다.

"내가 처음 당신을 만났을 때는 얼굴도 아름답고 꽃다운 나이에 옷차림도 깨끗했습니다. 한 가지 맛있는 음식이라도 당신과 나누어 먹었고, 몇 자 되는 따뜻한 옷감이 있으면 당신과 함께 해 입었습니다. 집을 나와 함께 산 지 50년에 정분은 가까워졌고 은혜와 사랑이 깊었으니 두터운 인연이라고 할 수 있습니다. 그러나 몇 년 이래로 쇠약해져 병이 날로 더욱 심해지고 굶주림과 추위도 날로 더해 오는데, 곁방살이에 하찮은 음식조차 빌어먹지 못하여 이집 저집으로 구걸하며 다니는 부끄러움은 산과 같이 무겁습니다. 아이들이 추위에 떨고 굶주려도 돌봐줄 수가 없는데, 어느 겨를에 사랑의 싹을 틔워 부부의 정을 즐길 수 있겠습니까? 젊은 날의 고왔던 얼굴과 아름다운 웃음도 풀잎 위의 이슬이 되었고, 지초와 난초 같은 약속도 회오리바람에 날리는 버들 솜이 되었습니다. 당신은 내가 있어서 근심만 쌓이고, 나는 당신 때문에 근심거리만 많아지니, 곰곰이 생각해 보면 옛날의 기쁨이 바로 근심의 시작이었던 것입니다. 당신이나 나나 어째서 이 지경이 되었는지요. 여러 마리의 새가 함께 굶주리는 것보다는 짝 잃은 난새가 거울을 보면서 짝을 그리워하는 것이 낫지 않겠습니까? 힘들면 버리고 편안하면 친해지는 것은 인정상 차마 할 수 없는 일입니다만 가고 멈추는 것 역시 사람의 마음대로 되는 것이 아니고 헤어지고 만나는 데도 운명이 있는 것입니다. 이 말을 따라 이만 헤어지기로 합시다.”

 조신이 이 말을 듣고 기뻐하며 각기 아이를 둘씩 나누어 데리고 떠나려 하는데 아내가 말했습니다.

 “저는 고향으로 향할 것이니 당신은 남쪽으로 가십시오.”

 그리하여 조신은 이별을 하고 길을 가다가 꿈에서 깨어나니, 희미한 등불이 어른거리고 밤이 깊어만 가고 있었습니다.

 아침이 되자 수염과 머리카락이 모두 하얗게 세어 있었습니다.

조신은 망연자실하여 세상일에 전혀 뜻이 없어졌습니다. 고달프게 사는 것도 이미 싫어졌고 마치 1백 년 동안의 괴로움을 맛본 것 같아 세속을 탐하는 마음도 얼음 녹듯 사라졌습니다. 그는 부끄러운 마음으로 부처님의 얼굴을 바라보며 깊이 참회하는 마음이 한량없었습니다.

돌아오는 길에 해현으로 가서 아이를 묻었던 곳을 파 보니, 그것은 바로 돌미륵이었습니다. 물로 깨끗이 씻어 가까운 절에 모시고 서라벌로 돌아와 장원을 관리하는 직책을 사임하고 개인 재산을 털어 정토사를 짓고 수행하였습니다. 그 후로는 아무도 조신의 종적을 알지 못했습니다.

아직도 조신의 꿈을 꾸고 있는 사람이 있습니까. 꿈에서 깨어나십시오. 인생살이가 꿈인데 무슨 꿈을 또 꾼다는 말입니까. 꿈 몽夢 자는 저녁 석夕 자와 어두울 몽瞢 자의 눈 목目이 생략된 글자 형태로 음과 뜻을 나타냅니다. 저녁이 되면 시계視界가 흐려져 잘 보이지 않는다는 의미에서 '밝지 않다' 는 뜻입니다. 이것이 '꿈' 이라는 뜻으로 발전하였습니다.

꿈은 착시현상입니다. 신기루와 같이 순간 지나가는 것입니다.

정중무상 나한님

무상無相(684~762) 스님은 속성이 김씨이고, 김화상金和上이라고 불리기도 합니다. 스님은 성덕왕의 셋째 아들로 태어난 왕자입니다. 신문왕 4년(684) 정월 초하루에 태어났습니다. 막내 누이가 있었는데 나이가 들어 혼사가 진행되자 스스로 칼로 얼굴에 상처를 내어 속가를 등지고 출가했습니다. 누이가 도를 닦을 마음을 내는 것을 보고 스님도 진리에 귀의하기로 굳은 맹세를 하면서 감탄하였습니다. "여자는 유약한 줄만 알았는데 오히려 고상하고 우아하며 지조가 있는 면을 볼 수가 있구나. 장부는 본래 의지가 굳센 법인데 내가 어찌 무심하랴!" 하고 부왕의 총애를 뒤로 하고 출가하였습니다.

성덕왕 27년(728) 무상 스님은 부모를 하직하고 바다를 건너 중국에 들어가 당나라 수도인 장안長安에 당도하였습니다. 현종의 부름을 받고 알현하니 현종은 스님을 극진히 영접하고 선정사禪定寺에 머무르게 하였습니다. 후에 장안을 떠나 사천 지방으로 들어가서 덕순사德純寺 지선智詵 선사의 제자 처적處寂(658~734), 속칭 당화상唐和上을 배알하였습니다.

지선 스님은 5조 홍인 스님의 제자로서 신수·혜능 스님 등과는 법형제입니다. 지선 스님은 홍인 문하에서 득법한 연후에 사천 지방에 와서 교화하고 있었는데, 이때 이미 연로하고 몸이 쇠약하여 무상 스님을 자신의 입실제자인 처적 스님에게 안내하였습니다.

처적 스님은 처음에 아프다는 핑계를 대고 만나 주지 않았습니다. 무상 스님은 비상한 각오를 하고 손가락 하나를 태워 연지공양燃指供養을 올렸습니다. 처적 스님은 그제서야 그가 비상한 사람임을 알아차리고 드디어 곁에 머물도록 하였습니다.

당시 지선 스님 문하에는 또 다른 한 사람의 처적이 있었습니다. 그는 뒷산인 북산에 거주하였으므로 당시 사람들은 그를 북산란야北山蘭若 처적이라 불러서 두 스님을 구분하였습니다. 북산란야 처적 스님은 육신통이 있었습니다. 대중에게 내일 외국에서 온 스님이 참례하러 온다고 하니, 과연 그 다음 날 저녁에 무상 스님이 찾아왔습니다. 북산 처적 스님은 2년 후 한밤중에 법을 전하면서 마납가사磨衲袈裟를 은밀히 전수하였습니다. 그리고 무상無相이란 법호를 내렸습니다. 무상 스님은 이미 당화상인 처적 스님을 스승으로 모시기로 하였으나, 한편으로 북산 처적에게 더 마음이 가 있었습니다. 그러나 최후에는 역시 당화상 처적 스님의 법을 계승하게 되었습니다.

전하는 말에 의하면, 이 가사는 달마 조사로부터 전해 내려온 것이라 하는데 측천무후가 6조 혜능에게서 얻어 다시 지선 선사에게 전수했고, 지선 스님은 처적 스님에게 전하였으며, 처적 스님은 무상 스님에게 전한 것입니다.

무상 스님은 법인法印과 가사를 전수한 후에 천곡산天谷山 바위 아래에 은거하면서 선정에 몰두하였습니다. 초의草衣를 입고 절식節食을 하였으며, 나중에는 예참과 경전 염송은 접어둔 채 한결같이 고요히 좌선만 하였습니다. 심지어 양식이 바닥나도 산에서 나가 양식을 운반해 오지 않았으므로 어쩔 수 없이 초근목피하며 근근이 생명을 부지해 갈수밖에 없었습니다. 대중이 무상 스님을 비난하며 당화상에게 아뢰니 당화상은 다 들은 후 책망하기는커녕 도리어 배로 환희하였습니다.

심산유곡 암굴에서의 무상 스님의 두타행頭陀行이 어떠했을까 짐작이 가는 대목이 있습니다. 무상 스님은 평소 이적을 많이 보여 사람들을 감동시켰습니다. 호랑이가 마치 애완용 개같이 따랐다고 합니다. 지금도 사천성에 가면 곳곳에 무상 스님의 자취가 남아 있고, 사천성 성민들이 마시는 몽정차에도 무상 스님의 손길이 녹아 있습니다. 곳곳의 사찰에는 무상 스님이 모셔져 있습니다. 중국 사찰에 꼭 모시는 오백나한상의 455번째 분이 무상 스님이라는 사실이 얼마 전에 밝혀지기도 했습니다. 사천성의 불교뿐만 아니라 중국 불교 전반에 무상 스님의 자취는 곳곳마다 법향이 가득합니다. 한족漢族의 중화사상은 이웃나라를 별로 인정하지 않으려는 국민성이 있습니다. 그래서 한족 이외의 사람들을 호족胡族, 즉 오랑캐라고 부르지요. 그러한 문화에서 무상 스님이 나한님으로 숭배의 대상이 되었다는 것은 스님의 수행력이 수승했음을 반증하고 있습니다.

스님은 두타행을 마친 후에 성도부成都府 정중사淨衆寺에 주석하였습니다. 이곳에서 20년간 독자적인 교화를 펴게 됩니다. 인성염불引聲念佛과 무억·무념·막망의 삼구설법三句說法을 선양하였으며 익주 절도사益州節度使의 귀의를 받아 정중종을 형성하였습니다. 정중사는 『속고승전』에 정중사淨衆寺로 되어 있으나, 『역대법보기歷代法寶記』에는 정천사淨天寺라 씌어 있습니다. 양대梁代에는 안포사安浦寺라 하였고, 당대唐代에는 정중사靜衆寺 또는 송계사松溪寺라 했으며, 송대宋代에는 정인사淨因寺로, 명대明代에는 만불사萬佛寺라 고쳐 불렀습니다. 오늘날 성도成都 노서문老西門 밖에 있습니다.

선사상의 핵심인 인성염불과 삼구설법을 『역대법보기』를 통해 살펴보고자 합니다.

"김 화상은 매년 12월과 정월에 사부대중 백천만인을 위하여 수계하였다. 엄숙하게 도량을 시설하여 스스로 법상에 올라가서 설법하며, 먼저 인성염불을 하여 일성一聲의 수數를 다 내뱉게 하고, 염불소리가 없어졌을 때 다음과 같이 설한다. 무억無憶하라. 무억이란 곧 이미 지나가 버린 과거의 경계를 추억하지 않는 것으로서 사상事相에 임하면 곧 유위법이 된다. 무념無念이란 미래의 번영과 쇠락 등의 사건에 대하여 미리 염려함이 없는 것이며, 염려하지 않으면 욕심도 없게 된다. 막망莫忘하라. 막망이란 혼미하지 않고 착란하지 않아 마음으로 하여금 무억과 무념의 지혜와 상응하여 화합하도록 함이며, 막망은 외경을 기억하지 않을 뿐만 아니라 내심 또한 생각하지 않아 적연寂然하여 머무는 바가 없는 것이다. 무억은 계戒요, 무념은 정定이며, 막망은 혜慧이니라. 이러한 삼구는 바로 총지문總持門이다."라고 하고 비유를 들어 설명하기를 "물결을 떠나서 물이 없고, 물을 떠나서 물결이 없다. 물결은 망상妄想으로, 물은 불성佛性으로 비유된다." 또한 "상념想念이 일어나지 않는 것이 계율문戒律門이요, 상념이 일어나지 않는 것이 선정문禪定門이며, 상념이 일어나지 않는 것이 지혜문智慧門이다."라고 하며, 상념이 일어나지 않는 것(念不起)이 계·정·혜를 아우르는 핵심이라고 설하고 있습니다.

이는 무상 스님의 인성염불이 지향하는 바가 염불기念不起, 즉 무념無念임을 알 수 있게 합니다. 그리고 삼구설법의 내용은 중생의 분별시비를 떠난 실상염불實相念佛로서 무념에 이르고자 하는 염불선법문念佛禪法門인 것입니다.

무상 스님의 인성염불과 삼구설법은 돈황본 『육조단경』 속 혜능의 무상계수계설법無相戒授戒說法 내용 중 '혜능의 선창을 따라 귀의 자성삼신불歸依自性三身佛을 외우게 하는 것'과 무념·무주·무상은 형식과 내용 면에서 지극히 유사한 형태로 동산법문 이래로 염불선의 전통이 계승되고 있음을 알 수 있게 합니다.

규봉종밀의 『원각경대소초』에도 마음에 지난 일들을 추억하지 않는 것이 무억無憶이며, 미래의 영고성쇠에 염려하지 않음이 무념無念이라고 설하고 있습니다. 또한 바깥 경계(外境)에 끄달리지 않음이 무억이며, 내심에 미혹되지 않음이 무념이며, 수연隨緣하여 의지함이 없음이(無寄) 막망이라 설하여, 삼구설법이 계·정·혜 삼학의 등지等持임을 주장하고 있습니다.

티베트의 고사서古史書인 『바세』에 수록된 김화상 어록에 의하면, 티베트 불교의 초전初傳인 '라사의 종론宗論' 이전에 이미 익주 김화상의 선법禪法이 소개된 사실이 수록되어 있습니다.

무상 스님의 제자로는 그 유명한 마조도일 스님과 무주 스님이 있습니다. 지거의 『보림전』과 돈황에서 발견된 규봉종밀의 저서에서도 마조도일 스님이 무상 스님의 제자라고 나와 있습니다. 그동안 한국 교단에서는 5조 홍인으로부터 6조 혜능으로 법이 이어졌다는 설이 여과 없이 받아들여졌습니다. 이는 하택신회가 쓴 『법계보』의 내용을 수용한 데 기인하고 있습니다. 더불어 마조도일은 남악회양의 제자라는 설을 많이 받아들였습니다. 그러나 이런 법 계보가 하택신회와 후대의 조작이라는 설이 강력하게 대두되고 있습니다.

조계종의 종조로 추앙되는 신라의 도의 국사는 마조의 제자 지장의 법을 이었습니다. 그렇다면 달마 이래로 그 법이 무상 스님에게 이어지고 무상 스님의 법은 마조도일에게 이어지며, 그 법이 다시 지장에게 이어지고, 이어서 신라의 도의 국사에게로 이어지고 있음을 새삼 음미하게 됩니다.

무상 스님이 도제徒弟를 접하여 법을 전수할 때에는 1년에 한 차례, 혹은 3년에 한 차례, 혹은 5년에 한 차례 하거나 아니면 정월이나 12월에 행했습니다. 계단에 임하는 법은 여러 사람의 추천을 거쳐 관부官府에 계첩을 주도록 신청하였는데 이를 개연開緣이라 하였습니다. 그 순서는 행사 한두 달 전에 구체적인 전수 날짜와 시기를 공고하고 기일에 이르러 도량을 장엄 시설하며 스님들과 청신남, 청신녀를 소집하여 먼저 예참禮懺을 시행하였는데 시간은 3·7일이나 5·7일로 일정하지 않았습니다. 예참 후 법의 지취旨趣를 전수하기 시작하면 스님이 높은 법좌에 올라 먼저 소리내어 기운을 다해 염불을 가르쳐 인도한 다음 소리를 끊고 생각을 정지한 후 삼구용심의 지취를 설하였는데, 법을 전수하는 시간은 일반적으로 야간에 진행하였습니다. 왜냐하면 도량 밖의 어지러운 소리를 두절하기 위함이었습니다. 법을 전수하여 바치면 생각을 쉬고 좌선하도록 하였는데 먼 곳에서 온 비구니나 재가자들은 최소한 7일이나 2·7일을 좌선하게 하고 그 지역의 스님들이나 재가자들의 좌선 시간은 더욱 길게 할 것을 요청했습니다. 좌선은 가능한 한 인연따라 분산시켜서 진행했는데 그 법식이 율종의 규범과 같았습니다.

보응寶應 원년(763)에 법을 무주無住 스님에게 부촉한 후 5월 19일 자정에 입적하였습니다. 『송고승전』에 춘추 77이라고 씌어 있으며 탑호를 '동해대사탑'이라 하였습니다. 이상은李尙隱이 당재주혜의정사남선원사증당唐梓州慧義精舍南禪院四證堂의 비명 및 서문을 지었는데 그 내용에, "성경문사聖敬文思와 무광효武光孝 황제폐하의 재위 7년에 상서尙書 하동공河東公이 재주 혜의정사남선원의 사증당에 익주益州 정중사 무상 대사와 보당保唐의 무주 대사, 홍주洪州의 도일 대사와 지장 대사 네 분의 진영眞影을 건물의 벽에 그렸는데 화신化身으로 모범을 보였으므로 남조에서는 누각의 이름을 삼휴三休라 하였으며, 신족神足으로 높은 명성을 전했으므로 동촉東蜀에서는 당우의 명칭을 사증이라 한다."라고 하였습니다.

무상 스님은 상산常山의 혜각慧覺·선보禪譜·진주鎭州 김화상 등과 함께 신라 스님으로서 일생을 다하도록 당唐에서 홍법하며 돌아오지 않았으므로 역사적으로 중국에 귀화한 이름난 스님(西化名師)이라고 부르고 있습니다.

우리 후학들이 지금 생각해 보면 전설 속에 나오는 이야기 같은 분이 무상 스님입니다. 그러나 전설이 아닌 엄연한 역사 속 실존인물의 행적을 살펴보았습니다. 무상 스님은 굳은 의지로 구법 여정을 떠나 넓은 중국을 좁다 하고 구법과 중생교화에 한 생을 바쳤으니 그 거룩한 얼을 어찌 한 순간인들 소홀히 할 수 있겠습니까.

스님이 계신 도량은 가히 아전鵝殿이라 하겠습니다. 아전은 본래 법당을 말합니다. 거위는 짖는 소리가 요란하여 주위의 뱀들이 멀리 떠나 버린다고 합니다. 이는 부처님이 계신 곳은 어떤 해독도 없다는 것에 비유해서 하는 말이기도 합니다.

세상 사는 모습을 음미해 봅니다. 그저 이욕에 눈이 어두운 사람들이 체면 몰수하고 이합집산을 숨 쉬듯이 하며 모여듭니다. 어느 때가 되면 언제 보았느냐는 듯이 밀물 빠지듯이 몽땅 물러가기도 합니다. 까마귀가 모이는 동산을 집오지원集烏之苑이라고 합니다. 모일 집, 까마귀 오인데, 집오는 본래 관계없던 자들이 갑작스레 모여 합치는 것을 말합니다. 무질서하고 목전의 이득에만 얼룩진 행위들을 말합니다.

무상 스님은 집오와는 무관한 삶을 살며 몽매한 중생을 구원하느라 이국땅 중국에서 한 생을 보냈으며, 스님의 삶을 추앙하여 오백나한 가운데 한 분으로 모시고 있으니 자랑스럽기도 하지만, 오늘날 우리의 모습이 너무 작아 보이는 것은 양심의 불씨가 살아 있다는 희망의 징조라고 자위해 봅니다. 이마저도 없다면 어이 할까요.

혜초 스님의 왕오천축국전

혜초 스님(704~780)은 신라에서 태어나 16세 어린 나이에 중국 광주廣州에 건너가 인도에서 온 밀교 스님 금강지를 스승으로 모시고 밀교를 처음 접하게 됩니다. 스승의 권유로 '떠날 때는 1백 명이었으나 돌아온 자는 한 명도 없다' 는, 그 어려운 천축 여행길에 오르게 됩니다. 723년에 광주를 떠나 뱃길로 동천축국에 도착한 후 온갖 어려움을 이겨내며 4년간 인도를 비롯한 서역의 여러 지역을 살펴보고 당나라로 돌아옵니다. 돌아온 후에는 장안長安의 명찰들을 전전하면서 주로 밀교 경권의 한역과 필사 및 연구에 전념하였습니다. 말년에는 산시성 오대산 건원보리사乾元菩提寺에 들어가 머물다가 780년 향년 76세로 입적했습니다.

혜초 스님은 낯선 이역땅에서 보고 들은 것들을 『왕오천축국전』에 생생하게 엮어냈습니다. 1,300년 전에 쓰어진 이 책이 세상에 알려진 것은 불과 1백여 년 전의 일입니다. 1908년 프랑스의 동양학자 펠리오가 중국 돈황 막고굴 제17동(일명 장명동)에서 우연히 책과 저자의 이름, 그리고 권두와 권말이 떨어져 나간 한 잔간 사본을 발견했는데, 그 후 줄기찬 연구 끝에 오늘날에 이르러 책명과 저자명이 밝혀지게 되었습니다. 또 저자의 약력과 여행기 내용 및 여행노정 등 기본적인 내용에서도 적잖은 연구 성과를 거두었습니다.

지금 남아 있는 여행기는 원본이 아니라, 3권짜리 원본을 간추린 절략본의 사본입니다. 발견할 때는 9장의 황마지黃麻紙를 이어 붙인 길이 358센티미터, 너비 28.5센티미터의 앞뒤가 잘려나간 두루마리 잔간으로서, 마모되어 확인할 수 없는 자까지 합치면 글자 수는 약 6,300자(227행×28자)로 헤아려집니다. 그리고 잔간과 기타 관련 자료들을 참고해 보면, 원 절략본의 분량은 1만 1,300여 자(405행×28자)로 추산이 됩니다. 그렇다면 지금의 잔간은 절략본의 절반을 약간 넘는 분량인 셈입니다. 그나마도 다행스러운 것은 절략본의 앞뒤(1권 전부와 3권의 뒷부분)만 잘려 나가고 핵심 부분은 그대로 남아 있어서 여행기의 주요 내용은 파악할 수 있다는 점입니다.

혜초 스님이 여행기에서 기록한 내용의 대부분은 직접 목격한 것이지만, 일부는 얻어들은 것도 있습니다. 또한 대부분 한 나라를 단위로 하여 기술했지만, 간혹 한 지역을 개괄해서 서술한 경우도 있습니다. 나라에 따라 기술한 내용이나 분량은 좀 다르지만, 대체로 출발지에서 목적지로 가는 방향과 소요 시간, 왕성(치소)의 위치와 규모, 통치상황, 대외관계, 기후와 지형, 특산물과 음식, 의상과 풍습, 언어, 종교 특히 불교의 성행 상황 등을 순차적으로 간명하게 기술하고 있습니다. 내용 중에는 전후 다른 여행기들에서 언급된 것도 있지만, 독특한 것도 적지 않습니다. 특히 주목할 만한 것은 현존 잔간에 5언시가 다섯 편이나 실려 있다는 사실인데, 이로써 다른 여행기들과는 달리 '서정적 여행기'라는 평가를 받고 있습니다.

오늘날 인도라는 명칭은 천축天竺이라고 많이 알려져 있습니다. 그러나 상고해 보면 여러 가지 이름이 나타나고 있습니다. 옛날에는 연독(身毒) 혹은 현두賢豆라고도 했습니다. 인도 사람들은 각 지방에 따라 국호를 다르게 일컫고 있지만, 먼 외국에서는 전체로서의 이름을 사용하여 그중 아름다운 것을 택해 인도라고 하고 있습니다. 이 '인도'라는 말은 당나라에서는 달(月)이라는 뜻입니다.

4대 여행기라 하면 『왕오천축국전』, 『대당서역기』, 『불국기』, 『남해기귀내법전』을 말합니다. 『왕오천축국전』은 4대 여행기 중 가장 이른 책입니다. 스님의 길고도 험난한 여행 노정은 잔간의 기술에 따라 추적할 수 있습니다. 혜초 스님은 바닷길로 광주를 떠났는데, 잔간의 앞부분(1권)이 결락되어 동천축에 상륙할 때까지의 노정은 미상입니다. 상륙한 후 부처님의 열반처와 녹야원 등에 있는 4대 성탑을 순례하고 중천축에 이르러서는 급고원탑 등 4대 영탑을 둘러보았습니다. 그리고는 3개월간 걸어서 남천축(지금의 데칸 고원 지방)에 갔다가 다시 3개월간 발섭跋涉 끝에 서천축을 지나 북천축의 수도 잘란다라에 당도했습니다. 여기서 간다라와 카슈미르 등 주변의 여러 지방을 다녀온 뒤 서북쪽 토화라(지금의 아프가니스탄)를 찾아갔습니다. 여기서 얼마 동안 머물러 있다가 실로 모험의 길일 수밖에 없는 생소한 이슬람 세계로의 여행을 택했습니다. 드디어 한 달 열

홀 만에 여행의 서쪽 끝인 대식大食(지금의 아랍) 치하의 페르시아 땅 니샤푸르에 도착했습니다.

귀로에는 다시 토화라를 거쳐 험준한 힌두쿠시 산맥과 파미르 고원을 넘어 당나라 안서도호부가 자리 잡고 있는 구자(지금의 쿠차)에 도착했습니다. 그때가 광주를 떠난 지 4년이나 지난 727년 11월 상순이었습니다. 그 후 언기를 거쳐 장안으로 돌아왔는데, 언기 이하 부분은 잘려나가 구체적인 노정을 알 수 없습니다.

혜초 스님의 서역기행은 분명 희세의 거룩한 장거이며, 우리의 국보급 진서이고, 불후의 고전으로서 커다란 문명사적 의미를 지니고 있습니다. 그 의미는 우선 문명교류사에서 개척자적·선구자적 구실을 수행했다는 데 있습니다. 중국을 포함해 동양에서 그에 앞서 아시아 대륙의 중심부를 해로와 육로로 일주한 사람은 없었습니다. 그리고 아시아 내륙의 서쪽 끝까지 다녀와서 현지 견문록을 남긴 전례도 없었습니다. 스님보다 약 1백 년 전에 구법의 길을 떠났던 현장 스님은 육로로 갔다가 육로로 돌아왔으며, 약 50년 전의 의정 스님은 바다로 갔다가 바다로 돌아왔습니다. 구법의 거장으로 꼽히는 현장, 의정 두 스님은 기껏해야 토화라까지 이르렀을 뿐 그 서쪽 땅은 밟지 않았으니, 그곳에 관한 기록을 남겼을 리가 만무합니다.

스님이 문명교류사에 남긴 또 다른 하나의 업적이 있습니다. 그것은 동양 밀교의 발전에 창도적 역할을 했다는 것입니다. 스님은 중국 밀교의 개조인 인도 스님 금강지에게 사사師事하고, 또 그의 제자인 불공의 문하생으로서 중국에 돌아온 후 50여 년간 밀교교리의 한역과 연찬 및 전파에 혁혁한 공을 세움으로써 중국 밀교의 6대조가 되었습니다.

　스님의 서역기행은 우리 민족사에 불후의 업적을 남겨 놓았습니다. 6세기 전반 중천축에 다녀온 백제의 겸익 스님을 비롯해 불교의 최고 전당인 나란다사에 늘 몇 명씩은 상주할 정도로 신라 스님들의 인도 유학도 그치지 않았습니다. 그러나 그들은 혜초 스님처럼 견문록을 남기거나, 더욱이 대식 같은 미지의 세계를 탐방한 적이 없습니다. 이렇듯 스님은 명실상부한 한국의 첫 세계인으로서 한민족의 얼과 넋, 슬기를 만방에 유감없이 과시하였습니다.

　　달 밝은 밤에 고향길을 바라보니
　　… 내 나라는 하늘가 북쪽에 있고
　　… 누가 소식 전하러 계림(신라)으로 날아가리.

　남천축을 향한 길에서 읊은 이 절절한 향수의 5언시는 스님의 애국애족의 숭고한 얼을 대변하고 있습니다. 그리고 귀로에 험준한 파미르 고원을 바라보면서 읊조린 5언시 한 수는 스님의 당찬 도전과 낙천의 넋을 여실히 보여 주고 있습니다.

　　찬바람 땅이 갈라져라 매섭게 부는구나
　　… 불을 벗 삼아 층층 오르며 노래한다마는
　　과연 저 파미르 고원을 넘을 수 있을는지.

　밀교 스님 불공이 제자 여섯 명 중 스님을 두 번째로 지목하고,

스승이 입적했을 때 황제에게 올리는 감사문을 혜초 스님이 대필했으며, 대종 임금 재위 기간에 심한 가뭄이 들어 기우제를 올릴 때에도 혜초 스님이 주관했습니다. 약관에 혈혈단신으로 이역 땅을 누비며 기록을 남긴 사실 등은 스님의 출중한 기량과 문학적 소양, 의지와 용맹, 미지의 세계에 대한 탐구정신을 여실히 말해 주고 있습니다. 이러한 얼과 넋, 슬기로 우리 겨레의 세계정신을 선양함으로써 후대의 지봉 이수광과 혜강 최한기, 구당 유길준으로 이어지는 세계인의 원행을 일찌감치 창조했던 것입니다.

필자는 십수년 전 세계종교학회(AAR)에 발표가 있어 참여하고자 여정을 꾸렸던 일이 있습니다. 미국 테네시 네즈빌(Tennessee Nashville)에서 개최되었습니다. 이때 저는 작은 각오를 하였습니다. 혜초 스님은 비행기가 없었던 시절의 여정이 얼마나 어려웠을까 평소 이따금 상상해 보곤 했습니다. 그러던 차 이번 발표 길에는 혜초 스님을 추모하는 뜻에서 고생을 자초하기로 하였습니다. 서울에서 뉴욕까지 그리고 네즈빌로 가면 가장 빠른 길이었습니다. 그러나 싼 비행기를 타고 가다 보니 나라란 나라 대도시란 대도시는 어김없이 들러 몇 시간씩 지체하였습니다. 이 빠른 세상에 36시간이란 긴긴 시간을 비행하며, 그래도 혜초 스님보다는 좋은 조건이 아니냐고 자신에게 반문했습니다.

혜초 스님의 여행기는 마르코 폴로의 『동방견문록』과 오도릭의 『동유기』, 이븐 바투타의 『이븐 바투타 여행기』와 함께 세계 4대 여행기의 하나로 꼽히는 데 하등 손색이 없습니다. 그 가운데에서도 가장 오래된 여행기입니다. 이것만으로도 『왕오천축국전』은 높은 문명사적 가치를 지닌 인류 공동의 문화유산이라고 말할 수 있습니다. 동서양 학계에서 공히 인정하다시피 『왕오천축국전』은 내용의 다방면성과 정확성으로 말미암아 8세기 당시 인도와 중앙아시아에 관한 으뜸가는 진서로 인정받고 있습니다.

혜초 스님은 고국 신라에서 학습한 시재詩才를 멀리 서역 땅에서 남김없이 발휘하여 느끼는 여행, 감동이 있는 서정적 여행기를 집필할 수 있었습니다. 그래서 여행기 『왕오천축국전』은 역사서이면서 동시에 문학서라는 평가도 받고 있는 것입니다.

우리 후학의 당면 과제는 잔간에 공백으로 남아 있는 160여 개의 결락 자와 이론이 많은 1백여 개의 글자, 그리고 문장을 제대로 반듯하게 복원하는 일입니다. 이와 더불어 한 차원 높은 시각에서 혜초 스님과 『왕오천축국전』이 지닌 민족사적 업적과 세계사적 가치를 재조명하고 평가하는 한편, 한 걸음 더 나아가 온전한 혜초 스님의 평전도 펴내야 하리라고 봅니다. 또한 위대한 한국인을 기리는 일에도 적극 나서야 할 것입니다. 저 멀리 무연고지인 프랑스 파리의 한 도서관에 보관되어 있는 이 국보의 반환을 거국적으로 촉구해야 합니다. 그리고 유네스코의 세계문화유산 등재도 추진해야 합니다.

앞에서 언급한 『대당서역기大唐西域記』는 줄여서 서역기라고도 합니다. 당나라 현장 스님(600~664)이 지었습니다. 현장 스님이 장안을 떠나 서역 인도를 두루 다니고 돌아오기까지(629~645) 보고 들은 것을 기록한 여행기입니다. 아기니국阿耆尼國에서 구살단나국瞿薩旦那

國에 이르는 138개국의 풍속·문화·국정 등과 그 당시 불교 정세나 그 지방의 형편을 아는 데 필요한 책입니다.

생각건대 천지는 광대한 것이나 인류 종족의 상위相違에 대해서는 『담천談天』도 그 극한을 연구해 밝혀내지 못했다고 했습니다. 『담천』은 전국시대 제나라 추연이 저술한 고대 천문서입니다. 『괄지括地』 또한 그 시작을 분명히 했다고 할 수 없었습니다. 『괄지』는 우임금이 얻었다고 하는 고대지리서인 『괄지상도』를 가리킵니다. 그러므로 방지方志가 전해 주고 있지 않은 지역이나 중국의 정치가 미치지 않은 방면에 관한 것을 어찌 다 말할 수가 있겠습니까?

인도라고 하는 나라는 그 역사가 매우 오래되었으며 성현의 수도 많고 또 인의가 그 나라의 습속으로 되어 있습니다. 그러나 그것은 아득한 고대의 일이며, 중국에서 멀리 떨어진 곳의 일이므로 『산해경』에도 적혀 있지 않고 『왕회王會』에도 씌어 있지 않습니다. 『왕회』는 주공이 법을 후세에 남기고자 하여 만든 책입니다.

법현 스님의 『불국기佛國記』는 현장 스님이 남긴 『대당서역기』와 견줄 수 있습니다. 『불국기』(高僧法顯傳)는 스리랑카에 관해 역사적으로 매우 귀중한 정보를 담고 있습니다. 이 여행기는 송宋대 이후 아시아 여러 불교 국가에서 공적·사적으로 20회가 넘게 출판되었습니다.

처음 중국에 소개된 불교 경전들은 대부분 인도에서 직접 오지 않고 중앙아시아의 여러 왕국에서 왔는데, 그중 다수가 천산 남로의 호탄(khotan, 和闐)이나 북로의 쿠차(kucha, 龜玆)를 거쳐 전해졌습니다. 이 시기에 중국에 전해진 불교 경전들은 중국 비구들의 욕구를 충족시킬 수 없었고, 그래서 이들은 좀 더 철저한 불교 연구를 하고자 하였습니다. 중국 불교도들이 목숨을 걸고 엄청난 고초를 겪으면서까지 더 많은 불교경전을 구하러 인도 여행을 했던 두 가지 이유 가운데 하나입니다. 또 다른 한 가지 이유는 그 당시 중국에서 급속히 증가한 불교 성전聖殿입니다. 스님과 사찰 숫자가 급증하면서 율장 기록이 필요해졌습니다. 예전에 스님들이 경전을 구하러 북인도 지역까지만 갔던 데 반하여, 법현 스님이 서쪽으로 여행을 떠난 주된 목적은 율장을 구하는 데 있었습니다. 그곳에서 법현 스님은 율이 구두로 전해지고 문서 기록이 하나도 없다는 사실을 알고 율장을 구하러 서둘러 중인도 지역으로 갔습니다.

  법현 스님은 무양武陽 사람으로 속성은 공龔씨이며, 20세에 구족계를 받았습니다. 65세가 되던 서기 399년 장안을 떠나 고비 사막, 파미르 고원을 통과하여 여행을 계속해서 북부·중부·동부 인도를 거쳐 남인도와 스리랑카·인도네시아의 수마트라까지 갔다가 바닷길을 통해 서기 413년 중국에 돌아왔습니다. 스님은 불경의 산스끄리뜨 사본들과 『마하승지율摩訶僧祇律』·『장아함경長阿含經』 등을 구하게 되었는데, 이러한 경전들은 그때까지 중국에 알려지지 않았었습니다.

  의정義淨(635~713) 스님의 『남해기귀내법전南海寄歸內法傳』 4권은 인도를 비롯하여 남해의 여러 나라, 즉 면전緬甸, 안남安南 등을 돌아본 뒤에 시리불서국尸利佛逝國에 머물면서 순례했던 나라들에 대한 견문 내용을 정리해 놓은 것입니다. 전체 내용은 40장으로 구성되어 있으며, 각 장마다 일정한 주제에 따라 각국의 비구와 비구니의 실제 생활상 등을 설명하고 있습니다. 스님은 4백 부의 산스끄리뜨 불경을 가지고 돌아온 후 낙양洛陽과 장안長安 등지에서 번역에 종사하였습니다.

도의 국사의 선법

　도의 스님은 북한군北漢郡(지금의 서울) 태생이며, 속성은 왕王씨입니다. 전하는 말에 의하면 아버지는 흰 무지개가 방으로 들어오는 꿈을 꾸었고, 어머니는 어떤 스님과 잠자리를 같이하는 꿈을 꾸었는데, 깨어나니 이상한 향기가 방안에 가득했습니다. 부모는 깜짝 놀라 다음과 같이 의논하였습니다.

　"이런 상서로움을 보건대 반드시 성스러운 자식을 얻을 것이오."

　그 뒤 반달이 지나자 태기가 있었는데, 태중에서 39개월 만에 태어났습니다. 탄생하던 날 저녁에 갑자기 이상한 스님이 석장錫杖을 짚고 문 앞에 와서 "오늘 낳으신 아기의 태를 강가의 언덕에다 두십시오." 하고는 홀연히 사라졌습니다. 마침내 스님의 말에 따라 태를 가져다 묻으니, 큰 사슴들이 와서 한 해 내내 떠나지를 않고 지켰는데, 오가는 사람들이 보고도 해치려는 생각을 내지 않았습니다. 이러한 상서로움을 안고 출가하였기에 스님의 법호를 명적明寂이라고 했습니다.

선덕왕 5년, 즉 당나라 흥원興元 원년(784) 명적은 국가의 사신 한찬韓粲 김양공金讓恭을 따라 바다를 건너 당나라에 들어갔습니다. 도의 스님이 당에 들어간 시기는 『조당집』에 "건중建中 5년, 즉 갑자해이다."라고 기술되어 있습니다. 건중 연호는 단지 4년일 뿐이며, 갑자해는 응당 흥원 원년(784)에 해당합니다. 그리고 한찬 김양공은 『조당집』에서 "한찬호韓粲號 김양공"이라고 쓰고 있습니다. '한찬'은 관직명이지 관원의 이름이 아닙니다. 그러므로 '호號'를 생략하고 그렇게 쓴 것입니다. 여러 곳에서 이름으로 알고 오류를 범하고 있습니다.

당에 들어가 곧장 오대산으로 가서 보살의 거룩하고 신성한 자취에 예배하고 문수보살님의 신성한 상서로움을 감응하였으며, 성스러운 종소리가 공중에서 메아리치는 것을 듣고 신비스런 새가 산에 날아다니는 것을 보았습니다. 그리고 광부廣府 개원사開元寺에서 구족계를 받고 다시 조계曹溪에 이르러 6조 혜능 스님의 영당影堂에 예배하려고 도착하니 당문이 저절로 열렸으며, 세 번 예를 하고 나오니 문이 다시 예전처럼 닫혔습니다.

원화元和 5년(810), 도의 스님은 혜소慧昭 스님과 당나라에서 우연히 만나게 되어 함께 서남西南의 명산을 두루 유람하면서 사방으로 멀리 명사를 참방하고 도를 탐구하여 마침내 불지견佛知見을 증득하였습니다. 대략 당 목종穆宗 장경長慶 말(824), 경종敬宗 보력寶歷 초(825)에 본국으로 돌아왔습니다. 도의 국사의 귀국 시기는 혜소 스님이 구법하고 난 후기의 활동에 의거하여 추산해서 얻은 것입니다. 동국대학교에 봉직했던 안계현 교수의 『한국 불교사』 상권에는 "헌강왕 13년(821)에 귀국하였다."고 적혀 있습니다. 당에서 구법참학求法參學한 기간이 40여 년에 달하였습니다.

도의 국사는 강서의 심인을 얻어 귀국한 후, 이 선의 이치를 널리 전파하고자 하였습니다. 그러나 당시의 사람들은 비교적 경교經敎와 습관존신習觀存神하는 법을 수행의 모범으로 숭상하였으므로 그 무위임운無爲任運의 종宗에 도달하지 못했기 때문에 황당무계한 것으로 알고 추종하지 않았습니다. 이는 마치 달마 대사가 양무제를 만난 사건과 같았습니다.

도의 스님은 당시의 심정이 얼마나 착잡했기에 절 이름을 진전사陳田寺라고 했을까 헤아려 봅니다. 진전이란 '묵정밭' 이란 말입니다. 당시 선의 황무지요, 선이 황량한 그 시대에 선은 발붙일 곳이 없었음을 잘 드러내고 있는 표현인 듯합니다.

도의 국사의 사상을 엿볼 수 있는 자료는 매우 희박합니다. 드물게 고려 천책天頙 스님의 『선문보장록禪門寶藏錄』 권중에서 볼 수 있고, 『조선금석총람』 권상이나 〈지증대사적조지탑비명智證大師寂照之塔碑銘〉에서도 볼 수 있습니다.

『선문보장록』에 의하면, 지원 승통智遠僧統이 도의 국사에게 물었습니다.

"우리 화엄학에서는 4종 법계를 주장하고 있습니다. 그런데 그대가 주장하는 선법에서는 도대체 4종 법계 이외에 다시 어떤 법계가 있으며, 55선지식의 항포법문行布法門 이외에 다시 어떤 법문이 있습니까. 곧 화엄교설 이외에 달리 조사선의 도라는 것이 있다고 할 수 있는 겁니까."

도의 국사가 답했습니다.

"승통께서 알고 있는바 4종의 법계에 대하여 조사 문중에서는 4종으로 따로 분별을 하지 않았습니다. 그래서 일체의 바른 이치가 얼음 녹듯이 주먹 속에 법계조차도 없고, 수행이라든가 깨침이라든가 하는 분별도 본래 없습니다. 따라서 조사의 마음속에는 문수나 보현이라는 현상도 구별하지 않습니다. 그러니 55선지식의 항포법문도 정말로 물속의 거품과 같은 것입니다. 그리고 성소작지成所作智, 묘관찰지妙觀察智, 평등성지平等性智, 대원경지大圓鏡智와 깨침도 마치 금광과 같이 모든 교설 안에 혼잡되어 있어서 특별히 얻는다고 할 것이 따로 없습니다. 이런 까닭에 당나라의 귀종歸宗 화상은 '팔만사천 법문에서 부처님은 도대체 무엇을 말하려고 한 것입니까?' 하는 질문에 대하여 다만 주먹만을 들어 보인 것입니다."

"그러면 교학에서 말하는 믿음(信)과 이해(解)와 수행(行)과 깨침(證)이란 무엇이며, 궁극적으로 어떤 부처님의 세계를 성취한다는 겁니까?"

도의 국사가 대답했습니다.

"분별심이 없고(無念) 깨침을 추구한다는 집착도 없이(無修) 인간의 본성에 충실하게 믿고 이해하며 수행하고 깨칠 따름입니다. 그래서 조사선의 가풍에서는 부처와 중생이라는 구별을 두지 않고 깨침의 본래성을 곧바로 드러낼 뿐입니다. 그런 까닭에 모든 교법 이외에 별도로 조사의 심인법을 전하는 것입니다. 그런데도 불구하고 부처라는 형상을 나타내는 것은 조사의 바른 도리를 알지 못하는 사람들을 위해서 짐짓 방편의 몸을 임시로 빌려 나타낸 것에 불과합니다. 때문에 비록 오랫동안 경전을 읽었다고 할지라도 그것으로 조사의 심인법을 증득하고자 한다면 겁이 다하더라도 얻기 어려울 것입니다."

이에 지원 승통은 일어나 예배를 드리며 말했습니다.

"예전에 얼핏 화엄의 교학을 공부했다고 자부했지만 이처럼 부처님의 심인법이 있는 줄은 꿈에도 몰랐습니다."

앞에서 화엄교학승 지원 스님은 선지식의 항포법문 이외에 다시 어떤 법문이 있느냐고 반문하고 있습니다. 항포문이란 차제항포문次第行布門을 말합니다. 화엄종에서 수행하는 계위에 10주, 10행, 10회향, 10지 등을 세워서 이 차례를 닦아 나가면 마지막의 이상경理想境인 불지佛地에 이른다고 보는 관찰 방법입니다.

초지初地는 보살이 부처가 되려는 수행의 맨 처음 단계인데, 번뇌를 끊고 마음속에 환희를 일으키는 경지이므로, 환희지 또는 초환희지라고도 합니다. 지地라 함은 모든 중생을 짊어지고 교화하여 이롭게 하는 것이, 마치 대지가 만물을 싣고 이를 윤익潤益함과 같다는 데서 연유합니다. 따라서 '환희의 땅'이란 뜻으로 쓰였습니다.

지원 승통의 입장은 곧 화엄의 입장이 됩니다. 화엄의 입장이란 본래 법계의 인도 없고 또 법계의 과도 없으며, 또 지혜와 증득도 없고 의보依報와 정보正報도 없다는 것입니다. 의보와 정보인 의정이보依正二報는 모두 전생의 행위에 대응한 결과이므로 이과이보二果二報

라고도 합니다. 곧 육체는 직접적인 과보이므로 정보正報이며, 의식 주·부모·가족·사회 등은 간접적인 과보로 정보가 의지하는 바가 되므로 의보依報라 한 것입니다. 본래 인이 없기 때문에 만행을 닦을 길도 없고, 본래 과가 없기 때문에 과를 증득하는 방법도 없다는 말입니다. 그러나 선법의 입장으로 보자면 이것은 인과 과의 근본이 연기의 도리에 근거하고 있으면서도 궁극적으로는 인과의 도리를 초월한 것이기는 하지만 그 수행의 시작과 깨침의 종착이 곧 인과를 말미암은 것이므로 수증의 흔적을 남기고 있는 것입니다.

이에 비하여 선문에서 내세우는 심인의 입장은 수행을 시작한다는 것과 깨침을 터득한다는 것조차도 초월해 있다는 점을 강조한 것입니다. 곧 선법의 입장은 본래부터 법계 및 법계의 인과 과를 벗어난 것으로 간주하고 있습니다. 따라서 교학에서 말하는 법계 및 법계의 인과 과를 없앤다는 행위야말로 조작적이고 유위적이며 공용적인 행위임에 비하여 선법의 심인은 철저히 무조작이고 무위이며 무공용의 종지임을 말하고 있습니다. 그래서 선법에서 전승된 심인의 종지는 마치 새가 허공을 날아가는 것처럼 아무런 흔적을 남기지 않고 마치 물고기가 물속을 헤엄치는 것과 같이 몰종적하다는 것을 강조하고 있습니다.

이러한 도의 국사의 가르침에 대하여 고운 최치원은, "시험삼아 그 종취를 살펴보면 다음과 같다. 수행은 있지만 그 수행은 닦음이 없는 몰수沒修이고, 깨침은 있지만 그 깨침은 깨침이 없는 몰증沒證이다. 그리하여 고요하기로는 산처럼 고요하고, 움직이기로는 골짜기가 울리는 것과 같다. 선법의 무위의 이익은 다툼이 없이도 뛰어났다. 이에 신라인의 마음을 비우게 해 주고 고요한 이익으로 해외를 이롭게 하되 그 이롭게 함을 자랑하지 않으니 참으로 위대하도다."라고 말했습니다.

지원 승통과 도의 국사의 법담에서 볼 수 있듯이 선법의 특수성을 부각시키는 것은 선법의 홍보를 위한 하나의 전략이기도 했습니다. 이러한 노력에 힘입어 점차 선법에 대한 이해가 넓어지면서 구산선문의 개창과 기타 많은 선법이 신라 사회에 토대를 구축할 수 있었습니다. 이렇게 되기까지 실로 1백 년의 세월을 기다려야만 했던 것입니다. 이렇게 시절인연이란 숱한 세월을 연소시킨 후에야 아름다운 결실을 맺습니다.

한국의 불교 신도님들은 구산선문을 말로는 표현하면서도 그 구체적인 명칭에 대한 이해도는 낮습니다. 구산선문의 아홉 가지 구체적인 명칭은 고려 말기의 저술로 추정되는 『한국불교전서』 제11책 「보유편補遺篇」에 처음 나옵니다. 「천지명양수륙제의범음산보집」입니다.

물론 구산선문의 성립과 전개에 관해서는 여러 설이 있습니다. 나말羅末에 성립되었다는 설, 혹은 여초麗初에 성립되었다는 설, 또는 대각 국사 이후 성립되었다는 설 등이 있습니다. 이 모두를 요약해 보자면 나말여초로 요약이 됩니다.

도의 국사는 현재 대한불교조계종의 종조로 추앙받고 있습니다. 1962년에 제정된 조계종 종헌에는 도의 국사가 조계종의 종조로 되어 있습니다. 2004년 6월 19일 조계종 총무원에서는 처음으로 당시 총무원장 법장 스님의 지대한 관심 속에 도의 국사 다례제를 모시게 되었고, 이제 연중행사가 되었습니다. 한국불교를 통불교通佛敎라고 하면서 도의 국사만 종단 차원에서 다례제를 모신다는 것에 고개를 갸웃거리게 됩니다.

 불자님들! 향이 우리나라에 들어온 것은 신라 눌지왕訥祗王(재위, 417~458) 때입니다. 당시 중국 양나라에서 사신을 통해 향을 보내왔는데, 군신이 모두 향의 이름과 사용법을 몰라서 사람들을 시켜 널리 묻게 했다고 『삼국유사』 권3 「아도기라阿道基羅」에서 밝히고 있습니다. 우리 모두 도의 국사의 구법정신을 기리며 일주향을 들고 정성스럽게 올립시다.

범일 국사의 진귀조사설眞歸祖師說

　범일 스님은 속성이 김씨이고 계림의 관족冠族 출신입니다. 휘는 범일梵日 혹은 품일品日이라고 합니다. 조부의 휘는 술원述元이며, 벼슬이 명주 도독에까지 이르렀습니다. 청렴하고 공평하게 시속을 살폈고, 너그러움과 용맹으로 사람을 대하니 밝은 소문이 아직도 민요民謠에 남아 있고, 그 밖의 것은 전기에 전하고 있습니다. 어머니 지支씨는 여러 대를 내려오는 호족 집안으로 세상에서 부녀의 모범이라 불렀으며, 선사를 잉태했을 때 해를 받쳐 안는 길몽을 꾸었다고 합니다. 헌덕왕 2년(810) 정월 10일 국사가 태 속에서 열세 달 만에 탄생하니 나계螺髻가 있어 자태가 빼어났으며, 정수리에 구슬이 있어 기이한 모습이었습니다. 824년 나이 15세가 되어 출가할 뜻을 품고 부모님께 말하니, 양친이 함께 다음과 같은 말을 했습니다.

　"전생에 좋은 인연을 심은 결과이니, 그 뜻을 거두게 할 수가 없구나. 네 먼저 제도를 받거든 우리를 제도해 다오."

그리하여 부모님을 하직하고 산으로 들어가 도를 닦았습니다. 나이 20세에 서라벌에 가서 구족계를 받고 청정한 행을 두루 닦으면서 부지런하고 또 부지런하여 출가인들의 귀감이 되고, 도반들의 모범이 되었습니다.

태화太和 연간에 이르러 혼자서 맹세하기를 '중국으로 들어가 구법하리라' 하였습니다. 그리고 마침내 조정에 들어 왕자인 김의종金義琮 공에게 그 뜻을 밝히니, 공이 국사의 훌륭한 포부를 소중히 여기는 뜻에서 동행하기를 허락하여 그 배를 빌려 타고 당나라에 당도하였습니다.

이미 숙세의 원을 이룩했는지라 곧 순례의 길에 올라 선지식을 두루 참문하던 끝에 염관제안 스님을 뵈니, 스님이 물었습니다.

"어디서 왔는가?"

범일 국사가 대답했습니다.

"동국에서 왔습니다."

스님이 다시 물었습니다.

"수로로 왔는가, 육로로 왔는가?"

"두 가지 길을 모두 밟지 않고 왔습니다."

"그 두 길을 밟지 않았다면 그대는 어떻게 여기까지 왔는가?"

"해와 달, 동과 서가 무슨 방해가 되겠습니까?"

이에 제안 스님이 칭찬했습니다.

"실로 동방의 보살이로다."

국사가 물었습니다.

"어찌하여야 바로 부처를 이룹니까?"

스님이 대답했습니다.

"도는 닦을 필요가 없다. 그저 더럽히지나 말아라. 부처라는 견해, 보살이라는 견해를 짓지 말라. 평상의 마음이 곧 도이니라."

국사는 이 말에 활연대오하여 6년 동안 정성껏 모시다가 나중에 약산藥山에게 가니, 약산 스님이 물었습니다.

"요즘 어디서 떠났는가?"

국사가 대답했습니다.

"강서江西에서 떠났습니다."

"무엇하러 왔는가?"

"스님을 찾아왔습니다."

"여기는 길이 없는데, 그대가 어떻게 찾아왔는가?"

"스님께서 다시 한 걸음 나아가신다면, 저는 스님을 뵙지도 못할 것입니다."

이에 약산 스님이 찬탄하였습니다.

"대단히 기이하구나. 대단히 기이하구나. 밖에서 들어온 맑은 바람이 사람을 얼리는구나."

그 뒤로 마음대로 행각을 다니다가 멀리 장안에 들르니, 때마침 회창會昌 4년의 사태沙汰를 만나 스님들은 흩어지고 절은 폐위되어 동분서주하여도 숨을 곳이 없었습니다. 때마침 하백河伯의 인도로 산신의 마중을 받아 상산商山에 숨어서 홀로 선정을 닦았습니다. 국사는 떨어진 과일을 주워 주린 배를 채우고 흐르는 냇물을 마셔 목마름을 달래기도 하였습니다. 행색이 바짝 마르고 기력이 부쳐서 걸을 수가 없게 된 채로 반년이 지난 어느 날 갑자기 꿈에 이상한 사람이 나타나서 다음과 같이 말했습니다.

"이제 떠나시지요."

이에 억지로 걸으려 했으나 도저히 힘이 미치지 못하였는데, 어느 결에 짐승들이 떡과 먹을 것을 물어다가 자리 옆에다 두니, 일부러 주는 것이라 생각하고 주워 먹었습니다. 훗날 맹세하기를 '소주韶州에 가서 조사의 탑에 예배하리라' 하고, 천리를 멀다 여기지 않고 조계에 다다랐습니다. 향이 어린 구름이 탑묘塔廟 앞에 서리고 신령한 학이 훌쩍 날아와서 누대樓臺 위에서 지저귀니, 절의 온 대중이 모두 다음과 같이 수군거렸습니다.

"이러한 상서로운 일은 실로 처음 있는 일이다. 필시 국사가 오신 징조일 것이다."

이때 고향에 돌아가 불법을 펼 생각을 내어 회창 6년 정묘년 8월에 다시 뱃길에 올라 계림정鷄林亭에 돌아오니, 정자 위를 비추는 달빛은 현토玄兎의 성에 흐르고, 교교皎皎한 여의주의 빛은 청구靑丘의 경계를 끝까지 비추었습니다.

대중大中 5년 정월에 이르러 백달산白達山에서 연좌宴坐하고 있노라니, 명주의 도독인 김공金公이 굴산사崛山寺에 주석할 것을 청했습니다. 스님은 한번 숲속에 들어가 산 지 40여 년 동안 줄지은 소나무로 도를 행하는 행랑을 삼고, 평평한 돌로써 좌선하는 자리를 삼았습니다.

어떤 이가 물었습니다.

"어떤 것이 조사의 뜻입니까?"

국사가 대답했습니다.
"여섯 대가 지나도 잃은 적이 없느니라."
"어떤 것이 대장부가 힘써야 할 일입니까?"
국사가 대답했습니다.
"부처의 계단을 밟지 말고, 남을 따라 깨달으려 하지 마라."
이상은 『조당집』 제17권에 상술된 내용입니다.

범일 국사 하면 진귀조사설로 유명합니다.

  진귀조사가 설산에 계시면서
  총목방에서 석가를 기다렸네.
  임오년에 조사 심인을 전하니
  동시에 조사 종지를 얻었다네.
  眞歸祖師在雪山
  叢木房中待釋迦
  傳持祖印壬午歲
  心得同時祖宗旨

위 시는 2조 혜가 스님이 스승 달마 대사에게 정법안장을 누구에게 전하고, 어디에서 전하였는가에 대하여 자비심으로 설명해 달라고 여쭈었을 때의 게송입니다. 이 시는 『달마밀록』에 나오는 내용입니다. 그러나 이 책은 현존하지 않고 있습니다.
설산과 총목방은 모두 수행의 당처를 가리키는 용어이기도 합니다. 진귀조사로부터 석가가 깨침을 인가받았다는 것이야말로 옛적부터 작금에 이르기까지 정통으로 간주되고 있는 조사선의 가풍이 정법안장의 올바른 계승임을 강조하는 단적인 증거입니다.

또한 『해동칠대록海東七代錄』에서 범일 국사는 진성여왕이 하문하는 선과 교의 뜻에 대하여 다음과 같이 말씀하셨습니다.

"우리 본사이신 석가모니 부처님께서는 태어나신 이후에 설법으로 일관하셨습니다. 먼저 태어나자마자 동서남북으로 7보씩 걷고 나서 '천상천하유아독존'이라 말했습니다. 나이를 먹은 후에는 왕성을 벗어나 설산으로 들어갔습니다. 거기에서 별빛을 보고 깨침을 얻었습니다. 그러나 깨친 법이 궁극의 경지가 아님을 알았습니다. 그래서 다시 수십 개월 동안 조사이신 진귀조사를 찾아 유행하였습니다. 이로써 비로소 궁극의 뜻을 전승받았는데, 그것이 곧 교외별전의 선입니다. 그리고 성주 화상께서는 항상 『능가경』을 공부하셨습니다. 그러나 그것이 조사의 종지가 아님을 알고서 『능가경』을 그만두고 마침내 입당하여 법을 전수받았습니다. 그리고 도윤 화상께서는 『화엄경』을 공부하셨습니다. 그러다가 '화엄의 원돈의 가르침이 어찌 심인의 선법과 같겠는가'라고 말하고는 역시 입당하여 법을 전수받았습니다. 『능가경』과 『화엄경』의 경우처럼 교학은 근본이 되지도 못하고 믿을 수 있는 교외별지도 아닙니다."

부처님 오신 날에는 늘상 부처님의 찬탄게가 생각납니다. 천상천하유아독존天上天下唯我獨尊이라고 하셨습니다. 이 소중한 말씀을 확연하게 이해하기 어렵습니다. 인도 말을 중국어로 번역하다 보니 해

석상의 선명함이 드러나지 않은 듯합니다. 인도 말은 'Svaraga ham asmi loka'라고 합니다. svaraga는 '광명'인데 세분해 보면 sva는 '스스로의 뜻'이고 raga는 '번뇌'입니다. ham은 '버리다'라는 뜻입니다. asmi는 '내가 존재한다'이고 loka는 '눈에 보이는 세계', 곧 중생세계입니다. 우리말의 정확한 표현은 '번뇌망상을 다 버리고 나면 스스로 하늘의 광명이 중생세계에 비쳐 내가 존재한다'는 말이 됩니다.

우리는 보이는 세계보다 보이지 않는 세계에 대한 그리움에 젖어 살고 있습니다. 보이지 않는 세계는 vedya loka입니다. vedya는 to be attained으로 '성취되었다'의 뜻이고, 한역으로는 얻을 득得 자의 의미입니다. 보이지 않는 세계는 진리의 세계요, 광명의 세계이며, 깨침의 세계인 것입니다. 이 세계로의 긴 여정에서 무한한 갈증도 느낄 수 있고 더러는 험로를 만나게도 됩니다. 뜻하지 않은 폭풍우도 만날 수 있을 것입니다. 여정을 출발도 해 보지 않은 사람은 이러한 과정조차도 전혀 모를 일입니다. 뭔가 체험하고 느낀다는 것은 소중한 자양분이 됩니다. 우리 불자님들은 긴긴 여정의 동반자가 되어 서로 이해하고 탁마하며 광명의 세계, 진리의 세계, 깨침의 세계로 나아갑시다. 보이는 세계는 saha loka라고 합니다. 여기서 saha는 '싸운다'는 말입니다. 중생의 세계를 사바세계라고 하는 것이 싸움의 세계라는 말입니다. 유한한 인생들이 싸워서 얼마나 더 얻고 얼마나 더 누리며 얼마나 더 오르겠다는 것인지요.

『해동칠대록』의 내용을 보면, 석가모니 부처님이 진귀조사로부터 심인을 받았다는 내용을 이해하는 것이 중요한 요점입니다. 부처님으로서의 석가모니가 큰스님으로서의 진귀조사에게 한 수 지도받았다는 것입니다. 여기서 불자님들은 언설에 속아서는 안 되겠습니다.

부처님과 조사 가운데 누가 더 훌륭한지 그리고 누가 스승이고 누가 제자인지는 중요하지 않습니다. 다만 석가여래와 진귀조사라는, 여래와 조사라는 용어에 주목해야 합니다.

『해동칠대록』이 현재 전승되는 책은 아닙니다. 다만 이 책이 유행하던 시기는 당나라 시대로 조사선이 형성되면서 조사선의 가풍이 가장 고양되었던 무렵입니다. 그리고 그 칠대조사가 누구인지도 구체적으로 파악할 수가 없습니다. 단지 이 무렵에 중국에서 조사선법을 수입한 일곱 조사들이라는 추정은 가능한 일입니다. 조사선에서 말하는 조사는 본래는 달마 조사를 가리키는 말이었습니다. 그와 같은 조사의 개념을 진귀조사라는 인물에 투영한 것입니다.

한편, 석가는 여래의 개념을 상징합니다. 여래는 49년 동안 고구정녕하게 설법을 하셨습니다. 반면 조사는 직설적이고 현실적이며 단적인 교화수단을 활용하였습니다. 때문에 조사선의 가풍이 팽배해 있던 시기야말로 선을 언설을 통해서 자상하게 이해시켜 주는 여래선의 방식보다 직지인심으로 제자의 의표를 찔러 가르쳐 주는 조사선의 접화 방식이 큰 매력을 발휘하였습니다. 곧 석가라는 여래와 진귀라는 조사를 등장시켜 그 접화 수단의 차이를 비유한 것입니다.

따라서 여기에 등장하는 여래와 조사는 선사상의 깊고 얕음을 의미하는 것이 아닙니다. 다만 부처님으로서의 여래와 큰스님으로서의 조사의 개념을 여래선과 조사선의 개념을 통해 조사선이 상대적으로 우위에 있다는 점을 상징적으로 비유한 것입니다. 당시에는 의

도적으로 선교의 차별을 강조하였습니다. 그것은 교학의 입장을 49년 동안 설법했던 여래의 개념으로 내세우고, 언설을 초월하여 오로지 좌선수행으로 일관했던 선종의 입장을 조사라는 개념으로 강조한 것에 불과합니다.

함통咸通 12년 3월에는 경문왕이, 광명廣明 원년에는 헌강왕이 모두 특별히 범일 스님을 모시는 예를 다하여 멀리서 흠앙하였습니다. 그리고 국사에 봉하기 위해 서라벌로 모시려 했으나 오랫동안 곧고 굳은 덕을 쌓았기에 끝내 나아가지 않았습니다. 문덕文德 2년 기유년 4월 말에 스님은 문인들을 불러 다음과 같이 말했습니다.

"내 곧 먼 길을 떠나려 하니, 이제 너희들과 작별을 고하노라. 너희들은 세상의 감정으로 공연히 슬퍼하지 말라. 다만 스스로 마음을 닦아서 종지宗旨가 추락하지 않게 해야 될 것이다."

그러고는 5월 1일 오른쪽 겨드랑이를 대고 발을 포개고 입멸하니 춘추는 80세요, 승랍은 60하이며, 시호는 통효通曉요, 탑호는 연휘延徽입니다.

범일 국사는 오늘날 영동지방에서 크게 추앙하고 있습니다. 강릉 단오제를 지낼 때에 꼭 제일 먼저 행하는 일이 대관령에서 산신제를 올리는 것입니다. 범일 국사가 대관령의 주산신이 되어 있기 때문입니다.

순지 선사의 삼편성불론三遍成佛論

　나말여초에 중국의 선법을 수입한 사람들이 많습니다. 중국 선종 5가 가운데 위앙종풍을 수입한 사람으로 오관산 서운사의 요오순지 스님이 있습니다. 스님의 속성은 박씨이며 패강浿江(대동강) 사람입니다.

　죽마竹馬 놀이를 할 때에 벌써 우거牛車(대승)의 기량이 있어 무릇 장난을 하면 항상 예사롭지 않은 표현을 하였고, 열 살이 되자 학문을 좋아하고 애써서 입을 열면 큰 뜻을 읊어 청운을 능가하는 기개를 보였습니다. 이치를 열어 현현한 진리를 이야기할 때에는 거울이 마주 비추는 것 같았습니다.

　약관의 나이가 되자 도의 싹이 움터 시끄러운 곳에 있기를 싫어하고 고요한 환경에 왕래하기를 좋아하더니, 마침내 양친에게 출가할 뜻을 밝혔습니다. 아들의 뜻을 꺾을 수 없어서 마침내 허락하니,

오대산으로 가서 삭발하고 이어 속리산에 가서 구족계를 받은 뒤에는 행은 결초結草 비구와 같고, 마음씀씀이는 호아護鵝 비구에 견줄 만하였습니다.

결초는 초계草繫라는 말과 같습니다. 옛날 인도에서 있었던 일입니다. 한 비구가 들길을 지나다가 도둑떼를 만나게 되었습니다. 도둑들은 비구의 옷을 빼앗고 발가벗긴 채 풀로 매어 두고 가버렸습니다. 그 비구는 풀이 끊어질까 염려하여 꼼짝 않고 뙤약볕 아래서 뜨거움과 배고픔을 참으며 사람이 지나가기를 기다리고 있었습니다. 때마침 사냥 나왔던 왕이 이 광경을 보고 풀어 주었습니다. 그리고 나서 그 비구로부터 사연을 듣고는 크게 감동하여 불교에 귀의하였다고 합니다.

호아는 아주鵝珠라는 말과 같습니다. 한 비구는 한때 보석을 세공하는 집에 걸식하러 갔습니다. 마침 임금님의 부탁으로 세공사는 값진 보석을 갈고 있었습니다. 잠시 주인이 자리를 비운 사이에 그 집에서 기르는 거위 한 마리가 돌아다니다 그 보석을 삼켜 버렸습니다. 주인이 자리로 돌아와 보석이 없어진 사실을 알고 깜짝 놀랐습니다. 이윽고 걸식하러 온 비구를 의심하고 문책했습니다. 비구는 아무 말도 하지 않고 묵묵히 있을 뿐이었습니다. 비구 자신이 본 대로 말한다면 거위는 당장 죽게 될 것이기 때문이었습니다. 흥분한 주인은 비구를 의심한 나머지 결박해 놓고 훔친 보석을 썩 내놓으라고 고래고래 소리 지르며 몽둥이로 후려치는 것이었습니다. 상처에서는 피가 낭자하여 방울방울 떨어지고 있었습니다. 곁에서 어정거리던 거위가 흘린 피를 먹으려고 가까이 다가왔습니다. 주인은 홧김에 거위를 발길로 차서 죽이고 말았습니다. 이 지경이 되자 비구는 입을 열고 자초지종을 말했다는 것입니다.

풀 한 포기도 상하지 않게 하려 했던 생명존중사상을 실천한 결초 비구와 갖은 수모를 당하면서도 거위의 생명을 보존해 주려 했던 호아 비구의 인욕을 배워야겠습니다.

순지 스님은 859년(헌안왕 3)에 이르러 사사로이 서원을 세워 중국에 가기를 원하여 사신을 따라 바다를 건널 때, 한 척의 배를 타고 만 겹의 파도를 넘는데도 조금도 두려운 생각이 없이 까딱 않고 선정에 들어 있었습니다.

마침내 앙산 스님에게 가서 정성스럽게 발 앞에 절을 하고 제자가 되기를 원하니, 앙산 스님이 관대히 웃으며 말했습니다.

"온 것이 어찌 그리 늦었으며, 인연이 어찌 그리 늦었는가? 뜻한 바가 있으니 그대 마음대로 머물러라."

순지 스님이 앙산 스님의 곁을 떠나지 않고 현현한 종지를 물으니, 마치 안회가 공자 곁에 있는 것 같고, 가섭이 부처님 앞에 있는 것 같아 당시 모였던 대중들이 모두 감탄하였다고 합니다.

874년(경문왕 14)경 송악군松岳郡(개성)의 여자 신도인 원창元昌 왕후와 그의 아들 위무威武 대왕이 오관산五冠山 용엄사龍嚴寺(지금의 서운사)를 희사하여 곧 그곳에 주석하게 되었습니다.

순지 스님은 언제나 형상을 표현하여 법을 나타냄으로써 대중에게 진리를 증득하는 데에 빠르고 더딤이 있음을 말했습니다. 중국의 남양혜충 국사로부터 비롯되는 표상현법表相現法을 소개하고 더욱 발전시켜 선법의 대중화에 크게 기여했던 것입니다. 표상현법의 총 17개 형상은 온갖 부호와 상징과 기호 등을 통하여 선법의 도리를 표현한 것입니다. 이는 중생들을 위한 갖가지 방편을 구사한 것으로 보살도의 실천을 신라에 전하여 더욱 발전시킨 것입니다. 여기에는 순지 스님의 독창적인 면모가 엿보입니다.

한편, 순지 스님은 삼편성불론三遍成佛論이라는 가르침을 펴 수행에 대한 이론적인 측면과 실천적인 측면을 자세하게 제시하였습니다. 삼편성불이란 세 가지 성불에 도달하는 방식을 말하는 것으로 각자의 근기에 따른 행상을 설해 놓은 것입니다. 첫째는 증리성불證理成佛이고, 둘째는 행만성불行滿成佛이며, 셋째는 시현성불示顯成佛입니다. 이것은 수행의 이론적인 측면에 대하여 설한 세 가지 양상입니다.

증리성불이란 선지식의 말을 듣고 한 생각 돌이켜 자기의 마음 바탕에 본래의 한 물건도 없음을 깨닫는 것이 성불이라고 가르치고 있습니다. 만행을 차례로 닦아서 얻는 것이 아니기 때문에 증리성불이라고 합니다. 그러므로 경에서 초발심시변성정각初發心時便成正覺이라고 하였습니다. 또 옛사람들은 불도가 멀리 있는 것이 아니라 마음을 돌이키면 된다고 하였는데, 이것이 바로 그것입니다.

이 증리성불은 안에서 체성體性을 말한다면 한 물건도 없지만 삼신三身을 통틀어 말한다면 한 부처와 두 보살이 없지 않습니다. 비록 세 사람이 있으나 지금 당장에 성품을 보아 부처를 이루었으므로 부처가 되었다 하는데, 그 공은 문수에게 있다고 하였습니다. 그러므로 옛사람은 '문수는 제불의 어머니다'라고 말하였는데, 이 뜻은 부처님들이 문수에 의해서 생겼기 때문입니다. 문수라 함은 실지實智인데, 모든 부처님이 그 실지에 의하여 보리를 증득하기 때문에 문수를 부처님들의 어머니라고 한다 하였습니다.

　행만성불이란 이미 진리의 근원을 끝까지 규명했으니 다시 보현의 행원을 따라 보살도를 두루 닦아 수행이 골고루 갖추어지고 지혜와 자비가 원만해지기 때문에 행만성불이라고 한다고 하였습니다. 그러므로 옛사람은 행하여 이른 곳이 곧 본래처(行到處卽從來處)라고 하였습니다. 또한 행한 바가 이미 원만한 줄 분명히 알면 그곳이 곧 환지본처라고 합니다. 본래처라는 것은 곧 이치(理)입니다. 이 행만성불을 증득하는 이치는 앞의 증리성불의 이치와 다르지 않습니다. 비록 이치는 다르지 않으나 행이 과에 이르기 때문에 행만성불이라고 합니다. 이 행만성불 안에서 과덕果德을 말하면 다만 보현행으로써 불도를 이루는 것뿐입니다.

　삼신을 이야기하는 데에도 한 부처와 두 보살이 있습니다. 비록 세 사람이 있으나 지금 여기에서는 행이 원만하게 부처를 이루는 것만을 취해 부처를 이루게 되었으니 공은 보현에게 있습니다. 그러므로 옛사람이 이르기를, 보현은 부처님들의 아버지라 하였는데 이것은 이른바 부처님들이 보현에서 나왔기 때문입니다. 한 부처와 두 보살이라고 할 때 비로자나는 이理이고, 문수는 지智이며, 보현은 행行입니다. 이 이와 지와 행의 3인이 동체同體이기 때문에 어느 것 하나도 버릴 수 있는 것이 아닙니다. 또한 한 부처와 두 보살은 주主와 반伴이 따로 없습니다. 본체무상本體無上으로는 비로자나가 주主가 되고, 견성지공見性智功으로는 문수가 주主가 되며, 만행복력萬行福力

으로는 보현이 주主가 됩니다. 그러므로 이통현李通玄은 "일체 제불은 모두 문수와 보현이 제불을 위하여 젊은 남자와 장자가 되었다."고 말했습니다. 그러므로 3인은 주반의 몸이 아닌 줄을 알아야 한다고 합니다.

시현성불이란 앞의 증리성불과 행만성불로 자행성불自行成佛을 마쳤을 때 중생이 바뀌어 성불한다는 뜻으로, 곧 석가가 팔상성도를 행한 것을 말합니다. 도솔천에서 나와(生兜率天), 태중에 들고(入胎), 태에 머무르며(主胎), 태에서 나오고(出胎), 출가하며(出家), 성도하고(成道), 전법륜하며(轉法輪), 열반에 들어가는(入涅槃) 팔상성불이 곧 시현성불입니다. 팔상성도의 의미는 보신, 화신에 있지 않고 무량세계의 공겁전에 법륜을 굴리는 능력, 곧 법신에 의미가 있다고 본 것입니다. 그래서 경전에서는 "여래께서 세상에 나타나지도 않았으며 열반에 들어가지도 않았건만 본원력으로 인하여 자재하게 법을 드러낸다."고 하였습니다. 이 경문은 보신과 화신 가운데서 참부처를 나타낸 것입니다. 또 경전에서 "내가 성불한 이후로 이미 무량겁이 지났다."고 말했습니다. 이것으로 보아 석가여래는 이미 무량겁 이전에 수행이 원만한 대각을 이루었으나 중생을 위하는 까닭에 비로소 이 세상에 와서 정각을 이루는 모습을 보인 것입니다. 지금의 석가여래는 현재 현겁 1천 불 가운데 네 번째 부처님이시니, 과거 장엄겁의 1천 불과 미래 성수겁의 1천 불이 그렇듯이 천 겁 동안의 제불이 세상에 나타나 중생을 교화하고 차례로 수기를 주는데 털끝만큼도 어김이 없다 하였습니다. 경전을 즐겨 읽고 고인의 자취를 두루 살펴 한 사람이 성불하는 과정을 살펴보면 이처럼 삼편성불하는 도리를 알 수 있을 것입니다.

앞에서 현겁, 장엄겁, 성수겁이 나왔습니다. 현겁은 Bhadra-kalpa라고 합니다. 여기서 bhadra는 '행복한', '축복받은', '사랑스러운', '수승한' 등의 뜻을 지니고 있습니다. 거기에 kalpa, 즉 겁이란 낱말이 첨가되어 만들어진 말입니다. 현겁은 지금 세상을 말합니다. 현재의 일대겁인 성成·주住·이異·멸滅의 4겁을 이르는 말이기도 합니다. 천불千佛·천오백불千五百佛 등 많은 현인이 출세하여 중생을 구하기 때문에 이렇게 칭해진다고 합니다.

장엄겁莊嚴劫은 현재의 현겁 전에 있던 과거의 겁 이름입니다. 이 장엄겁 사이에 화광불華光佛로부터 비사부불毘舍浮佛에 이르는 천불의 출세가 있었다고 합니다.

성수겁星宿劫은 현재의 현겁에 이어 오는 미래의 겁을 말합니다. 이 성수겁의 사이에 일광불日光佛로부터 사자불師子佛에 이르는 천불千佛이 출현한다고 합니다.

우리가 알고 있는 현겁은 단순히 어질 현賢 자를 써서 표현하고 있지만 범어의 의미를 살펴보면, '참, 그렇구나!' 가 연발이 됩니다. 우리가 눈만 뜨면 신경 쓸 일이 많고 한숨도 거푸 나오기 일쑤이지만 한 생각 바꾸어 보면 참 아름다운 세상에 살고 있다는 것을 느끼게 됩니다. 그래서 현겁의 바드라(bhadra)를 '행복하고', '축복받고', '사랑스럽다' 고 표현하지 않겠습니까.

방 거사에게는 권속이 있었습니다. 가족 모두 본분사를 충실히 닦고 있었습니다. 유독 선기가 뛰어난 것이 영조라는 딸이었습니다.

그리하여 평소에도 영조는 아버지는 물론이고, 찾아오는 사대부와 선사들을 깜짝 놀라게 하는 일이 비일비재하였습니다. 하루는 탁발승이 그녀의 집 앞에서 요령을 흔들며 염불을 하므로 밖으로 나와 말했습니다.

"무엇을 구하십니까?"

"보리를 얻으러 왔소."

"스님 보리는 어떻게 하고요?"

탁발승은 대답을 못하고 홍당무가 되어 물러갔습니다. '보리菩提를 구하다니? 자기 마음속에 충만한 보리는 어떻게 하구요?' 하는 뜻입니다.

또 한번은 객승이 석양 무렵에 문전에 와서 말했습니다.

"이미 날이 저물었으니 하룻밤 지새우고 갈 방 하나를 얻고자 합니다."

"삼계가 원래 공한 것인데 무슨 방을 구하시렵니까?"

선을 모르는 객승은 말을 잇지 못했습니다.

원래 부호로 잘살다가 견성오도한 후에 모든 전답을 가난한 사람들에게 나누어 주고, 가재도구는 동정호에 내던져 버리고 초가삼간에 몸을 담아 돗자리를 짜고 짚신을 삼으며 살았던 방 거사의 삶이기에 이처럼 영특한 영조라는 딸이 나올 수 있었을 것입니다. 도를 이루었다 하더라도 안빈낙도安貧樂道하기가 여간 어려운 일이 아닙니다. 항상 경계에 나를 뺏기고 말기 때문입니다.

연초록의 산야에 나를 뺏길 수는 있어도 다른 경계에 나를 팔지 맙시다. 금낭화의 꽃대에서 한 옥타브의 계명階名을 발견했습니다.

그 계명에 속진이 앉았을까 염려가 되어 간밤에 천상에서는 감로가 내려 깨끗이 씻어 놓았습니다. 세상이 이렇게 아름다울 수가 있을까. 라일락의 향기는 무시무종으로 도량을 감돌고 있습니다. 원추리 잎이 하루가 다르게 영역을 넓혀 가고 있습니다.

원추리는 망우초忘憂草라 하여 근심을 잊게 하는 풀이라고 합니다. 예전엔 어머니의 별당에 심어 드리곤 했습니다. 그 연유는 어머니가 근심 없이 즐거움을 누리라는 복락의 축원을 상징하는 꽃이기 때문이었습니다. 훤당萱堂이라고 하여 남의 어머니를 존칭하는 말로 씁니다. 물론 자당慈堂이라고도 합니다. 옥잠화도 한여름의 고고한 은비녀의 자태와 진한 향을 뿜내고자 이제 떡잎이 자라 제법입니다.

순지 스님은 생몰 연대를 알 수 없는 분입니다. 그러면 어떻습니까. 누가 어느 수행자의 나고 감을 그렇게 기억하기가 쉽습니까. 그보다 더 중요한 것은 그가 남긴 가르침의 무게가 아닐까 합니다. 순지 스님이 법을 펼쳤던 곳은 지금 쉬 가볼 수 없는 이북 땅입니다. 언젠가 자유왕래가 허용된다면 오관산 서운사 도량에서 '삼편성불론'이라는 스님의 법음을 듣고자 합니다.

무염 선사의 무설토론

　무염 스님(800~888)은 신라 말 선문의 거장입니다. 구산선문 가운데 성주산문을 개산한 분입니다. 고운 최치원 선생이 지은 〈성주사낭해화상백월보광탑비〉에 의하면 속성은 김씨이고 본관은 경주이며 태종무열왕의 8대손입니다. 제40대 애장왕 원년에 탄생하여 12세 때 양양 오색동에 있는 오색석사에 가서 당시 국사로 있던 법성 선사에게서 『능가경』의 중심사상을 익혔습니다.

　법성 선사는 일찍이 법을 구하러 중국에 들어가 종가鬃伽의 문에서 법을 물은 적이 있었습니다. 무염 스님은 법성 선사 처소에서 모든 가르침을 탐색하여 남긴 것이 없었습니다. 법성 선사는 무염 스님을 칭찬하여 "빠른 말은 마치 말이 질주하는 듯하며 재지才智가 걸출하여 한 발 앞에 도달한다."라고 하였습니다. 더 이상 구하는 바를 충족시켜 줄 수 없음을 스스로 알아 무염 스님에게 중국에 들어가 법을 구할 것을 권하였습니다. 무염 스님은 법성 선사를 하직하고 부석산 석징釋澄 대덕 문하에서 화엄을 연구하며 매일 30인과 실력을 겨루었습니다. 여기서 청靑은 남藍에서 나왔으나 남보다 더 우수한 빛깔이 된다는 『순지』 「권학편」의 사실을 입증하였습니다. 석징 스님은 무염 스님이 총명하고 재능이 뛰어남을 찬탄하며 중국에 들어가 배우기를 권하였습니다. 무염 스님은 이에 산을 내려와 바다에 이르러 배를 타고 당으로 들어갈 기회를 엿보았습니다.

무염 스님과 마음의 벗 도량道亮은 국사國使 귀서절歸瑞節을 궁궐 뜰에서 만나 배를 빌려 탈 수 있었습니다. 그런데 도중에 광풍을 만나 물속에 빠지는 조난을 당하게 되었습니다. 간신히 나무판자에 걸터앉아 보름 넘게 표류하다가 드디어 검산도劍山島라는 곳에 이르렀습니다.

언덕에 가까스로 올라 망연히 잠시 동안 있다가 다행스럽게 목숨을 구했다고 생각하고 서쪽으로 가겠다는 의지를 더욱 견고히 하였습니다. 그리하여 장경長慶 초년(821), 당은포唐恩浦에서 조정사朝正使인 왕자 흔昕의 배를 타고 순풍에 돛단 듯이 곧장 지부산之罘山 기슭에 도착하여, 다시 걸어서 수도 장안의 남산 지상사至相寺에 당도하였습니다. 지상사에서 화엄을 청강하였는데, 부석사에 있을 때 들었던 것과 크게 다르지 않았습니다. 한 노인이 말하길 "그대가 불원천리하고 이곳에 와서 모든 것을 얻어 가려 하니 무엇이 더불어 인식하는 마음인가?"라고 하였습니다. 무염 스님이 듣고 크게 깨달아 이 때부터 경을 버리고 심학心學을 연마하였습니다.

불광사를 유람하다가 여만如滿 스님에게 도를 물었습니다. 여만은 강서의 심인을 가지고 있었으며, 백낙천과도 도우道友였는데, 무염 스님과 도에 대해 논하면서 부끄러워하는 안색을 감추지 못하면서, "내가 많은 사람을 만나 봤으나 이와 같은 신라 사람은 드물었다. 훗날 중국에서 선이 실종될 때에는 장차 동이東夷에게 묻게 될 것이다."라고 말했습니다. 무염 스님은 이어서 마곡보철 스님을 배알하고 가리는 일 없이 부지런히 닦았습니다.

보철 스님은 어려움 속에서도 변치 않고 심지를 지켜나가는 무염 스님의 절개에 감탄하며 말했습니다.

"옛날 나의 스승이신 마조 화상께서 나에게 말씀하시되 '봄에는 꽃이 번성하였으나 가을에 과실이 적으니, 도의 나무에 기어오르는 사람이 슬퍼할 바이다' 하였다. 내가 이제 이 심인을 전수하니, 이후 그대의 제자 중에서 공부가 비범한 사람이 있어 가히 추대할 만한 자이면 추대하여 백안시하는 일이 없도록 하여라."

그리고 이어서 말했습니다.

"불교가 동으로 흘러간다는 설은 대개 참회하는 마음에서 나온 설이다. 저 해 뜨는 곳(동해)에는 선남자의 근기가 거의 성숙하였으니 만약 눈으로 말할 수 있는 동쪽의 사람을 만나게 되면 그에게 일러 주어라. 은혜의 물줄기가 동해에서 크게 뿜어 나오게 하여 그 공덕 됨이 적지 않을 것이다. 나는 그대가 올 것을 잘 알고 있었다. 오늘 내가 그대를 인가하니 동토에서 가장 으뜸가는 출가인이 되기를 희망한다. 지난날에 나는 존경을 받았다. 즉 그 당시 나는 강서의 거물이었다. 후세에는 내가 해동의 대부大父가 되어 먼저 간 선사들에게 부끄러움이 없으리라."

오래지 않아 보철 스님이 입적하자 무염 스님은 사방으로 편력하기 시작하여 분수汾水를 건너고 곽산崞山에 올라 유적이 오래된 것이면 반드시 탐방하고 스님이 덕이 높으면 반드시 배알하였습니다.

인가의 연기와 멀리 떨어진 곳에서 머물기도 하였는데, 위험하고 고통스러운 것을 피하지 않았습니다. 육신을 부리기를 노비와 같이 하였으나 일심一心을 받들기는 군주처럼 하였습니다. 오로지 빈곤한 이들을 도와 구제하고 외로운 사람을 구휼하는 것을 본인의 임무로 생각하면서 추위와 더위에도 불구하고 힘들어하는 모습을 드러내는 일이 없었습니다. 단지 이름난 대덕이 있다는 소문을 들으면 예방할 인연이 없더라도 반드시 멀리서 예를 올렸습니다. 이와 같은 수행이 20여 년이나 계속되었습니다.

회창 5년, 즉 당나라 무종 때 조칙을 내려 절을 헐고 스님들을 쫓아내고 불법佛法을 박해하였으며, 외국 스님들도 일률적인 칙령에 의해 본국으로 돌아가도록 하였습니다. 무염 스님도 이때 신라로 돌아왔습니다. 이후 선법을 펼 장소와 거처할 곳을 선택하기로 계획하였습니다. 때마침 왕자 흔昕이 관직을 사퇴하고 은거하여 산중 재상이 되어 있었는데, 우연히 상봉하여 조부인 김인문金仁問의 봉역封域 내 웅천주에 있는 오합사烏合寺를 무염 스님에게 보시하였습니다.

문성왕 9년, 즉 당나라 대중大中 초(847) 무염 스님은 오합사에 거주하며 각고의 노력으로 절을 크게 일으켜 세우고 도를 널리 펴니, 원근에서 명성을 듣고 수행자들이 몰려왔습니다. 연전에 답사해 보니 성주사에서 산 너머 광천까지가 12킬로미터인데 대중이 출행 시 그 행렬의 선발대가 광천에 당도하면 마지막 열은 절에서 행장을 차리는 정도였다고 하니 당시 대중의 수를 가히 짐작할 수 있는 일입니다.

1988년 행정구역 분할로 보령군 미산면이 성주면으로 분면分面되었습니다. 주민들은 성주사지라고 하면 잘 모르고 탑동네로 통합니다. 사지에는 광혜화상백월보광탑비(국보 8호), 5층석탑(보물 19호), 3층석탑(보물 20호), 3층석탑(보물 47호), 3층석탑(지방문화재 제26호)이 횡으로 배치되어 있습니다. 스님은 도를 구하러 온 많은 대중을 향하여 지혜로 비춰서 그들의 안목을 인도하였으며, 법희法喜로 그들의 배를 채워 법열을 느끼게 하였습니다. 마음이 안정되지 않아 머뭇거리는 사람을 인도하고 우둔하고 속된 무리들을 교화시켰습니다.

문성왕은 무염 스님의 법문이 나라를 다스리는 데 도움을 줄 수 있으리라는 것을 알고, 칙령을 내려 넉넉히 위문하고 예우하였으며, 절 이름을 개명하여 성주聖住라 하고 대흥륜사에 사적寺籍을 편제하였습니다. 헌안왕은 즉위하기 전에 무염 스님에게 예물로 차를 올리곤 하였습니다. 그 정성이 한 달도 거르는 일이 없었으므로 선비들에 이르기까지 무염 스님의 종문宗門을 모르면 수치로 여길 정도였으며, 교활하고 포악한 무리들도 폭력을 버리고 선도善道에 귀의하였습니다.

헌안왕에 이어 경문왕이 즉위하면서 선대의 조정에서처럼 불법을 더욱 중시하였습니다. 국가의 큰일은 반드시 무염 스님에게 문의하고 난 후에 거행했습니다. 즉위한 지 11년 가을, 곡두서鵠頭書를 전하고 스님을 서라벌에 왕림하도록 초청하여 스승의 예로 받들었습니다. 곡두서는 은사隱士를 임관하기 위하여 불러내는 조서입니다. 왕이 문심조룡文心雕龍의 어구를 인용하여 반야의 절대적인 경지를 듣고자 하니 무염 스님이, "경계가 이미 끊어졌으니 이치가 없습니다. 이와 같이 인가하니 묵묵히 수행하십시오."라고 말하고 이어서 제자 중에서 뛰어난 사람에게 명하여 왕의 의문나는 점을 모두 해결해 주도록 하였습니다. 왕이 크게 기뻐하고 스승을 늦게 만난 것을 후회하면서 이때부터 남종南宗에 귀의하였습니다. 따라서 재상들도 본받아 서로서로 앞다투어 초청하고 영접하여 의논하기를 그치지 않았습니다. 이때부터 백성들이 다 옷 속의 보배를 인식하고 이웃 노인들까지도 재보財寶에 연연하지 않게 되었습니다. 옷 속의 보배란 중생이 본래 갖추고 있는 불성을 옷 속에 감추어진 보배라고 비유하여 표현한 것입니다. 『능엄경』 권4와 『법화문구기法華文句記』 권3 등에 나옵니다.

 그런데 갑자기 무염 스님은 자유를 속박당한 갑갑함을 불편해하며 바로 떠나 버렸습니다. 임금은 억지로 머물도록 할 수 없음을 알고 조서를 내려 상주 심묘사深妙寺로 청하여 편안히 정진하도록 하였습니다. 스님은 극구 사양하였으나 어쩔 수 없이 옮겨가 기거하면서 도량을 정비하여 면모를 일신하였습니다. 헌강왕은 본채 좌우 양쪽에 있는 방에 기거하면서 스님에게 자신의 나라 경영에 관한 뜻을 밝히고 불법으로써 정사政事를 보필해 줄 것을 청하였습니다. 무염 스님은 대답하길, "고대의 스승으로는 6적六籍(시·서·예·악·역·춘추)이 있었고, 지금은 정사를 보좌하는 것으로 삼경三卿이 있습니다. 늙은 산승이 무엇을 할 수 있겠습니까? 가만히 앉아서 계수나무보다 비싼 장작을 때고, 못난 자식처럼 주옥보다 귀한 음식만 먹어치울 뿐입니다."라고 말했습니다. 선문에도 육적이 있습니다. 『대반야경』· 『금강경』· 『유마힐경』· 『능가경』· 『원각경』· 『능엄경』을 말합니다.

　무염 스님은 항상 불교와 조사의 도(禪)를 엄연히 구별하였습니다. 불교는 응기문·언설문·정예문이라 하였으며, 조사의 도는 정전문·무설문·부정불예문이라 하여 무설토론을 제창하였습니다. 유설의 경우는 중생의 근기에 따라 방편을 시설하는 응기문이고, 언설을 통하여 가르침을 베푸는 언설문이며, 청정과 더러움을 분별하는 정예문입니다. 그리고 무설의 경우는 부처님의 정법안장을 충실하게 계승한다는 점에서 정전문이고, 언설을 초월하여 이심전심하는 무설문이며, 청정과 더러움의 분별조차 초월한 부정불예문입니다. 그 문답의 일면을 보면 다음과 같습니다.

　묻는다: 유설과 무설이란 무슨 뜻입니까?
　답한다: 유설은 불토를 말한 것이다. 때문에 이것은 응기문應機門이다. 무설은 선을 말한 것이다. 때문에 정전문正傳門이다.
　묻는다: 응기문이란 무엇입니까?
　답한다: 선지식이 눈썹을 치켜뜨거나 눈동자를 굴리는 것으로 법을 드러내는 것은 모두 응기문이다. 때문에 이것을 유설이라 하는데 하물며 언어이겠는가.
　묻는다: 무설토는 무엇입니까?

답한다: 선의 근기를 지닌 사람을 말한다. 그런데 여기에서는 스승과 제자가 따로 없다.

묻는다: 만약 그렇다면 고인이 스승이 제자에게 전승했다는 것(師資相傳)은 무슨 뜻입니까.

답한다: 비유하면 허공은 무상無相으로 상相을 삼고 무위無爲로 용用을 삼는다고 한다. 선법에서 전승한다는 것도 바로 그와 같다. 곧 전함이 없이(無傳) 전하고 전하되 전함이 없다.

묻는다: 무설토에서는 가르치는 사람(能化)과 배우는 사람(所化)을 볼 수가 없다고 말합니다. 그런데 교문에서 말하는 여래의 깨침에서도 역시 가르치는 사람과 배우는 사람을 볼 수가 없다고 말합니다. 여기에 무슨 차별이 있습니까.

답한다: 교문의 궁극인 여래의 깨침을 해인삼매라고 말한다. 여기에는 삼종세간의 법이 분명하게 드러나 영원히 사라지지 않는다. 이것을 삼종세간의 흔적이라고 말한다. 그러나 조사선의 가르침은 번뇌를 벗어난 납자의 마음처럼 영원히 청정과 더러움의 분별이 생겨나지 않는다. 때문에 삼종세간이라는 것도 없고 출입의 흔적도 없다. 이런 점에서 다르다. 청정이란 진여와 해탈 등을 말하고 더러움이란 생사와 번뇌 등을 말한다. 그래서 고인은 "수행자의 마음은 깊은 물과 같다. 그래서 청정과 더러움이 결코 생기지 않는다."고 말했다.

또 부처님의 국토란 먼저 선정과 지혜의 옷을 걸치고 타는 불꽃으로 들어갔다가 선정과 지혜의 옷을 벗어던지고 진리를 터득하는 것이다. 때문에 종적이 남아 있다. 그러나 조사의 국토란 본래 벗어나고 벗어나지 않음이 없어 한 올의 실조차 걸치지 않는다. 때문에 부처님 국토와 크게 차별이 된다.

　무염 스님의 무설토론은 신라 사회에 이미 굳건하게 토대를 구축하고 있던 교학의 바탕에도 새롭게 수입된 선의 우수성과 특성을 드러냄으로써 상대적으로 교법을 능가하는 가르침을 뿌리내리려는 일환에서 등장한 것이었습니다. 때문에 의도적이고 도식적인 비교를 위하여 상징적인 혓바닥의 유무를 통해 그 차이점을 논한 것이 그 유명한 무설토론입니다.

범패의 선구자 혜소 선사

혜소(774~850) 스님의 속성은 최씨라고 합니다. 아마 이수광李睟光(1563~1629)의 『지봉유설芝峯類說』 권18, 외도부外道部에서 전주 금마인全州金馬人이라고 한 데서 연유한 듯합니다. 『지봉유설』의 지봉이란 동대문 밖으로 지금의 창신동 소재, 낙산 기슭을 말합니다. 그는 자기 집을 비우당庇雨堂이라고 지었습니다. 비나 막으면서 청렴하게 살겠다는 뜻이 담겨 있습니다.

스님의 선조는 한족漢族이며 산동山東에서 관리를 지냈습니다. 수나라 때 군대를 따라 요동반도를 정벌하다가 려맥驪貊, 즉 오랑캐로서 요동반도에서 한반도 북부에 걸쳐 살던 부족들에게 대패하고 다시 유랑하다가 신라에 이르러 농경생활을 하였습니다. 그러다가 당대唐代에 이르러 전주의 금마에 정착하게 되었습니다.

아버지는 창원昌元으로, 비록 재가인으로 있었으나 출가수행의 길을 걸었습니다. 어머니는 고顧씨로, 낮잠을 자다가 꿈에 인도 스님이 아들이 되기를 간절히 바라면서 유리병을 주었습니다. 그리고 얼마 되지 않아 회임을 하여 혜소 스님이 태어났습니다.

애장왕 5년(804)에 당나라에 유학하여 신감神鑑 대사의 문하에 입문하였습니다. 신감 대사를 처음 배알했을 때 대사가 말했습니다.

"오호라! 이별이 멀지 않았구나. 기쁘게 다시 만나자."

이에 바로 삭발하고 단번에 심인心印을 받아 계합하였습니다. 혜소 스님의 깨달음과 이해력은 출중하여 마른 풀이 불에 닿아 바로 타는 것과 같았습니다. 도반들이 말하였습니다.

"동방의 성인을 이곳에서 다시 보는구나."

선사의 외모는 구릿빛으로 검어서 대중이 모두 '흑두타'라고 불렀으며, '칠도인漆道人이 사방의 이웃을 놀라게 한다'라는 말로 비유하였습니다. 이후 부단한 정진을 하여 헌덕왕 2년(810)에 숭산崇山에 있는 소림사에서 구족계를 받고 다시 신감 대사를 따라 선수행을 익혔습니다. 그리고 얼마 후에 도의道義 국사와 상봉하고 도반을 맺어 운수행각하였습니다.

도의 국사가 귀국한 후, 혜소 스님은 바로 진령秦嶺 종남산終南山에 들어가 만 길이나 되는 봉우리에 올라 잣을 먹으며 지관止觀을 실참實參하였습니다. 3년 후에는 자각봉紫閣峰에서 하산하여 네거리에서 짚신을 엮어 널리 보시하였습니다. 이렇게 3년이 또 지나갔습니다. 혜소 스님은 혼자서 가만히 생각하기를, '고행을 이미 닦아 마쳤고 다른 여러 곳도 이미 편력하여 비록 공空을 관하였다고 하나 어찌 근본을 잊을 수 있겠는가?' 라고 하며 흥덕왕 5년(830)에 귀국하였습니다. 실로 27년 만의 귀국이었습니다.

혜소 스님은 남종선을 수행하여 크게 발전시켰습니다. 신감 대사는 마조도일 스님의 제자로 남종선의 주류를 이루고 있었기 때문입니다. 신감 대사는 『열반경』의 강경에 뛰어난 선사로서 이 경은 바로 남종선의 소의경전이었습니다. 그러므로 혜소 스님은 신감 대사의 문하에서 『열반경』을 중심으로 하는 불성평등佛性平等의 선사상을 수용하였던 것입니다. 이 남종선은 무념無念 무수無修를 심요로 하고 문답을 전개하는 가운데 심안을 전하는 것으로 혜소 스님 역시 수계와 교학 위주의 수행이 아닌 두타행을 통한 문답의 과정 속에서 선 수행을 했던 것입니다.

홍덕왕은 혜소 스님을 상주尙州 노악露岳의 장백사長柏寺에 주석하도록 하였습니다. 이곳에 대중이 운집하자, 드디어 강주康州 지리산 화계 골짜기에 당우堂宇를 건립하였습니다.

민애왕愍哀王이 즉위하여 깊이 불문에 귀의하였으며, 왕이 직접 글을 내리고 또한 시주금을 공양하며 혜소 스님에게 구원求願하였습니다. 스님이 "왕으로서 선정善政을 부지런히 수행한다면 원이 무슨 필요가 있겠습니까?"라고 하니, 왕이 듣고 참괴하며 깨달았습니다. 또한 혜소 스님은 색과 공이 둘 다 없어지고 정혜가 함께 원만하였으므로 사신을 파견하여 시호諡號를 내려 혜소慧昭라 하였습니다. 아울러 대황룡사를 거주 처소로 삼고 오랫동안 성안을 왕래하게 하였으나 사양하고 조용히 행도行道에만 몰두하였습니다. 남쪽 산봉우리 기슭에 옥천사를 창건하였습니다.

혜소 스님은 스스로 조계의 법손이라고 자처하였는데, 이로 인하여 사내寺內에 육조영당六祖影堂을 건립하고 중생교화에 진력하였습니다. 진성왕이 즉위하고 나서 옥천사는 쌍계사가 되었습니다.

스님은 우리나라 범패梵唄의 선구자로 칭송되고 있습니다. 범패는 불교의식 진행 시 사용되어지는 모든 음악을 총칭합니다. 스님은 『화엄경』의 유포를 중심으로 이루어지던 화엄종의 포교 방식과는 달리 범패를 통해 선사상을 확대하였습니다. 이후 범패는 수행의 한 방법으로 선사들이 많이 사용하였으며, 신라 말기 선종이 염불사상을 수용한 것도 범패가 미친 결과입니다.

불교의식에서 사용하는 범패는 범서梵書를 찬탄하는 말입니다. 이를 어산魚山이라고도 합니다. 범패의 기원에 대해서는 영산회상 기원설이 있고, 묘음보살妙音菩薩의 음악 공양설과 중국 조식曹植의 창작설 등이 있습니다. 그 전승에 대하여 오吳나라 지겸支謙이 범패 삼계梵唄三契를 짓고, 강승회康僧會가 니항범패泥恒梵唄를 만들어 강남에 범패성명梵唄聲明을 크게 유행시켰습니다. 이러한 범패는 당에 유학 간 혜소 스님에 의해 한국 범패로 이어졌습니다.

이보다 앞선 경덕왕 19년(760)에도 범패가 있었다는 기록이 『삼국유사』 권5 「월명사도솔가조」에 나옵니다. 두 개의 해가 떠서 왕이 해결책을 물으니 범패승을 불러 산화공덕散花功德을 부르면 괜찮을 것이라고 했다는 구절이 나옵니다.

일본의 구법승 원인圓仁 스님이 쓴 『입당구법순례기』에도 범패 얘기가 나옵니다. 그 종류로 당풍唐風, 향풍鄕風(신라풍), 고풍古風(일본풍)을 들고 있습니다. 혜소 스님이 중국에서 배워 온 것이 당풍이고, 『삼국유사』에 나오는 범패는 향풍일 것으로 추측됩니다.

『범음종보梵音宗譜』에 따르면 묘음보살이 영축산에서 부처님께 노래를 올렸는데, 이 노래가 범패의 기원이라는 것입니다. 그런가 하면 중국 삼국시대 위魏나라의 시인 조식(192~232)이 산동山東의 어산魚山에 놀다가, 하늘에서 범음梵音과도 같은 소리가 맑게 흘러나오는 것을 듣고, 그 음률을 따라 범게梵偈를 지었다고 합니다. 조식의 자는 자건子建이며 말년에 진왕陳王에 봉해졌고, 시호가 사왕思王이었으므로 진사왕이라 불리기도 합니다. 무제武帝 조조曹操의 셋째 아들이며, 문제文帝 조비曹丕의 동생입니다. 어릴 때부터 천재적인 재주를 발휘하여 아버지 조조의 사랑을 많이 받았으나, 형 조비의 미움을 사 조비가 천자가 된 후에는 불우한 나날을 보냈습니다. 조조·조비와 함께 삼부자가 그 당시의 건안建安문학을 주도하며 많은 걸작을 남겼습니다. 형 조비가 동생 조식을 괴롭힌 단편적인 사례가 그 유명한 칠보시七步詩입니다. 일곱 발을 떼는 동안에 글을 지으라는 것이었습니다.

　　　　콩을 삶는데 콩대를 떼어
　　　　콩은 솥 속에서 울고 있네.
　　　　본디 같은 뿌리에서 났으면서
　　　　들볶기가 어찌 그리 심할까.
　　　　煮豆燃豆其
　　　　豆在釜中泣
　　　　本是同根生
　　　　相煎何太急

혜소 스님은 중국에서 차의 종자를 가져와 절 주위에 심고 음용하면서 여생을 보냈다고 합니다. 그런데 이 차의 전래에 대한 설이 여러 가지가 있으므로 여기서 잠깐 언급하고자 합니다.

이능화李能和(1869~1943)의 『조선불교통사』에는 "김해의 백월산白月山에는 죽로차竹露茶가 있다. 세상에서는 수로왕비水露王妃인 허황옥許黃玉이 인도에서 가져온 차씨라고 전한다."라고 기록되어 있습니다. 하지만 정사正史에 나타난 최초의 차 관련 자료는 김부식金富軾(1075~1151)이 인종 23년(1145)에 편찬한 『삼국사기』 권10, 「신라본기」에서 볼 수 있습니다. 『삼국사기』에 의하면, 7세기 초 신라 선덕여왕(재위, 632~646) 때부터 차를 마시기 시작했다고 합니다. 또 기록에는 흥덕왕 3년(828) 중국에 사신으로 갔던 대렴大廉이 귀국길에 차나무 씨를 가져와 왕명으로 지리산에 심었는데, 그때부터 차 마시는 풍속이 성행했다고 전하고 있습니다.

이러한 기록들은 신라인들이 쓴 것으로 신라 중심의 사관이 흠뻑 개입되었을 소지가 다분합니다. 차가 전래된 연대나 사실 확인은 쉽지 않습니다. 여러 가지 정황으로 미루어 볼 때 백제에 먼저 차나무가 전래되었다고 보는 견해가 지배적입니다. 당시 차나무는 중국 양자강 이남에 널리 분포되어 있었으며, 양자강 이남과의 교류는 해로를 통한 백제 쪽이 훨씬 활발했기 때문이라는 주장이 설득력이 있어 보입니다.

백제에 불교를 처음 전한 마라난타摩羅難陀가 영광 불갑사佛甲寺와 나주 불회사佛會寺를 세울 때(384) 이곳에 차나무를 심었다는 설이 있으며, 인도 스님 연기緣起가 구례 화엄사華嚴寺를 세울 때(544) 차씨를 지리산에 심었다는 화엄사 측의 전설이 있기도 하다고 이귀례 李貴禮는 『한국의 다문화』에서 밝히고 있습니다.

혜소 스님의 일생을 살펴보면, 성품이 근엄하고 한결같았으며 소박하였고, 옷은 마의麻衣만 걸치고 거친 음식을 달게 먹었습니다. 반찬은 두 가지만 있었고 귀인이 오더라도 반찬이 달라지지 않았습니다. 부처님을 공경함에 오직 경건한 마음이었으므로 기원하거나 향을 올리거나 차 공양을 올리는 등의 형식에 구애받지 않았습니다. 다만 법을 물으러 오면, 귀천이나 나이 고하를 구분함이 없이 여일하게 대접하였습니다.

스님의 행적을 보면서 느끼는 바가 큽니다. 경망피鏡忘罷라는 말이 있습니다. 거울은 피로를 잊는다는 말입니다. 거울은 삼라만상을 두루 비추면서도 피로하다고 하지 않습니다. 처소나 계절 따위는 아랑곳하지 않습니다. 어느 대상이 비춰도 군소리 하지 않습니다. 하지만 중생은 시비선악, 옳고 그름을 확연하게 분별하려고 합니다. 조금만 일을 더 해도 이내 피로하다고 합니다.

퇴고推敲의 어원이 된 조숙지변수鳥宿池辺樹, 승고월하문僧敲月下門은 가도賈島(779~843)의 창작 태도에서 생긴 말입니다. 그는 남야南野라는 시에서 신적경망피身勣鏡忘罷라고 썼습니다.

혜소 스님의 수행과 중생을 애민섭수하는 마음은 가히 경망피라 하겠습니다.

동리산문 혜철 선사

혜철 스님은 신라 후기 스님으로 중국에서 구법하고 구산선문의 한 파인 동리산문桐裡山門을 연 개산조입니다. 혜철慧徹이라 하기도 하고, 혜철慧哲이라고 하기도 합니다. 자는 체공滯空이고, 성은 박씨입니다.

선조는 어렸을 때 공자의 학설을 탐독하였고 어른이 되어서는 노자와 장자의 말씀을 습송習誦하였습니다. 명리나 득실에 마음을 두지 않고 일상생활 속에서는 높은 산에 의지하여 산천을 감상하거나 글을 쓰고 시나 노래를 읊조리는 데 소일하였습니다. 조부는 더욱 고상하여 관직을 지내지도 않고 삭주朔州 선곡현 태백산 남쪽에서 한가히 기거하였습니다. 왼쪽엔 소나무, 오른쪽엔 바위가 있어 하나의 거문고와 한 잔의 술잔으로써 소요 자재하여 그 가운데서 즐거움을 만끽하였습니다.

어머니가 이미 아들을 회임하였을 때, 꿈에 위의와 형상이 엄숙하고 단아한 호족 스님 한 분이 법복을 입은 채 향료를 들고 침실에 와 앉았는데 이것이 바로 법자法子를 낳을 징조였습니다. 혜철 스님은 강보에 안길 때부터 행동이 비범하였으며, 시끄럽게 여흥을 즐겨도 시끄러운 줄 몰랐습니다. 안정된 곳에 이르면 스스로 고요하여, 비린내 나는 음식을 접하면 피하고 스님에게 범패를 배우는 등 모든 행동이 여법하였습니다.

나이 15세 때 부석사로 출가하였습니다. 화엄 강의를 듣고 지혜와 식견이 총명해져 자기의 뜻을 글로 써서 편집하고 장소章疏를 만들어 동학들에게 대단한 호평을 받기도 했습니다. 22세에 구족계를 받고 마음을 닦고 청정한 수행을 하였으며 외경外境에 의하여 마음을 뺏기는 일이 없었습니다. 율과 선을 함께 수행하여 대중 가운데 뛰어난 인물이 되었습니다.

어느 날 골똘히 생각했습니다. '부처란 본래 부처가 없으나 억지로 이름을 붙인 것이며, 나는 본래 나라고 할 것이 없어 일찍이 물체가 있지 않다. 견성을 하여 깨닫는 것이 바로 깨닫는 것이니, 비유하자면 불법의 공이 공이 아닌 것과 같다. 묵묵한 마음이 참마음이며 적적寂寂한 지혜가 바로 참 지혜이니, 고기 잡는 통발과 토끼 잡는 올가미 외에 진리는 필연적이어서 순식간에 나침반을 얻는다는 것이 이것을 말한다. 깨달음을 얻은 스승의 유교遺敎에, 바다가 막혀 뽕나무 밭이 된다고 하였고, 옛 조사 등의 미묘한 말씀에 지상에 걸물은 없다.'

현덕왕 6년(814) 가을, 혜철 스님은 바다를 건너 당에 들어가 건주慶州의 공공산龔公山 개원사開元寺에 가서 서당지장을 배알하고 말했습니다.

"제가 외국에 인연이 있어 바닷길을 물어 중국에 배움을 청하러 왔습니다. 만약 훗날 설함이 없이 설함과 법이라 할 것이 없는 법을 해동에 전한다면, 저의 큰 행운으로 여겨 만족하겠습니다."

지장 스님은 구법의 뜻이 견고하고 품성이 총명함을 알고, 한 번 보고 오래된 사람을 보듯이 심인을 은밀히 전해 주었습니다. 혜철 스님은 마음이 확 트이고 열렸으며 텅 비고 끝없이 넓어졌습니다. 『경덕전등록』권9에 의하면 서당지장의 법통을 전수받은 사람 넷 가운데 셋이 신라인으로서 도의 선사, 홍척 선사와 혜철 선사라고 기록되어 있습니다.

얼마 지나지 않아 서당지장 스님이 입적하고 혜철 스님은 바로 각지의 명승고적을 편력하였습니다. 서주西州 부사사浮沙寺에 이르러 대장경을 열람하기 3년이 되도록 주야로 정진하여 침식도 잊은 채 글의 심오한 경지를 궁구하고 이치의 비밀스러운 경지를 통달하여 묵묵히 장구章句를 사색하며 마음에 하나하나 새겨 두었습니다.

스님이 서주 부사사에서 대장경을 열람하기 3년이었다고 했습니다. 이 서주西州는 둘이 있는데, 하나는 지금의 신강新疆 경계 안으로 당나라 때에 교하군交河郡, 현재는 토로번吐魯番 선선지鄯善池입니다. 다른 하나는 고대의 양주楊洲 치소治所인데, 대성서臺城西에 위치한 까닭에 서주라 하였으며, 또한 서주성西州城이라고도 하였습니다. 오늘날 강소성江蘇省 강녕현江寧縣 서쪽입니다. 혜철 스님이 도달한 서주는 마땅히 후자가 되리라고 생각됩니다.

문성왕 1년(839) 봄에 고국에 돌아와 잠시 무주 쌍봉사에 주석하였습니다. 귀국했을 때 온 나라 사람들이 환영하였으며 승속을 막론하고 마치 공자가 위나라에서 노나라로 돌아왔을 때처럼 기뻐하였습니다. 후에 곡성군 동남쪽의 동리산을 유람하다가 산중에 대안사大安寺라는 정사精舍가 있음을 발견하였습니다. 천봉千峰은 서로 가려 그늘을 드리우고 한 줄기의 맑은 물이 흐르며 승속의 발길이 한적한 곳이었습니다. 신령한 환경이 그윽하고 심오하여 선을 하기에는 가장 적당한 곳이었습니다. 대안사는 태안사泰安寺라고도 하며, 원래 이름은 축맹사逐孟寺였습니다.

혜철 스님이 이곳에서 정착할 뜻을 품고 교화의 도량을 개방하기로 추진한 후 약 20년을 보내니, 마침내 하나의 거대한 선찰禪刹의 면모를 갖추게 되었습니다. 수행자들이 제방에서 운집하였으니, 현인, 우인愚人 할 것 없이 팔정도의 문을 우러르며 몸을 맡겼습니다. 문성왕이 이를 전해 듣고 자주 서찰을 보내 위문하였으며, 아울러 선찰의 사방 멀리까지 접근을 금하는 범위를 구획하여 주었습니다. 이외에 사신을 파견하여 나라의 중요한 문제를 결정하게 될 때는 자문을 받기도 하였습니다. 동리산은 구산선문 가운데 한 파입니다. 창건 시기는 실상사보다 조금 늦습니다. 주로 강서江西의 선지를 널리 펼치는 도량이었습니다.

스님 문하에서 도선道詵 스님을 빼놓을 수 없습니다. 846년 혜철 스님을 찾아가 무설설 무법법의 법문을 듣고 오묘한 이치를 깨달았습니다. 850년에는 구족계를 받은 뒤 운봉산에 들어가 굴을 파고 수행하였으며 태백산에서 움막을 치고 수행에 매진하였습니다. 전남

광양 백계산白鷄山 옥룡사玉龍寺에 자리 잡고 많은 후학을 지도하였습니다.

도선 스님 하면 음양풍수설의 대가로 잘 알려져 있습니다. 일설에 의하면 당나라에 유학하여 밀교 계통의 일행 스님으로부터 풍수설을 배워 왔다고 합니다. 그러나 일행 스님은 당나라 초기 스님이고 도선 스님의 생몰년은 당나라 말기가 되기 때문에 연대에 모순이 있고, 당나라에 유학했다는 것도 신빙성이 없습니다.

우리나라 풍수지리학의 역사가 신라 말까지 거슬러 올라가는 것도 도선 스님의 생몰년대가 그때였기 때문입니다. 그 뒤부터 도선 스님 하면 비기秘記, 비기 하면 풍수지리설을 연상할 만큼 도선과 풍수지리설 사이에는 긴밀한 관계가 맺어져 있습니다. 그리고 언제나 도선이 풍수지리설 같은 주술적 언어와 함께 있기 때문에 스님은 역사적 실재 인물이기보다는 신화적 존재로 파악되기까지 하였습니다.

얼마 전 잔디밭의 잡초를 매며 잡초의 의미에 대해 생각해 보았습니다. 잡초는 농경지에서 인간이 영위하는 경제행위에 반하여 직·간접으로 작물에 해를 주어 생산을 감소시켜 농경지의 경제적 가치를 저하시키는 작물 이외의 풀을 통칭하는 말입니다. 이 잡초의 입장에서 보면 잔디가 외침한 것입니다. 인간이 필요에 의해 가꾼 잔디일 뿐입니다. 잔디가 자리 잡기 이전에 잡초는 평화롭게 그들의 이웃과 동아리를 이루어 행복하게 살았습니다. 원추리, 박새꽃, 붓꽃, 누리대꽃, 매발톱꽃, 뱀꼬리꽃 등등 그야말로 영국의 낭만주의 시인 워즈워드(William Wordsworth, 1770~1850)가 노래한 〈초원의 빛〉 그 자체였습니다. 인간의 필요에 의해, 아니면 이기적인 목적에 따라 그만 원주민인 풀을 잡초라 이름 붙여 설 곳 없게 만들고 말았습니다. 인간의 효용 목적에 따라 그만 부지할 곳을 잃고 잡초라는 이름으로 전락하고 말았습니다.

요즘 글을 보며 돋보기를 드는 횟수가 늘어나고 있습니다. 시력의 정확도가 점점 떨어지고 있다는 사실을 반증하고 있습니다. 언제는 2.0의 좋은 시력이었는데 세월이 연소시켜 시력을 앗아간 것이 아닌가 생각합니다. 『법화영험전』에 보면 다음과 같은 이야기가 있습니다. 이 책은 고려 말기에 요원了圓 스님이 편찬하였습니다.

한 스님이 진군秦郡 동사東寺에 있었습니다. 한 사미승에게 『법화경』을 열심히 가르쳐 주어 매우 깊이 통달하였는데, 다만 『법화경』 제5 「약초유품藥草喩品」에 나오는 애체靉靆(뭉게구름) 두 글자만은 가르쳐 주면 잊어버리고 가르쳐 주면 잊어버리고 하여 1천 번에 이르렀으나 역시 마찬가지였습니다. 가르치던 스님이 하도 답답하여 꾸짖었습니다.

"너는 『법화경』을 훤히 통달했는데, 어찌하여 이 두 글자 애체만은 그렇게도 잊어버리느냐?"

그날 밤 그 스님의 꿈에 한 스님이 나타나서 말했습니다.

"그대는 사미승을 너무 꾸짖지 마오. 그 사미승은 전생에 절 동쪽 마을에서 우바이優婆夷의 몸으로 태어나 『법화경』을 독송하였소. 그런데 그 집 『법화경』 「약초유품」의 애체 두 글자에 좀이 슬어 알아 볼 수 없었으므로 이제 다시 태어나 새로 배우게 되자 얼른 깨치지 못하는 것이오. 그때의 경전이 지금도 아무개 집에 있으니 믿지 못하겠거든 가서 알아보시오."

이튿날 아침 스님이 그 마을에 가서 그 집을 찾아가 주인에게 물었습니다.

"댁에 무슨 경전이 있습니까?"

주인이 대답했습니다.

"예 『법화경』 한 권이 있습니다."

그래서 책을 가져다가 보니 과연 「약초유품」의 그 두 글자가 떨어져 나가고 없었습니다. 주인이 다시 말했습니다.

"이 경전은 죽은 큰며느리가 살아 있을 때 늘 독송하던 것인데, 죽은 지 17년이 되었습니다."

며느리의 죽은 달과 사미승의 잉태한 달을 맞추어 보니 틀림이 없었습니다. 과연 인간은 이렇게 어김없는 윤회의 틀 속에 유전하고 있는 것이 아닙니까?

저도 영험전 속의 사미승과 같이 익혀도 익혀도 넘기 어려운 장애물이 있을까 두려워 똑똑하게 분명히 알고자 돋보기를 들곤 합니다. 혹여 내생에 다시 문자 공부를 하는 인연을 맺게 될지 모르기 때문입니다. 어느 훈장님이 누누이 가르쳐도 모르게 되면 전생에 글을 익히며 잘못 익힌 훈습의 문제로 모르는 것이지 훈장님의 교수법에 문제가 있는 일은 아닐 것입니다.

역대 선지식들이 투철한 정진력으로 도를 이루고 난 다음에는 그 모두를 회향하였습니다. 이 회향은 여러 의미를 갖습니다만 큰 의미는 자기가 지은 공덕을 다른 사람에게 베푸는 것입니다. 보통 자신이 지은 선근을 되돌아보고 일체중생의 깨달음을 위해 되돌아보는 것을 말합니다. 회향을 대별하자면 보리회향菩提廻向이 있고, 중생회향衆生廻向과 실제회향實際廻向이 있습니다.

보리회향은 내가 닦은 모든 선법善法을 돌려 보리의 모든 종자를 추구하는 데 몰두하는 것입니다.

중생회향은 깊이 중생을 생각하기 때문에 내가 닦은 모든 선법을 돌려 남들에게 주기를 원하는 것입니다.

실제회향은 유위有爲를 없애고 실재를 추구하기 위해 나의 선근善根을 돌려 평등여실법성平等如實法性을 구하는 것입니다.

필자에겐 아직도 무궁한 일이 있습니다. 지필급함묵舐筆及含墨이라는 말이 있습니다. 종이가 붓을 핥고 종이가 먹물을 머금는다는 말입니다. 열심히 교학을 연찬하여 도를 이룬다는 뜻입니다. 그러나 필자에겐 아직도 부단히 부처님의 법음을 연구하고 전법하는 일이 턱없이 미진함을 느낍니다. 곁눈질 하지 않고 매진하는 게 최선의 길이라고 생각하고 오늘도 어제같이 연구실을 지키고 있습니다.

세상일을 버리고 산중에 숨어 사는 사람을 산인山人이라고 합니다. 산중에 살면서 세상사에 관심을 기울이고 있다면 산인이 아닐 것입니다. 그러나 도심 속에 살며 생업에 매여 분주히 발걸음을 재촉하면서도 부처님 법에 의해 살고, 부처님 법에만 관심을 쏟는 불교인의 삶은 가히 산인이라 하기에 전혀 부족함이 없을 것입니다. 승과 속은 처소나 옷의 색깔로 구분되는 것이 아니고 오직 내공이 얼마나 튼실한가에 달려 있을 터이니까요.

봉림산문 현욱 선사

현욱(787~868) 스님은 속성이 김씨이고 명문 호족 출신입니다. 어린 시절에 불사佛事를 알았으며, 물을 길어다가 물고기들에게 공급하기도 하고, 모래를 모아 탑을 만드는 일을 하기도 하였습니다. 애장왕 9년(808) 23세에 수계를 하고 제41대 헌덕왕 16년에 입당 구법하고, 왕자 김의종金義宗을 따라 헌안왕 2년 9월에 귀국하였습니다. 실상사에 안거하다가 문성왕 2년 여주 혜목산慧目山 고달사 위에 초암을 짓고 수선하였습니다.

헌안왕의 숭상을 받았으며 경문왕의 청으로 여주 혜목산 고달사에 상주하다가 경문왕 8년 11월 15일 여명에 시자에게 무상종을 치게 하고 세수 82세, 법랍 60하를 일기로 입적하였습니다. 현욱 스님은 속칭 혜목산 화상이라고도 하는데, 원적 후의 시호는 원감圓監 국사라 하였습니다.

효공왕 시대에 원감현욱 선사의 제자인 진경심희眞鏡審希 스님은 여주 혜목산에 9세 때 출가하여 14세에 선법을 받은 뒤에 가야불교의 옛 가람터에 봉림사를 이룩하고 선풍 종지를 날림으로써 구산선문인 봉림산 선문의 칭호를 받게 됩니다. 봉림산 선문의 개산조 진경심희 선사는 가야의 왕족으로 속성은 김씨입니다. 제46대 문성왕 16년에 출생하였습니다. 19세에 구족계를 받고 고승대덕들을 친견하였으며 진성여왕 2년(888) 송계에서 교화하니 학인들이 모여들자 설악산으로 거처를 옮겼으나 그곳에도 운수납자들이 구름같이 찾아들었다고 합니다. 진성여왕이 초청하였으나 사양하고 강원도 명주 등지와 경상도 진례동으로 자리를 옮겼습니다.

봉림산문의 개산조 문제에 대하여 재고할 일이 있습니다. 봉림사는 현욱 스님이 창건하였다고 하나 역사상 그 출처를 밝히기가 어렵습니다. 스님의 제자인 진경심희 스님이 효공왕 때 창건하여 자기 스승인 현욱 스님을 개산조로 추앙한 것이 아닌가 합니다.

나말여초에 경남 지역의 선풍을 크게 진작시켰던 봉림산문의 근본 도량이었던 봉림사지는 오늘날 경남 창원시 봉림동 봉림산에 자리하고 있으나 폐허가 된 사지에 절터만이 무성합니다. 평지에서 굽이굽이 천년 숨결 따라 7백 미터 정도 올라가면 산 중턱에 질펀하게 자리잡은 사지寺址가 눈에 들어옵니다. 필자에게는 이제 영광의 자취를 찾을 길 없는 옛터에서 이따금 산새의 지저귐이 옛 선사들의 사자후를 대신하고 있는 듯 들렸습니다. 세월의 덧없음을 재인식하고, 무상의 실상을 재음미해 보는 시간과 공간이기도 했습니다. 신발이 구렁에 빠질까 봐 조심스레 깨금발을 하며 건너 보지만 부처님

손바닥 안의 노름이 되고 말았습니다.

불현듯 손오공이 부처님 손바닥인 다섯 개의 기둥에 쓴 글의 내용이 뇌리를 스쳐 갔습니다. '제천대성諸天大聖'이라. 즉 '하늘과 나란히 어깨를 견주는 자'라는 말입니다. 손오공은 우주를 한없이 날아가서 아무것도 없는 깜깜한 허공에 '제천대성'이라고 쓰고 다시 날아와서 보니 자기가 부처님 손가락에 위와 같이 쓴 것을 알고는 놀랐다는 것입니다. 그래서 손오공은 하늘과 부처님께 불경한 죄를 저지른 죄로 바위 속에 5백 년간 갇히어 벌을 받았다는데, 삼장 법사가 지나가던 길에 구해 주고 제자를 삼았다고 합니다.

사지 주변을 둘러보니 웅덩이에 한가로이 유희하고 있는 올챙이들! 아무런 제재制裁도 받지 않고 목청을 가다듬어 노래하고 있는 창공의 새들! 나뭇가지에 앉아 휴식을 취하거나 오수를 즐기고 있는 침묵의 새! 얘들아! 너희들이 잠시라도 손오공이 되어 보렴. 나는 삼장 법사가 되어 미물의 업보를 벗어나도록 삼장 법사의 법력을 보이고 싶구나. 세월의 무게가 영 버거웠던지 석축은 좌우, 상하의 방향을 잊은 지 오래인 듯했습니다.

『동국여지승람』에 '봉림사재봉림산유신라집사시랑최인곤찬승진경탑비鳳林寺在鳳林山有新羅執事侍郎崔仁滾攢僧眞鏡塔碑'라는 기록이 있습니다.

비문에 따르면 진경 대사는 신라 문성왕 16년(854)에 출생하여 경명왕 7년(923)에 세수 70으로 입적하였다고 합니다. 출가 후 명산을 두루 다니면서 사람들로부터 공경을 받고 국왕들을 불교에 귀의케 한 행적이 기록되어 있습니다. 진경 스님의 부도는 보물 제362호로서 봉림사지에 있던 것을 1919년 국립중앙박물관 경내로 옮겨놓았습니다.

경기도 여주군 북내면 상교리 고달사高達寺 터에서 고려 초의 원종 선사 찬유璨幽(869~958)의 비를 만나게 됩니다. 왕조로 보면 신라 경문왕 9년에서 고려 광종 9년이 됩니다. 지난 1천여 년의 숨결을 금세라도 뿜어낼 듯 생동감이 넘치는 비의 귀부와 이수는 보물 제6호로 지정되어 있습니다. 비신은 1916년에 무너져 여덟 조각이 나 국립중앙박물관에 보존되어 있습니다. 조각난 부분을 제외하고는 양호하여 글자 판독이 가능합니다.

김정언金廷彦이 짓고 장단열張端說이 해서체로 썼으며, 이정순李貞順이 새겨 원종찬유 스님이 입적한 17년 뒤인 광종 26년(975)에 세우고, 탑은 다시 2년 뒤인 경종 2년(977)에 세웠습니다.

비문에는 원종 대사의 탄생과 진경심희 스님에게 출가한 후 당에 가 투자대동投子大同 스님에게 수학하고, 귀국하여 태조를 만나고 국사로 책봉되었다가 입적한 생애 등이 기록되어 있습니다.

부처님께서 천축에서 탄생하시니 모든 인류의 정신적 귀의처가 되어 군자의 나라로 하여금 법왕法王의 도를 배우게 하였습니다. 이른바 그 도란 마음 밖에 있는 것이 아니며, 부처님 또한 우리 각자의 신중身中에 내재한 것이므로 도를 깨달음이 높고 깊어 도사導師가 되었고 덕이 두터우므로 사생의 자부가 되셨습니다. 이에 그 위대한 자취로 말미암아 드디어 즉심즉불卽心卽佛의 이치를 개시開示하였으니 그 광명은 마치 물 위에 나타난 연꽃 같고 밝기는 별들 가운데 둥근달과 같았으니 실로 대사大師가 그분이십니다.

대사의 존칭은 찬유요, 자字는 도광道光이며, 본명은 고달高達입니다. 속성은 김씨로 계림의 하남河南 출신입니다. 대대손손 명문호족이었습니다. 할아버지의 이름은 청규淸規이고, 아버지의 휘諱는 용龍이니 백홍白虹의 영기英氣와 단혈丹穴의 기자奇姿를 띠고 태어났습니다. 노을과 비단처럼 고상한 빛을 함유하였으며, 서리 내리는 늦가을 새벽 범종 소리의 아운雅韻을 풍겼습니다.

어머니는 이씨이니 부덕婦德을 두루 닦았고 모의母儀는 부유하여 그 우아함이 비길 만한 사람이 없었습니다. 어느 날 밤 꿈에 한 신인神人이 나타나 말하기를 "원컨대 어머니를 삼아 아들이 되어서 출가하여 부처님의 제자가 되고자 하므로 묘연妙緣에 의탁하여 공경히 자비하신 교화를 펴려 합니다."라는 수승한 태몽을 꿈으로 임신하게 되었습니다. 삼가 조심함으로써 문왕文王과 같은 아들을 출생하려고 정성껏 태교를 봉행하였습니다. 부지런히 태교를 닦아 869년 기축己丑 4월 4일에 탄생하였습니다.

드디어 13세 때 아버지의 허락을 받아 출가하여 상주尙州 공산公山 삼랑사三郞寺의 융제融諦 선사를 스승으로 모시고 간청하길 "현현玄玄한 도를 논하여 혁혁하게 중생을 교화하고자 하오니 원컨대 제자가 되게 하여 주십시오."라고 하였습니다. 이때 선사가 이르기를 "너를 대하여 오늘 너의 모습을 보니 후일에 크게 중생을 이익 되게 할 것 같다. 우리 선종에 '심희'라는 법호를 가진 큰스님이 계시니 참으로 진불眞佛이 출세하여 동국을 교화할 주인이시다. 현재 혜목산에 있으니 너는 마땅히 그곳에 가서 그를 스승으로 섬기면서 불법을 배우도록 하라."고 하니 '나의 소원이 적합함이여! 그곳에 가서 깨달음을 얻은 후 남을 이롭게 할 수 있을 때 비로소 떠나리라' 하고 문득 혜목산으로 찾아가서 스님으로부터 복응服膺을 허락받고 학도學道할 마음을 증장하고 습선의 뜻을 배려倍勵하였습니다. 그로부터 얼마 되지 않아 묘리를 연구하고 깊이 현기玄機를 깨달았습니다. 22세 되던 해에 양주楊州 삼각산三角山 장의사莊義寺에서 구족계를 받았습니다. 그로부터 인초忍草가 싹을 내고 계주戒珠가 빛을 발하는 초기임에도 오히려 도를 배움에 피로를 잊고 스승을 찾되 조금도 게을리하지 아니하였습니다.

그러던 중 진경 대사가 광주 송계선원松溪禪院으로 옮겨 갔습니다. 찬유 스님도 행장을 정돈하여 육환장六環杖을 짚고 송계선원으로 따라가서 예를 다하였습니다.

진경 스님이 이르기를 "백운이 천리나 만리에까지 덮여 있더라도 모두가 똑같은 구름이며 명월이 전후前後의 시냇물에 비추나 오직 달은 하나뿐이다."라고 했습니다. 찬유 스님이 생각하기를 '무릇 도에 뜻을 둔 자가 어찌 일정한 곳에 고정된 스승이 있으랴!' 하고 스님에게 제방으로 다니면서 심사문도尋師問道할 것을 고하였습니다. 스님이 말씀하시기를 "너의 그 마음을 주저하지 말고 속히 떠나도록 하라. 나는 자네에게 깊이 징험徵驗하였다."라고 하면서 기꺼이 떠날 것을 허락하였습니다. 그리하여 찬유 스님은 멀리 해외로 가는 것이 옳다고 생각하고 산을 내려와 해변으로 가서 중국으로 가는 선편船便을 찾았고, 드디어 경복景福 원년 봄 송나라로 들어가는 상선을 만나 중국에 도착하였습니다.

운수雲水를 바라보면서 마음 내키는 대로 행각行脚하였습니다. 그리하여 큰스님이 있는 곳에는 빠짐없이 참방하고 이름 있는 고적은 샅샅이 답사하였습니다. 서주舒州 동성현桐城縣 적주산寂住山에 나아가 투자投子 화상을 친견하였으니 그의 법호는 대동大同이며 석두산 희천希遷의 법손法孫이고, 취미무학翠微無學 대사의 적윤제자嫡胤弟子입니다. 그는 대사의 연꽃 같은 눈, 특수한 자태, 미간 백호와 같은 특이한 상모相貌를 보고 감탄하여 말하기를 "인도로부터 동류東流하여 설법한 자와 동국에서 중국에 와서 구학求學하는 자가 매우 많았으나 가히 더불어 도담道談을 나눌 만한 이는 오직 그대뿐이다."라고 하며 기뻐하였습니다.

찬유 스님은 이때 '미언微言을 투자의 혀끝에서 깨닫고 진불眞佛이 바로 자신의 신중身中에 있음을 알았으니 어찌 선서善逝가 가섭에게 밀전密傳을 계승하며 정명淨名이 문수文殊와 묵대黙對함을 받들 뿐이겠는가!' 라고 생각하고는 투자 화상에게 하직인사를 하니 화상이 말했습니다.

"너무 먼 곳으로 가지 말고 또한 너무 가까운 곳에 있지 말라."

찬유 스님이 대답했습니다.

"비록 스님의 말씀처럼 원근양처遠近兩處가 아닌 곳에도 머물지 않을 것입니다."

화상이 말했습니다.

"네가 이미 마음으로 전하는 이치를 체험했으니 어찌 상대하여 서로 말할 필요가 있겠는가!"

그 후 겉으로는 훌륭한 도반을 찾아 순례하면서 고명한 선지식을 참방하되 때로는 천태산에 들어가 은거할 만한 곳을 찾으며, 혹은 강좌江左 지방에서 현리玄理를 탐구하여 진여의 성해性海에 들어가서 마니보주를 얻기도 하였습니다.

때마침 본국으로 돌아오는 배를 타고 정명貞明 7년 가을 강주康州 덕안포德安浦에 도달하였으며, 배에서 내리자마자 곧바로 창원 봉림鳳林으로 가서 진경 대사에게 귀국인사를 드렸습니다.

대사가 "마침 오늘에야 만나게 되었구나!" 하고 상봉을 크게 기뻐하면서 따로 선당禪堂을 꾸미고 찬유 스님을 법상에 오르게 하여 중국에서 보고 배운 법문을 듣는 한편, 구법하고 무사히 귀국한 데 대한 환영연도 겸하였습니다. 스님은 담좌譚座에 올라 말하되 "사람에는 노소가 있으나 법에는 선후가 없다."고 하였으며, 또한 여래의 밀인을 가지고 가섭의 비종秘宗을 연설하기도 하였습니다.

그 후 삼랑사三郎寺로 가서 선백禪伯이 되었습니다. 태조 신성대왕神聖大王은 대사의 도덕이 고매하고 법신이 원현圓現하신 분이라고 존경하면서 광주廣州 천왕사天王寺에 주지하도록 청하므로 스님은 왕의 청에 따라 주지직을 맡아 사부 대중을 크게 교화하였습니다. 그러나 항상 혜목산은 고운 노을이 덮여 있는 아름다운 곳으로 연좌宴坐하기에 가장 적합하며 구름 덮인 계곡은 선거禪居에 가장 좋은 곳이라 여겨 오던 차 다시 그곳으로 이주하였습니다. 이후 사방 먼 곳에서 법문을 들으려는 사람들이 와보蛙步와 같은 해회海會를 이루었으며, 분주히 달려오는 불자들에게 끊임없이 지도하여 현문玄門에 문법대중問法大衆이 제제濟濟하였습니다.

한 번은 법상에 앉아 불자를 한 번 휘두르고 얼굴을 약간 움직였습니다. 이때 청법 대중 가운데 어떤 스님이 물었습니다.

"향상일로向上一路란 어떤 것입니까?"

대사가 말했습니다.

"일천一千 성인으로부터 얻어지는 것이 아니다."

또 물었습니다.

"천성千聖으로부터 얻어지는 것이 아니라면 가섭으로부터 조조祖祖가 서로 전하여 온 것은 무슨 연유로 있게 된 것입니까?"

대사가 답했습니다.

"다만 천성으로부터 얻는 것이 아니고 스스로 증득證得하는 것이므로 초조 가섭으로부터 서로 전해 오는 것이 아니니라."

또 물었습니다.

"이러한즉 2조 혜가가 서천西天의 달마 대사를 바라보지 않았으며 달마 대사 또한 당토唐土에 오지 아니한 것입니까?"

대사가 답했습니다.

"비록 천성으로 좇아 얻은 것은 아니지만 달마가 부질없이 동토東土에 온 것도 아닌 것이다."

이와 같이 문답할 때 인천人天이 모두 감응하였으며 현성도 함께 기꺼워하였습니다. 꽃비가 공중에 날고 전단향梅檀香의 연기가 태양을 가리우는 상서가 나타났습니다. 마치 마등摩騰 스님이 한漢나라에 오고 강승회康僧會 대사가 오吳나라에 들어간 때와 같아서 부처님의 크신 공덕과 승가에 귀의하는 그 지극함이 이보다 더한 때가 없었습니다.

사자산문 도윤 선사

도윤道允(798~868) 스님은 구산선문 중 하나인 사자산문獅子山門의 개조입니다. 호는 쌍봉雙峰이며, 휘가 도윤입니다. 속성은 박씨이며 한주漢州 사람입니다.

현덕왕 7년(815) 부모님의 허락을 얻어 세속을 버리고 출가하여 황해도 귀신사鬼神寺에 가서 화엄교학을 청강하였습니다. 『화엄경』을 듣고 '원돈圓頓의 교인들 어찌 심인心印만 같으랴' 생각하고 현덕왕 17년(825)에 당나라로 갔습니다. 입조사入祖使에게 숙원을 호소하여 마침내 사신을 따라 배를 타고 바다를 건너 당으로 갔던 것입니다. 상륙한 직후 안휘성 귀지현貴池縣 남전산사南泉山寺 보원普願 선사의 처소로 가서 스승의 예를 다하였습니다. 둘 사이에 서로 보자마자 바로 묵묵히 계합하였습니다. 보원 스님이 탄식하며 말하되 "우리 종의 법인法印이 동국으로 가는구나."라고 하였습니다.

문성왕 9년(847)에 귀국하여 금강산에 주석하였습니다. 당시 사방에서 스님 문하로 와서 귀의하며 법을 청하는 납자들이 바람같이 달려오고 운무가 몰려오며 별이 흘러내리고 파도가 몰려오는 듯하였습니다. 경문왕이 산문이 성황이란 소문을 듣고 진심으로 받들어 귀의하였으며 정성이 지극하였습니다. 전남 화순 쌍봉사雙峰寺로 가서 종풍을 크게 떨쳤으므로 속칭 쌍봉 화상이라고 합니다.

광주 증심사는 도윤 스님이 헌안왕 4년(860)에 세운 절이라고 합니다. 6·25전쟁으로 대부분의 건물이 소실되었는데, 1970년 대웅전을 시작으로 각종 부속 건물을 복원하였습니다. 약사암 또한 부속 암자로 도윤 스님이 증심사를 세우기 직전인 850년경 '인왕사'라는 이름으로 지었고, 고려 충렬왕 32년(1306)에 증축하여 '약사암'으로 이름을 바꾸었습니다.

헌안왕 1년(857)에 도윤 스님은 대대적인 불사를 시작하였으며 구산선문의 하나인 사자산문의 기초를 닦았습니다. 사찰 경내에는 국보 57호인 쌍봉사 철감선사탑이 있으며, 보물 163호인 쌍봉사 대웅전, 보물 170호인 쌍봉사 철감선사탑비가 있습니다. 철감선사탑은 8각 원당형圓堂形에 속하는 신라시대 부도로 그 시대의 부도 중 최대의 걸작품으로 알려져 있습니다. 대웅전은 평면이 네모 반듯한 3층 전각으로 목조탑파木造塔婆 형식인 희귀한 건축물입니다. 철감선사탑비는 귀부와 이수만 남은 무신비無身碑입니다.

경문왕 8년(868) 4월 18일 도윤 스님은 문인들과 결별하면서 운곡雲谷에 편안히 거처하며 영원히 법등法燈을 전할 것을 부촉한 후 의연히 입멸에 들었습니다. 세수 71세이고 법랍은 44하였습니다. 경문왕이 시호를 내려 철감徹鑒 선사라 하고 탑호는 징소澄昭라 하였습니다.

도윤 스님은 남악회양 문하의 3세 법손으로 강서인江西印을 가지고 징효澄曉 대사 절중折中에게 법을 전하였습니다. 절중에 대해서는 영월 흥녕사의 징효대사보인탑비澄曉大師寶印塔碑에 전하고 있는데, 절중은 또 철감晢鑒이라고도 합니다. 스님은 수백 명의 제자와 더불어 문풍을 드날림으로써 명실상부한 사자산문을 이루게 됩니다.

구산선문 가운데 사자산문을 말하면 먼저 혼돈이 옵니다. 어떠한 혼돈일까? 창건하신 분이 어느 분인가 하는 데 고개를 갸우뚱하게 됩니다. 선덕여왕 12년(643)에 자장 스님이 당나라에서 귀국하여 부처님의 진신사리를 봉안하게 됩니다. 오대산 상원사, 태백산 정암사, 영취산 통도사, 설악산 봉정암 등에 부처님의 진신사리를 봉안하고, 마지막으로 창건하여 진신사리를 봉안했으니 그곳이 흥녕사興寧寺입니다.

흥녕사는 역사를 소급해 보자면, 화순 쌍봉사에서 도윤으로부터 법을 받은 절중이 헌강왕 때 중창 불사를 하여 사자산문의 중심 도량으로 삼았으며, 진성여왕 5년(891)에 소실되어 혜종 1년(944)에 중건하였습니다. 천 년 가까이 작은 절로 명맥만 이어 오다가 1902년 대원각이란 비구니가 중건하고 법흥사法興寺로 이름을 바꾸었습니다. 1912년 또다시 불에 탄 뒤 1930년 중건하였으며, 1931년에는 산사태로 옛 절터의 일부와 석탑이 유실되었습니다. 산세가 법흥사를 바라보고 있는 모습이 흡사 사자와 닮았다고 하여 사자산 법흥사라고 하였다고 합니다.

법흥사는 한국의 대표적인 불교 성지로 꼽히고 있습니다. 문화재로는 5대 적멸보궁에 속하는 법흥사 적멸보궁, 진신사리를 봉안한 부도, 당나라에서 사리를 넣어 사자 등에 싣고 왔다는 석분石墳이 있습니다. 이밖에 영월 징효국사부도, 영월 흥녕사 징효대사탑비(보물 612호), 흥녕선원지興寧禪院址가 있습니다.

원주에서 신림을 지나면 조약돌이 눈부신 주천 무릉교가 시원히 놓여 있습니다. 이 다리를 건너면 수주면水周面인데, 이름 그대로 물로 둘러싸인 마을입니다. 주천酒泉을 속세의 땅이라고 한다면 무릉교를 건넌 수주면은 신선의 땅입니다. 그도 그럴 것이 주천강 건너 첫 마을이 무릉武陵이요, 그 다음 마을이 도원桃園입니다. 그 선계仙界 위에 불계佛界인 법흥사가 자리하고 있습니다.

울창한 소나무 숲은 감탄을 자아내기에 충분합니다. 그 소나무가 황장목이라고 합니다. 황장목은 궁궐을 세울 때 쓰거나 왕족이 죽으면 관재로 사용하였습니다. 우리나라 국민 60퍼센트가 소나무를 가장 좋아한다고 했으며, 2, 3위는 은행나무, 단풍나무이니 이들에 비해 압도적으로 좋아함을 알 수 있습니다. 이는 조선시대에 황장목으로 궁궐을 건축했던 사례에서도 볼 수 있습니다.

조선시대 이전에는 느티나무나 참나무류가 주로 쓰였습니다. 남북으로는 울진에서 금강산까지, 동서로는 삼척에서 봉화·춘양까지 자리한 소나무는 줄기가 곧게 자라고 목재가 단단하여 금강송, 강송, 춘양목 등으로 불리며 왕실의 보호를 받았습니다. 울진 소광리 및 인제 한계리 등에 남아 있는 황장금표가 좋은 예일 것입니다. 이들 소나무 중 특히 형질이 우수한 소나무를 황장목이라고 합니다. 황장목은 심재가 붉은색을 띠고 변재가 흰색을 띤다고 합니다. 목수가 대패질을 하면 나무가 손에 붙는 느낌이 든다고 합니다.

새터 마을 도로변에는 널따란 자연석에 새긴 황장금표黃腸禁標가 눈에 들어옵니다. 금禁 자를 파자하면 수풀 임林과 보일 시示가 됩니다. 즉 '숲을 지켜보라' 는 말입니다. 사자산 일대 또한 울진이나 인제 한계령 등과 같이 질 좋은 소나무가 많아서 궁중에서 특별히 관리했던 곳임을 알 수 있습니다. 출입금지의 표지판도 드나들지 말고 그저 '지켜보기만 하라' 는 뜻으로 알면 됩니다.

마침 필자가 사자산을 찾았을 때 천연기념물인 딱따구리 한 쌍이 소나무 숲으로 날아들었습니다. 새는 숲을 선택하여 깃들지만 정작 숲은 새를 선택하지 않으니 소인과 대인의 넉넉함의 차이가 그런 것이라고 이해해야 좋을 듯하였습니다. 딱따구리는 휴식만 취하지 않고 그들의 보금자리를 이룩할 것입니다. 인간과 같이 갖가지 연장을 동원하지 않고 오직 부리만으로 인내만을 동반하여 휴식 공간을 이룩하니 인간은 그들 앞에서 내세울 만한 일이 얼마나 될는지 모르겠습니다.

요즘처럼 '살기 어렵다' 는 한숨이 여기저기서 터져 나올 때면 살며시 적하정책滴下政策으로 풀이되는 트리클다운(Trickle down)이 솔깃해집니다. 이 정책은 미국 제41대 대통령인 조지 부시가 재임하던 1989년부터 1992년까지 채택한 경제정책입니다. trickle은 '넘쳐 흐른다' 는 의미가 있습니다. 유동성이 투입되어 대기업의 성장이 이루어지고, 다시 대기업의 성장을 바탕으로 그 이득이 일거리 창출과

고용 등으로 중소기업과 소비자에게 돌아가고, 그 결과 유동성을 바탕으로 부자들이 소비를 많이 함으로써 경제가 살아난다고 보는 것입니다. 그래서 우리말로는 하방침투 효과라고 하기도 하고 '떡고물 효과'라고 부르기도 합니다. 이 정책은 선진국에서도 급박한 일시적 상황에서만 실행했다가 어느 정도 효과가 발생하면 그만두게 됩니다. 그 이유는 부자는 더 부자가 되고 가난한 사람은 더 가난해질 수밖에 없는 정책적 성격이 강하기 때문이라는 것입니다. 의도하는 바 목적은 투자 증대를 통해 대기업과 부유층의 부를 먼저 늘려 주면 중소기업과 소비자에게 혜택이 돌아감은 물론이요, 총체적으로 경기를 자극해 경제발전과 국민복지가 향상된다는 데 주안점을 두고 있습니다. 그러나 현장에서는 그 내용이 판이하게 달라 괴리감이 느껴지고 소비자인 국민들은 허탈감만 더할 뿐이라고 합니다.

인간은 항상 더 나은 세상, 더 나은 조건을 갖추기를 추구하며 염원합니다. 그런데 그 과정 속에 이물질이 끼여들기가 일쑤입니다. 이물질은 음식물 속에 있으면 밝은 눈으로 골라 가려내기가 여간해서 쉽지 않습니다.

탐욕이란 이물질도 마찬가지입니다. 앞에서 언급했던 '트리클다운 효과'는 참 좋은 정책임에 틀림없습니다. 그러나 가진 자는 더 갖고 싶어 합니다. 그래서 흔한 말로 '아흔아홉 마지기 가진 부자가 한 마지기 가진 가난한 사람에게 백 마지기 채우게 한 마지기를 달라고 한다' 하니 인간의 내면에 도사리고 있는 탐심이 얼마나 뿌리가 깊은지 알 수 있을 것 같습니다.

정부 고위직에 내정된 사람들의 면면이 인사청문회를 통해 속속

들이 드러나곤 합니다. 아마 그들의 심정을 역지사지해 보면, 내 인생이 이 자리까지 발탁될 줄 알았더라면 말에 좀더 신중하고 행동이 조신했어야 하는데 하는 장탄식이 나올 법합니다. '인간은 일을 내고 신은 용서하고……'라고 했다던데, 지금이라도 본인이 낸 일은 본인이 받는다는 자업자득自業自得의 엄연한 이치를 알고 국민들을 더 이상 괴롭히지 않았으면 합니다. 성장만을 추구하고 윤리와 도덕의 자가 없었고, 있었다 해도 그 기준이 애매모호했던 지난날의 우리 자화상을 그려 보게 됩니다. 아무것도 버릴 수 없는 사람은 아무것도 느낄 수 없다고 했습니다. 육체 감량은 스스로 해야 하듯이 문제가 있는 사람은 밀려가지 말고 스스로 느끼고 결단하는 사람이 되어야 합니다.

이 답답한 현실을 타개해 줄 만한 관리가 있어 소개하고자 합니다. 등후鄧侯의 얘기입니다. 진晉나라 때 상서좌복사尙書左僕射를 지낸 등수鄧修는 그의 자가 백도伯道였습니다. 그는 어려서 부모님을 잃고 지극한 효심으로 상을 치르니 주위 사람들이 그의 효성을 높이 치하하였습니다. 후일에 관직에 나아가서도 청렴하였고 밝고 공평한 일처리로 인심을 얻었습니다. 오군吳郡의 태수가 되었을 때에는 마시는 식수食水를 제외하고는 그 어느 것도 백성들로부터 받은 일이 없었다고 합니다. 그가 병을 구실 삼아 태수직太守職을 그만둘 때에는 백성들이 그가 탄 수레 밑에 누워서 못가도록 하였다고 합니다. 또한 노래를 지어 부르기를 "등후는 붙잡아도 머물지 않고 사공謝公은 떠밀어도 가지 않는구나!"라고 하였다고 『진서』 「등수전鄧修傳」에 기술되어 있습니다.

한漢나라 6대 황제가 경제景帝(재위, B.C.E. 157~141)입니다. 황제는 즉위하자마자 천하의 어진 선비를 찾다가 산동山東에 사는 원고생轅固生이라는 시인을 등용하기로 하였습니다. 당시 그는 90세의 고령이었으나 직언을 서슴지 않는 대쪽 같은 선비였습니다. 그래서 원고생을 중상 모략하는 사이비 학자들의 상소가 빗발쳤고 등용을 극력 반대하였습니다. 그러나 황제는 이들의 상소를 물리치고 등용하였습니다. 당시 원고생과 함께 등용된 소장 학자 공손홍公孫弘이 있었는데, 그는 원고생이 늙은이라고 깔보고 무시했지만 원고생은 전혀 개의치 않고 공손홍에게 말했습니다.

"지금 학문의 정도正道가 어지러워서 속설俗說이 유행하고 있네. 이대로 내버려 두면 유서 깊은 학문의 전통은 결국 사설私設로 인해 그 본연의 모습을 잃고 말 것이네. 자네는 다행히 젊은데다가 학문을 좋아하는 선비란 말을 들었네. 그러니 부디 올바른 학문을 열심히 닦아서 세상에 널리 전파해 주기 바라네. 결코 자신이 믿는 '학설을 굽히어(曲學) 이 세상 속물들에게 아첨하는 일(阿世)'이 있어서는 안 되네."

원고생의 말이 끝나자 공손홍은 몸둘 바를 몰랐습니다. 절조를 굽히지 않는 고매한 인격과 학식이 높은 원고생과 같은 분을 알아보지 못한 자신이 부끄러웠기 때문이라고 『사기』「유림전儒林傳」에서 밝히고 있습니다.

봉암산문 도헌 선사

　봉암사를 개창한 이는 지증 국사 도헌道憲(824~882) 스님입니다. 도헌 스님은 헌덕왕 때 태어났습니다. 어머니 이伊씨는 국사를 잉태하기 전에 기이한 꿈을 꾸었다고 합니다. 꿈에 한 거인이 나타나, "나는 승견勝見 부처님으로 말법 세상에 스님이 되었는데 화를 많이 내서 용이 되었습니다. 이제 그 업보가 소멸되어 다시 스님이 될 터인데 좋은 인연에 의탁하여 부처님의 가르침을 크게 펴고자 합니다."라고 말하고는 어디론가 사라졌다고 합니다. 승견은 비바시毘婆尸불을 말합니다. 과거 칠불의 한 분입니다. 보리수 아래서 성도하여 3회 설법을 하였으며, 1회 16만 8천 인, 2회 10만 인, 3회 8만 인을 제도하였다고 합니다.
　이 기이한 꿈을 꾼 뒤 어머니 이씨는 바로 아기를 가졌는데, 잉태한 지 4백 일을 넘기고 부처님의 탄생일인 음력 4월 초파일에야 출산하였습니다. 그런데 어린 아기는 며칠이 지나도록 젖을 먹지 않고 젖만 먹이려고 하면 심하게 울어 댔습니다.

하루는 웬 도승이 지나가다가 들러, 아기 엄마가 비린 것 등 오신채를 먹지 않아야 아기가 울음을 그친다는 얘기를 전했습니다. 국사의 어머니가 스님의 말을 좇아 그대로 행하니 아기는 그제야 울지 않고 젖을 먹었습니다.

지증 국사는 아홉 살 때 아버지를 여의고 부처님께 귀의하고자 했습니다. 어머니는 너무 어리다고 허락하지 않았습니다. 스님께서는 아마 그 어린 나이에 이미 세속 생활의 덧없음을 느꼈던 모양입니다. 그 후 몇 년이 지난 뒤 부석사로 출가하여 17세 때 구족계를 받았습니다.

그 뒤 지증 국사는 혜은 스님으로부터 심오한 불법을 배우고 큰스님이 되어 많은 사람들을 교화하였습니다. 위로는 국왕에서 일반 백성들에 이르기까지 숱한 사람들이 국사를 존경했습니다. 스님을 따르는 신도 가운데 심충이란 신도가 있었는데, 그 사람이 희양산 아래에다 봉암사를 짓고 지증 국사를 모셔 왔습니다. 지증 국사는 봉암사에서 만년을 보내며 많은 제자를 가르쳤습니다.

지증 국사는 제자들 중에서 양부楊孚 스님에게 당시의 법맥을 전했는데, 양부 스님은 다시 긍양兢讓(878~956) 스님에게 법을 전했으며, 긍양 스님 때에 봉암사는 선풍禪風을 크게 떨치게 되었습니다. 그래서 긍양 스님을 희양산문을 처음 연 개산조開山祖로 보는 견해도 있습니다.

긍양 스님은 충남 공주 태생으로 양부 스님으로부터 법을 받았고, 22세에 당나라로 건너가 청원행사靑原行思 계열인 도연곡산道緣谷山의 법을 받았습니다. 당나라에 있을 때 긍양 스님은 오대산 문수보살님을 친견하고 싶어 길을 떠났습니다. 가는 도중 관음사라는 절에 들렀을 때 갑자기 얼굴에 악성 종기가 가득 생겼습니다. 그 때문에 여행도 포기하고 많은 고생을 했습니다. 의원들도 상태가 너무 나빠 의술로는 도저히 치료할 수 없다는 것이었습니다.

긍양 스님은 하는 수 없이 혼자 관음사 열반당에 머물며 온 정성을 다해 관세음보살님께 기도했습니다. 그렇게 며칠이 지난 뒤 한 노승이 관음사로 긍양 스님을 찾아 왔습니다. 노승은 스님에게 전생에 깊은 원한을 맺었던 이가 저승에서 앙갚음을 하여 생긴 병이라면서 스님의 얼굴을 정성스럽게 씻어 주었습니다. 그리고 나서 이제 그 업보가 소멸되었다고 하였습니다. 그러자 얼굴에 났던 종기들이 모두 없어졌습니다. 병이 나은 후 긍양 스님은 오대산을 비롯하여 여러 곳을 순례한 다음 924년에 귀국하였습니다.

『한국불교전서』 제11책 「선문조사예참의문禪門祖師禮懺儀文」에 따르면 지증 도헌智證道憲 스님이 개산조사로 되어 있습니다. 그런가 하면 고려 태조 18년(935)에 정진 국사靜眞國師 긍양兢讓 스님이 문경 희양산曦陽山 봉암사鳳巖寺에서 개창한 산문이라고 하여, 긍양이냐 도헌이냐를 놓고 이설이 분분합니다.

긍양 스님을 개산조라고 주장하는 측에서는 도헌 스님이 봉암사를 먼저 세우기는 했어도 그를 희양산문의 개산조사로 보기는 어렵다는 것입니다. 무엇보다도 도헌 스님이 북종선의 법맥을 이었기 때문입니다. 북종의 맥은 신수神秀-지공志空-신행神行-준범遵範-혜은慧隱-도헌道憲으로 잇고 있습니다.

아직도 이에 대한 결론은 나지 않고 진행 중입니다. 긍양은 고려 태조, 혜종, 정종, 광종의 신뢰와 존경을 한몸에 받았습니다.

봉암사 뒤에는 봉황처럼 생긴 바위산이 우뚝 솟아 있습니다. 그 바위들은 마치 선녀가 천상에서 내려와 매일 매일 단장을 하였는지 뽀얗게 분칠한 새색씨의 정숙한 모습으로 자태를 드러내고 있습니다. 그래서 절 이름을 봉암이라 불렀으리라 짐작이 갑니다. 이 상서로운 이름처럼 봉암사에는 숱한 수행자들이 드나들었고, 여기서 큰 깨달음을 얻은 고승 대덕도 헤아리기가 어려울 정도입니다.

봉암사는 조계종 제8교구 본사인 직지사直指寺의 말사입니다. 봉암사에는 보물 제169호인 삼층석탑을 비롯하여, 보물 제137호 봉암사 지증대사적조탑, 보물 제138호 지증대사적조탑비, 보물 제171호 봉암사 정진대사원오탑, 보물 제172호 봉암사 정진대사원오탑비 등 많은 문화재가 있습니다. 봉암사는 한국의 대표적인 선방 가운데 하나로 꼽히고 있으며, 그래서 일반인의 출입을 금지하고 있습니다. 다만 부처님 오신 날에만 개방하고 있습니다.

지증 대사와 정진 대사의 두 탑비 비문은 한국불교사, 특히 선종사의 흐름을 보여주는 중요한 문헌으로 꼽히고 있습니다. 지증 대사의 비문에서 한국 선종사의 초기 사정을 어느 정도 알 수 있습니다.

득得 가운데의 득은 무심의 얼음과 같은 것이나,

묵默 중의 묵은 매미의 울지 않음과 다르도다.

설악산의 도의道義가 홍곡의 날개를 드리우고,

지리산의 홍척洪陟이 대붕의 날개를 펼쳤네.

해외에서 알맞은 때에 귀국하매 도는 누르기 어려웠으니

멀리 뻗은 선의 물줄기가 막힘이 없구나.

쑥이 삼대에 의지하여 스스로 곧을 수 있었고,

구슬을 내 몸에서 찾으매 이웃에게 빌리는 것을 그만두었네.

나말여초의 구산선문 개창자 중 중국에 유학하지 않은 사람은 지증도헌 스님이 유일합니다. 비문에 보이는 북산의 도의나 남악의 홍척이 "멀리서 배우고 고생하며 돌아왔지만" 지증도헌 스님이 "쑥이 삼대에 의지하여 스스로 곧을 수 있었고, 구슬을 내 몸에서 찾으매 이웃에게 빌리는 것을 그만두었네."라는 대목에서 유학하지 않고도 희양산문을 이루었다는 자부를 엿볼 수 있습니다.

또한 진정대사비에 봉암사를 중건한 정진긍양 스님이 고려 왕실과 맺고 있었던 유대관계를 소상히 밝히고 있습니다.

"935년 정진긍양이 봉암사를 중건하여 주석하면서 정진긍양의 명성은 널리 알려졌다. 고려의 후삼국 통일 이후 정진긍양은 고려 왕실과 친밀한 관계를 유지했다. 그는 스스로 개경에 나아가 왕건의 공경을 받는가 하면, 정종은 왕위에 오른 후 정진긍양에게 사신을 보내 문안하였다. 정종 때에는 왕의 부름을 받고 개경으로 가서 국정에 관한 조언을 아끼지 않았다. 광종 때에도 왕의 부름을 받고 제석원에 나아갔으며, 광종은 스님을 왕사로 대우하면서 극진하게 모셨다."

　지증대사비에는 지증도헌 스님이 신라 말기 경문왕과 헌강왕 등 왕들의 공경을 받으면서 왕과의 만남에서 남긴 일화들이 기록되어 있습니다. 예컨대 지증도헌 스님이 헌강왕의 부름을 받아 서라벌로 갔을 때 왕이 '심心'에 대해 묻자, 마침 달의 그림자가 맑은 못 가운데 똑바로 비친 것을 보고는, "이것(月)이 곧 이것(心)이니 더 이상 할 말이 없습니다."라고 하여 왕이 지증도헌을 망언사忘言師로 삼았습니다.

　망언사는 이심전심의 도로써 심법心法에 통달한 사람이란 뜻입니다. 불교에서는 심법을 전함에 있어 말이나 글에 의하지 않고 심심상인心心相印한다고 합니다. 초보적 단계에서는 말로써 알려주기도 하지만, 그것을 깨닫고 난 뒤에는 그 말을 잊어버려야 합니다. 왜냐하면 말이란 어디까지나 심법을 깨닫기 위한 방편이기 때문입니다. 따라서 망언忘言이란 이심전심을 뜻합니다.

　정진긍양 스님 또한 고려 태조를 비롯하여 혜종, 정종, 광종 등 네 임금에 걸쳐 왕실과 밀접한 관계를 유지하고 있었습니다. 특히 광종은 친히 정진긍양 스님을 영접하여 공양을 올리면서 나라 다스리는 정도正道를 물었고, 정진긍양 스님은 이에 "망언忘言의 언言을 말하고 무설無說의 설說을 설하였다."는 일화가 정진대사탑비에 기록되어 있습니다. 왕실과의 이러한 돈독한 관계로 인하여 광종 때 희양산문 봉암사의 위치는 고달원高達院, 도봉원道峯院과 더불어 3대 선원으로 꼽힐 정도였습니다.

　지증·정진 대사의 두 탑 비문을 자세히 들여다보면 한 가지 이상한 점이 눈에 띕니다. 희양산문의 개창자 지증도헌의 직直 제자인 양부陽孚를 잇는 손孫 제자 정진긍양이 중창자로 불리고 있다는 점이 그렇습니다. 이는 개창자의 바로 다음 대에서 무언가 사단이 생겼음을 의미할 수 있습니다. 아마도 지증도헌의 사후에 봉암사에 불이 났다든가, 아니면 후삼국시대 전쟁통에 파괴되었다든가 해서 희양산문의 근거지 자체가 없어졌던 것은 아니었을까 하는 것입니다. 이쯤 되면 봉암사 터를 가리켜 "이 땅이 수행자의 거처가 되지 않는다면 도적의 소굴이 될 것이다."라고 했다는 지증도헌 스님의 말을 상기하지 않을 수 없습니다.

스님의 입적 후 헌강왕이 최치원에게 비문을 지으라고 명했는데, 명을 받은 최치원이 무려 8년 만인 진성여왕 6년(892)에야 탈고를 하고, 비문이 탈고된 후에도 다시 33년의 세월이 흘러 신라 멸망 직전인 경애왕 원년(924)에야 탑비가 세워졌던 것도 우리가 모르는 어떤 사정을 반영하고 있다고 볼 수 있을 것입니다. 게다가 이 비가 세워진 지 5년도 못되어 봉암사는 화재로 소실되고 말았는데, 지증대사 비가 세워진 지 5년이라면 929년으로, 그 해 10월 견훤이 가은加恩 땅을 공격하다가 이기지 못하고 돌아갔다고 『삼국사기』에 적고 있는 그 무렵이 됩니다.

이런 저런 사정을 감안한다면 지증도헌 스님 입적 후 희양산문은 그 근거지를 상실하여 산문의 맥이 끊어지는 지경에 이르렀다고 보아도 무리는 아닙니다. 이와 관련하여 당시 희양산문의 상황을 알려주는 문헌이 있습니다. 『삼국유사』 권3 「탑상편」 '백엄사 석탑사리조'가 그것입니다.

'백엄사 석탑사리조'의 내용 가운데 이런 구절이 나옵니다.

……절이 처음 지어진 때는 언제인지 알 수 없다. 다만 예로부터 전하는 바에 따르면 이전 시대인 신라 때 북택청北宅廳 터를 내놓아 이 절을 지었는데, 그 사이에 오랫동안 폐허가 되었다. 지난 병인년(1026)에 사목곡沙木谷의 양부陽孚 스님이 개조하여 주지로 있다가 정축년(1037)에 열반했다. 을유년(1045)에 희양산의 긍양 스님이 와서 10년 동안 머물다가 을미년(1055)에 다시 희양산으로 돌아갔다. 이때에 신탁神卓 스님이 남원 백암수白嵓藪에서 이 사원으로 들어와 이전에 정한 법대로 주지가 되었다.

이 기록에 따르면 지증도헌의 직제자 양부 스님이 1026년부터 1037년까지 11년 동안 강주 백엄사에 주석하다가 열반했고, 그 후 1045년에 양부 스님의 제자이자 희양산문 중창자인 정진긍양 스님이 백엄사로 와서 주석하다가 1055년에 봉암사를 중창했다는 얘기가 됩니다. 알려진 대로 정진긍양 스님이 귀국 후 남원 백암수에 머물다가 1045년에 강주 백엄사로 왔다면, 초기 희양산문은 사승師承 관계가 계속 이어졌다기보다 몇 번의 단절을 통한 공백 기간이 있었음을 짐작할 수 있습니다.

따라서 양부 스님이 강주 백엄사로 와서 주석했던 1026년부터 정진긍양 스님이 봉암사로 돌아간 1055년까지 희양산문의 근거지는 백엄사라고 보아야 할 것이며, 양부 스님이 천화한 1037년부터 8년 동안 희양산문은 주인 없는 빈 산문이었다고 보아야 할 것입니다.

그러던 것이 정진긍양이 귀국하여 스승이 죽고 없는 백엄사를 찾아 주석하게 되면서부터 희양산문은 다시 법맥이 이어지게 된 것입니다. 세속에서는 엄흔嚴欣과 백흔伯欣 두 사람이 집을 내놓았기 때문에 백엄사라 불렸으며, 따라서 그 두 분을 호법신으로 삼았다고 전합니다.

실상산문 홍척 선사

나말여초에 선종이 중국으로부터 들어온 이후 한국불교는 선교禪 敎가 양립하면서 전개되었습니다. 그 과정에서 선은 불교 수행자들이 구도의 길로 나가는 데 중요한 관문으로 자리 잡게 되었습니다. 이러한 선이 이 땅에 처음으로 뿌리를 내려 한국의 정신문화 창달에 크게 기여하게 한 곳이 바로 지리산 실상사입니다. 실상사의 개산조인 홍척 국사는 가지산문의 개산조 도의 국사와 함께 마조도일 스님의 제자인 서당지장 스님으로부터 선맥을 이어 받았습니다. 홍척 스님은 흥덕왕 원년(826)에 귀국하여 남악南岳이라 부르는 지리산 자락에 들어가 실상산문을 개창하였습니다.

홍척 스님의 법호는 홍척洪陟이고, 시호諡號는 증각證覺이며, 탑호塔號는 응료凝廖입니다. 귀국할 당시 흥덕왕과 선강 태자가 스님의 덕을 높이 사 국사로 임명하고 또한 제자가 되었다고 『전등록』 11권에 밝히고 있습니다.

당시 세인들은 홍척 국사와 도의 선사를 가리켜 '북산의 도의, 남악의 홍척(北山義南嶽陟)'이라 하였습니다. 이는 최치원이 지은 경북 문경 봉암사의 〈지증대사숙조탑비智證大師淑照塔碑〉에 근거합니다. 더불어 "선사가 당에 가서 법을 구해 온 것은 원적도의元寂道義보다 뒤지지만 절을 짓고 산문을 이룬 것은 구산선문 중 가장 먼저"라고 전하고 있습니다. 이 내용은 실상사가 구산선문 최초의 가람이라는 역사적 사실을 뒷받침해 주는 기록입니다.

이후 2대조 수철秀徹(817~893) 스님을 거쳐 3대조 편운片雲 스님에 이르러 절이 중창되었으며, 선풍도 떨쳤습니다. 정유재란 때 남원성이 함락되면서 실상사는 소실된 뒤 폐사되다시피 하여 근 1백 년을 지내 오다 숙종 16년(1690) 36동의 건물을 다시 세우는 등 크게 중창되었습니다. 암자인 백장암과 약수암의 문화재를 포함하여 국보 1점과 보물 11점 등 넓은 경내가 비좁을 만큼 단일 사찰로는 가장 많은 문화재를 보유하고 있습니다. 국보 제10호 백장암 3층석탑, 보물 제37호 3층석탑 2기, 보물 제33·34호 수철화상능가보월탑과 탑비, 보물 제35호 실상사 석등, 보물 제36호 부도, 보물 제38·39호 증각대사응료탑과 탑비, 보물 제40호 백장암 석등, 보물 제421호 철제여래좌상 그리고 이외에 석장승(중요민속자료 제15호) 등이 경내외를 가득 장식하고 있습니다.

실상사는 창건 초에는 지실사였다고 합니다. 개산조 홍척 국사의 존칭인 '실상선정국사'의 앞머리를 따서 고려 초부터 실상사라고 부르게 되었습니다. 당시 실상사는 지금의 백장암 터에서 시작되었습니다. 그 후 대중들이 많아지자 제2조사인 수철 스님이 지금의 실상사 자리로 옮겼다는 설이 전해 오고 있습니다. 실상사에서 약 8킬로미터 떨어진 곳에 위치한 백장암은 창건 연대가 전해지지 않고 있습니다. 산내 암자로는 열일곱 곳의 암자가 있었으나, 현재는 백장암, 약수암, 서진암만이 남아 있습니다.

실상사는 대표적인 평지가람입니다. 실상사에는 일주문이 없습니다. 뿐만 아니라 대웅전도 없고, 권위와 깨달음 순서의 상징이라는 높다란 계단도 없습니다. 모든 전각들이 비슷한 높이의 평지에 자리 잡고 있습니다. 야트막한 담장으로 둘러싸인 경내에 들어서면 선의 옅은 향기를 맡을 수 있습니다. 천여 년이 지난 실상사는 석조물을 제외하고는 본래 위치에 건립된 건물이 하나도 없습니다. 천왕문을 들어서면 절 마당에 3층석탑 두 기가 동서로 나란히 서 있고, 뒤쪽 중앙에 석등과 보광전이 차례로 서 있으며, 보광전 양옆으로 약사전과 칠성각이 있습니다. 전체적으로 평지에 들어선 전형적인 1금당 쌍탑의 가람배치를 보여 주고 있습니다. 천왕문과 3층석탑 중간에 종루가 있으며, 종루 뒤쪽에서 발굴된 건물터는 원래의 가람과는 별도로 후대에 만들어진 5층목탑이 있었던 장육전으로 추정하던 터에 1999년 11월 국립 부여문화재연구소 팀에 의해 우리나라에서는 가장 큰 목탑지로 확인되었습니다.

옛 선풍의 기상과 위용은 상상의 나래를 펴야 느낄 수 있고, 지금의 가람에서는 선풍을 느끼기에는 미흡함을 떨치기 어렵습니다. 아마 풍수지리 차원에서 지형을 연화부수형蓮花浮水型이라고 이해하고 건물을 낮게 건축한 데 연유한 것이 아닐까 생각합니다.

지리산 천왕봉을 바라보며 지리산 여러 수려한 봉우리들을 꽃잎으로 삼은 꽃밭에 해당하는 자리에 터를 잡은 실상사는 평지에 들어서 있어 분위기가 사뭇 다릅니다. 차근차근 순서를 밟아 닦아 가는 교종의 가람은 계단식의 경우가 많고, 찰나에 깨달음을 얻는 선종의 가람은 평지에 터를 닦고 있는 경우가 많습니다. 대표적인 교종의 사찰로는 부석사, 해인사, 화엄사를 들 수 있으며, 선종 사찰로는 보림사, 봉림사, 성주사가 있습니다.

선종이 나말여초에 등장하게 된 것은 정치상황과 무관하지 않습니다. 당시 유학한 스님들이 신학문을 닦고 귀국하였으므로 지방의 호족들은 극진히 예우하였습니다. 그곳에 정착하여 자신들의 빈 머리를 채워 주길 간절히 바랐던 것입니다. 나말여초라면 신라 천 년의 한 왕조가 마감되고 신왕조인 고려가 무사의 힘에 의해 자리 잡던 시기입니다.

이러한 격변기에는 새로운 사상이 등장하기 마련입니다. 혼란스런 사회에서는 국민들의 마음을 안정시킬 수 있는 이상적인 정신적 대안을 제시하는 것이 온당한 일이 될 것입니다. 불교의 평등사상인 일체중생 실유불성이라는 대안은 가진 자나 누리지 못한 자를 아우르는 묘책이 될 수 있었습니다. 선이야말로 평등사상의 좋은 본보기가 될 수 있어 모든 백성들을 안심시키는 데 안성맞춤이었습니다. 선을 전래한 구법승들은 이론을 뛰어넘어 일상 속에서, 즉 행주좌와 하는 가운데 선이 있고 도가 있다 하여 대중적인 수행체계를 안심입명의 대안으로 산뜻하게 제시했던 것입니다. 이러한 배경 속에 홍척 스님의 실상사야말로 무수무증無修無證의 심인법을 종지宗旨로 개창한 한국 최초의 선종 가람이 됩니다.

조선조 숙종 26년(1700) 침허枕虛 조사에 의해 중창된 기록을 보면, 크고 웅장한 건물들이 수십 동이나 즐비하게 자리 잡았던 대가람이었습니다. 이러한 많은 전각들은 고종 20년(1883)에 있었던 화재로 요사채와 전각 3동만 남았습니다. 웅장했던 실상사 규모를 보여주는 한 예로, 발굴 결과 드러난 황룡사 목탑과 비슷한 규모의 목탑지와 1백여 평이 넘는 강당지 등이 이를 뒷받침하고 있습니다. 단일 사찰의 규모로 보면 송광사에 26점의 국보와 보물이 있고, 그 다음으로 많은 14점의 국보나 보물이 있는 것을 보면 실상산문의 규모가 어떠했는지 짐작할 수 있습니다.

지불紙佛이 모셔진 보광전을 참배하고 나면 약사전에 봉안된 철조여래 부처님 앞에 이르게 됩니다. 철조여래 좌상은 2.7미터 가량이나 되는 거대한 철불입니다. 개산조 홍척 스님의 제자인 수철 스님이 4천 근이나 되는 철을 녹여 만들었다고 합니다. 이 철불님은 '하늘이 울어도 울지 않을 것만 같은 산' 이라는 지리산과 같은 무게로 결가부좌 자세를 취하고 있습니다. 좌향은 동남쪽에 있는 천왕봉을 바라보고 있습니다. 철불님이 연꽃대좌가 아닌 흙바닥에 앉아 계신 까닭은 일본으로 빠져나가는 이 땅의 지기를 막기 위해서였다고 하니 여기서 호국의 깊은 뜻을 새기게 됩니다.

정확한 연대는 알 수 없으나 한동안 두 손이 훼손된 채로 봉안되어 오다가 1987년 복원 불사하는 과정에서 철제 손이 발견되었고, 이를 토대로 1990년대에 원만히 복원 불사를 마무리했습니다.

일제가 우리나라를 합병한 후 1911년에 사찰령을 공포하여 전국의 사찰을 통괄하는 30본산 제도를 만들었습니다. 그 본거지는 박문사博文寺인데 지금의 신라호텔 영빈관이 당시 조선의 사찰을 재단했던 요람이었습니다. 지금도 영빈관 앞에 있는 크나큰 보리수나무가 옛날에 이곳이 그러한 가람이었음을 침묵으로 말하고 있습니다. 사찰령으로 인해 실상사는 1912년 법찰대본산法刹大本山인 해인사의 말사로 편입되기도 했습니다. 해방 이후 실상사는 새로 제정된 대한불교조계종 종헌에 의한 전국 24교구 제도에 따라 제17교구 금산사의 말사가 되었습니다.

일제의 사찰령에 의한 실상사 첫 주지로는 강지월 스님이 1912년 2월에 임명되었습니다. 그리고 1913년 1월에는 당시의 강백이었던 김포광 스님이 주지로 부임하여 실상사 사적기를 정리하였습니다.

필자는 수십 년 전에 실상사를 찾은 적이 있습니다. 지리산 천왕봉, 반야봉, 노고단, 고리봉의 옹달샘에서 졸졸졸 흐른 물이 계곡을 이루고, 그리하여 만수천이라는 큰 냇물을 이루고 있었습니다. 그 만수천 징검다리를 물에 빠질까 조심스레 발을 디뎌 건너던 그때의 광경이 생생히 떠오릅니다. 역사의 생성과 소멸이라는 자연의 이법이 이렇게 딱 들어맞을 수 있단 말인가. 과거의 영광이 오늘에는 스산함으로 자리매김하고 있었습니다. 논 가운데 담장 하나 없이 휑뎅그렁하게 자리 잡고 있는 몇 동의 건물만이 옛날의 영화를 속삭일 뿐이었습니다.

『반야심경』에 '부증불감不增不減'이라는 말이 있습니다. 즉 증가된 것도 없고 감소된 것도 없다는 아주 간단명료한 이론입니다. 이러한 이론은 물리학에서도 똑같이 쓰이고 있습니다. 물리학의 세계에서는 '열역학 제1법칙'이라고 알려져 있는 '에너지 보존 법칙'이 있습니다. 에너지 보존 법칙의 가장 중요한 전제 조건은 물질계 속에서는 열을 비롯한 모든 에너지의 총량이 항상 보존된다는 것입니다. 물질계에서는 에너지가 결코 새로 만들어지거나 복제되거나 다른 차원에서 유입되지 않는다고 합니다. 에너지는 오직 소유주가 바뀌거나 다른 형태로 변신할 뿐입니다. 예를 들어 주먹만한 크기의 마른 나무를 연소시키면 당연히 그 형태는 사라질 것입니다. 하지만 본래 나무가 가지고 있던 에너지는 이제 기체라는 전혀 다른 형태로 변형되어 대기권에 존재합니다.

최초에 둥지를 틀었던 선의 요람 실상사! 객승의 상념은 부질없는 기우이길 바랄 뿐입니다. 오늘은 내일이 올 것을 기약하고 하루해가 서산에 지듯이 언젠가 시절인연이 도래하면 신라 말 가람을 건립할 당시의 부산함이 재현될 것이라 믿습니다.

에너지 보존 법칙은 어느 종교를 신앙하든 혹은 신앙하지 않든 간에 모든 이들에게 각자의 내세에 숭고한 위안을 안겨 주는 묘약입니다. 에너지 보존 법칙은 사실상 영원에 대한 굳은 약속이기도 합니다. 원자 속에 들어 있는 에너지, 원자들을 결합시키는 에너지는 없어지지도 않고 사라지지도 않으며, 또한 소멸되지도 않습니다. 영국의 물리학자 줄(Joule, 1818~1889)이 열역학 제1법칙에 관해 말한 적이 있습니다.

파괴되는 것도 없고 영원히 사라지는 것도 없이 많은 것들이 복잡하게 얽혀 있는 이 우주는 원활하고 조화롭게…… 가장 완벽한 균형을 유지한 채 움직이고 있다.

지속적인 연구를 하여 줄은 '줄의 법칙'을 발견하였으며, '줄 톰슨의 효과'도 발표하였습니다.

보조체징 선사

    보조 스님의 속성은 김씨이고 충남 공주 태생입니다. 스님이 몸을 의탁하던 해에 모친 꿈에 태양이 공중에서 달리다가 빛을 타고 배를 관통하였는데 그 후 회임하게 되었습니다. 기간이 지나도 낳지 못하더니, 육류와 비린 것을 먹지 않고 탁주나 단술 마시는 것을 끊는 등 정계淨戒로 태교를 하고 재물을 헌납하여 복전을 쌓으면서 비로소 분만을 하여 근심을 해소하게 되었습니다. 강보에 싸인 어린 시절에도 완연히 세속을 떠날 마음이 있었으며, 칠팔 세 무렵에 세속의 인연을 버릴 뜻을 품었습니다. 양친은 부귀로도 만류하기 어렵고, 재색으로도 묶어 놓지 못함을 알고는 그가 출가하여 두루 배우기를 허락하였습니다. 처음에 화산花山 권법사權法師 문하로 가서 경을 듣는 것에 주력하여 가르침을 받고 정진하였는데, 눈길이 닿은 것은 잊어버리는 예가 없었고, 귀에 스친 것은 반드시 기억하였으며, 거친 행동은 깨끗이 씻어내어 출가 수행자가 갖추어야 할 위의를 조련하였습니다.

홍덕왕 2년(827) 가량협산加良峽山 보원사普願寺로 가서 구족계를 받고 후에 설악산 억성사億聖寺에 이르러 염거廉居 스님 문하에 들어가 현주玄珠를 받고 법인을 계승하였습니다. 구족계를 받은 후 한번 제를 설하는 마당에 들어가면 7일 밤을 정진하곤 하였다고 합니다. 염거 스님에게 법을 받은 후 선의 현묘한 자취를 탐색하여 그 요체를 터득하는 것이 마치 막혔던 강물이 터지는 듯 거침이 없었다고 합니다.

희강왕 2년(837) 체징 스님과 도반인 진육眞育·허회虛會 스님 등은 함께 바다를 건너 당나라에 들어가 선지식을 참배하게 되었습니다. 선지식을 만나 불법을 강론하고 삼오주三五州를 주유한 끝에 '본체와 현상은 다름없다'는 것을 깨닫고 840년 봄 2월 평로사平盧使를 따라 귀국하였습니다. 평로사는 이능화李能和의 『조선불교통사』비명에는 '평로사平盧師'라고 씌어 있습니다.

귀국하자, 단월들이 오로지 마음을 기울여 성심을 다하는 것이 마치 온갖 강물이 바다로 돌아가고 모든 산의 으뜸이 영취산인 것과 같았습니다. 헌안왕 3년(859) 체징 스님은 무주 황학란야黃壑蘭若로 옮겨가서 법을 폈습니다. 왕이 스님의 소문을 듣고 도를 앙모하여 수도에 선문禪門을 열고자 원을 하고 마침 이해 여름 6월 장사현 부수副守 김언경金彦卿을 파견하여 차와 약을 증정하며 체징 스님을 수도로 영접하여 모시려고 하였습니다. 스님은 마침 결제의 달이기도 하고 또한 운암雲嵓에 거처함이 편안하여 일부러 유마의 병을 핑계로 사양하고 나아가지 않았습니다. 그해 10월에 왕이 다시 운암군 승정僧正 연훈蓮訓 법사와 봉신奉宸·빙선 등을 통해 칙령을 내려 가지산사迦智山寺로 이주하기를 청하였습니다.

스님은 이에 따르기로 하였습니다. 가지산사迦智山寺는 원래 원표元表 대덕이 옛날 거주하던 곳으로서 759년 경덕왕의 칙령을 받들어 보존한 장생주長生柱가 그때까지 의구히 존재하고 있었습니다. 860년 봄 김언경金彦卿이 흔쾌히 정재를 내어 철 2,500근을 구매하여 노사나불 1구를 주조하여 사중에 공양하였습니다. 국왕이 명하여 망수리望水里 남쪽의 주택 등과 금 160푼을 공출하고 2천 곡을 임대하여 장엄하는 비용으로 충당하는 등 공덕을 쌓고 나서 이 절을 선교성宣敎省에 예속시켰습니다. 경문왕 즉위 원년(861), 제방에서 보시한 재물로 선우禪宇를 확장 증축하였습니다. 공사를 완공하여 경축하는 날에 체징 스님은 정식으로 주지와 법주法主로 취임하였습니다.

이쯤 해서 보조체징 스님의 스승 진공 대사眞空大師 충담忠湛 스님의 행적을 살펴보기로 합니다. 강원도 원주시 지정면 안창리에는 신라 시대의 절터가 자리하고 있습니다. 1984년 6월 2일 강원도 문화재자료 제45호로 지정되었습니다. 『고려사』에는 태조 20년(937) 당시 왕사였던 진공 대사 충담 스님이 입적하자 940년 진공 대사의 부도탑이 있는 원주 영봉산靈鳳山 흥법사에 태조가 직접 비문을 지어 진공대사탑비를 세웠다는 기록이 있는 것으로 미루어 흥법사가 신라 때부터 있던 사찰임을 알 수 있습니다. 그러나 흥법사의 폐사에 대해서는 기록이 없어 알 수 없고, 다만 임진왜란 때 소실된 것으로 추정됩니다.

현재 탑비의 귀부와 이수는 원형이 잘 보존되어 절터에 남아 있으나 비신은 일찍이 파괴되어 중앙부가 크게 단절되었으며 파손과 마모가 심합니다. 깨진 비신 4개가 국립중앙박물관에 옮겨져 있습니다. 비문은 고려 태조가 짓고 문신 최광윤崔光胤이 당나라 태종의 행서 글씨를 집자하여 새겼습니다. 비문은 진공 대사가 신라 귀족 가문에서 태어나 출가하여 계율을 배우다 입당하여 원정圓淨의 법을 수학하고 돌아와 태조로부터 왕사의 예우를 받고 태조의 명으로 흥법사에 주석하다 입적한 생애를 담고 있습니다.

탑은 원래 강원도 원주 흥법사터에 서 있었다고 하나, 이에 대한 확실한 근거가 없기 때문에 탑 이름 앞에 '전傳(~라 전하다)' 자를 붙이게 되었고, 원래 위치에서 서울로 옮긴 후에는 탑골공원 등 여러 곳으로 옮겨 다니다가 1931년 경복궁에 세워졌고, 현재는 국립박물관 경내에 있습니다.

사리를 모셔둔 탑신의 몸돌은 면마다 문짝 모양, 4천왕상을 번갈아 배치하였는데 입체감을 잘 살려 사실적으로 표현하였습니다. 지붕돌은 당시의 목조건축 양식을 특히 잘 따르고 있어서 경사면에 깊게 패인 기왓골, 기와의 끝마다 새겨진 막새기와 모양, 밑면의 서까래 표현 등이 거의 실제 건물의 기와지붕을 보고 있는 듯합니다. 꼭대기에 있는 머리장식은 탑을 옮기기 전까지 남아 있었으나, 지금은 모두 없어졌습니다.

탑을 옮겨 세울 때 그 안에서 금동탑지金銅塔誌가 발견되었는데, 이를 통해 통일신라 문성왕 6년(844)에 이 탑을 세웠음을 알게 되었습니다. 사리탑 중에서는 가장 오래된 것으로, 규모는 그리 크지 않으나 단아한 기품과 깨끗한 솜씨가 잘 어우러져 있습니다.

비문의 일면을 더 살펴보고자 합니다. "원각 대사 달마 스님이 중국의 양조梁朝 때 들어왔고, 비로소 대홍大弘을 만났다. 달마는 양무제를 만난 다음, 북쪽 위나라로 가서 효명제孝明帝를 만났다. 그리하여 2조인 혜가慧可를 만나 스승과 제자의 인연이 계합契合하여 동풍을 부촉하였다. 그로부터 조법祖法을 상승하되 심등을 계승하여 대대로 이어져 단절되지 아니하였다. 그런 까닭에 일화一花가 홀현欻現함에 육엽六葉이 거듭 무성하였다. 근래 강서江西 마조도일로부터 해예海裔까지 흘러 들어왔다. 따라서 봉림가鳳林家의 제자요, 장경章敬의 증손인 우리의 진공 대사가 다시 선종을 찬양하였다."고 하였습니다.

그리고 "한 번은 공손히 내전으로 맞이하여 모시고, 모든 중신과 궁내인들이 법문을 청함에 스님은 법상에 앉아 상왕象王의 설說을 토하니, 거듭 경의를 표하며, 제자의 예의를 펴고, 들은 법어를 낱낱이 기록한 다음, 왕사王師로 추대하였다. 어느 날 다시 단겸丹慊을 떠나 경기京畿에 도착하였으므로 왕은 별도로 옥당玉堂을 꾸미며 승탑繩榻에 오르시게 하고 대사에게 묻되, '과인이 어려서부터 위무威武는 숭상하였으나, 학문에는 힘을 쓰지 아니한 탓으로 선왕先王의 법도를 알지 못함이니, 어찌 존망存亡의 뜻을 분별하겠는가……' 기쁘게 여기는 바는 명제明帝가 꿈을 꾸고 노력한 것과 같이 노력하지 않고도 우리나라에서 불교를 신봉하게 되었으니, 한나라 명제明帝인 세종世宗이 마등과 법란을 만난 것과 또 양나라 무제가 보지공寶誌公 스님을 만난 것도 이와는 비교할 수 없다. 세세생생에 영원히 향화香火의 인연을 맺고 자자손손이 길이 부처님을 받들어 모시는 지극한 신심을 표했다. 그리하여 홍법선원을 중건하고 스님을 여기에 주석하도록 하였다. 이와 같은 길상지가 오히려 지난날의 미덕을 논하게 되니, 복을 맞이하는 명당임을 알게 되었다. 스님은 이곳을 세상을 마치려는 종신지지終身之地로 결정하고 나니 마음이 한결 편안하였다. 그리하여 이곳에 선원을 크게 확장한 후에는 찾아오는 사람이 구름과 같고, 배우는 사람들이 날로 진취됨이 마치 안개와 같았다."고 기술하고 있습니다.

　　헌강왕 6년(880) 3월 13일 체징 스님이 입멸에 이를 때까지 가지산에서 법을 전한 것이 20년에 달합니다. 문도는 8백 명이나 되었다고 합니다. 영혜英惠·청환淸換·의거義車 등이 고제로 꼽힙니다. 스님이 열반에 드신 다음 날, 문인들이 스님의 색신을 왕산 송대松臺에 장사 지내고 탑을 쌓아 안치하였습니다. 883년 봄 3월 15일 문도 의거 등이 스승의 행장을 찬술하여 왕에게 헌상하고 비를 세워 불도를 빛낼 것을 청하였습니다. 헌강왕은 시호를 보조普照, 탑호는 창성彰聖, 사액은 보림寶林이라 정하였습니다. 다음날 다시 칙령을 내려 김영金穎에게 비명의 찬을 짓도록 하고 중화 4년 가을 9월 9일 조각을 하고 수립하였으니 이것이 〈무주가지산보림사시보조선사영탑비명병서武州迦智山寶林寺諡普照禪師灵塔碑銘幷序〉입니다. 체징 스님은 선종 구산의 하나인 가지산의 실제 창건자로서 위로는 염거 스님을 계승하였는데, 염거는 도의道義를 계승하였으므로 주로 강서의 대적大寂이 전한 남악 회양계의 선법을 펼친 적통임을 알 수 있습니다.

홍법사지는 그곳 안창리에 지인이 있어 필자도 이따금 들르곤 합니다. 사지 주위는 계절에 따라 풍성함과 황량함이 교차되기도 합니다. 잎이 무성한 계절이 되면 옥수수가 여러 줄로 나란히 서서 훈련이 잘된 사병들이 사열을 받고 있는 듯하기도 하고, 콩이나 담배가 무성하게 되면 그 무성함 위로 희끗희끗 땀에 젖은 농부의 등이 보이기도 합니다. 농부의 잔손질이 저 작물을 윤기 나게 하고 상품 가치가 있게 하리라 미루어 짐작해 보기도 합니다.

12폭 병풍이 저리 클까. 폭으로는 말할 수 없는 넓고 높은 저 취병산翠屛山은 어느 식자가 여름에 지은 산명임이 분명합니다. 취병이 푸른 병풍을 말하고 있으니까요. 그 먼 신라시대나 고려 초에는 영봉산灵鳳山이 아니었던가. 마음을 닦던 어느 수도승은 본인의 영혼이 해탈하여 신령스런 봉황이 되어 허공을 향해 비선하는 모습을 그리며 영봉산灵鳳山이라 했을 것입니다. 필자가 이곳을 찾았을 때 절기는 가을이라 들녘에는 추수 갈무리가 한창이었고, 취병산은 취병을 벗어 놓고 반의斑衣로 갈아입은 채 울긋불긋 자태를 뽐내고 있었습니다.

저 산은 이 절기에 어린이나 입는 때때옷을 입고 누구를 기쁘게 하려고 나섰을까 궁금해졌습니다. 아마 인간사에 찌들어 사는 중생들에게 나와 같이 의연해져 보라는 무언의 메시지를 전하고 있는지도 모를 일이고, 우리 자연과 같이 재활용의 묘미를 터득하고 나면, 세상사 뭐 그리 없다고 투정할 일도 아니지 않느냐고 사람들에게 반문하고 있다는 생각이 들기도 합니다.

까마귀 새끼가 다 자란 뒤에 늙은 어미에게 먹을 것을 물어다 준다는 반포反哺는 자식이 커서 늙은 부모를 봉양함을 이르는 말입니다. 우리는 부모에게, 이웃에게 무엇을 베풀고 있습니까? 자연은 누가 가르치지 않아도 한 발 물러서서 양보하지 선뜻 시도 때도 없이 앞서려고 하지 않습니다. 그렇기에 인간의 파괴가 따르지 않는 한 항상 질서를 유지하며 평온과 평화, 화목을 노래하는 것 아니겠습니까.

가을 햇살 아래서 매일매일 변화와 순환의 논리를 체득하게 됩니다. 어제의 나뭇잎이 오늘은 달라졌습니다. 교정에 무성한 침엽수들도 잎을 떨구어내고 있습니다. 겨울을 이겨내기 위한 생존 전략이라고 봅니다. 저 이별의 아픔도 감내하면서…….

분신을 떨어내다니, 위대한 탄생을 기약하면서. 유한한 것들이여 행복하라!

대통 선사

대통 스님의 자는 대융大融이고 속성은 박씨입니다. 신라 통화부通化府 중정리仲停里 사람입니다. 역대로 누리던 관직의 영예를 버리고 소박한 것을 미덕으로 살았습니다. 20세에 부지런히 문장과 선법을 익히고 경사經史를 연구하였으며, 제자백가와 천경 만론을 섭렵하여 정통하였습니다. 후에 내전을 살펴보고 깨달음이 있어 상투를 버리고 삭발하였으며, 평복을 벗고 치의緇衣를 입고 입도하여 불법을 따랐습니다.

문성왕 7년(845) 봄 성린聖鱗 대덕의 처소에 가서 구족계를 받고 단엄사丹嚴寺에서 거주하였습니다. 이때부터 마음을 수련하고 계율을 지키며 뜻으로 보리를 연마하고 인욕과 정진을 우선으로 삼았으며, 보시와 공경을 차선으로 삼았습니다. 마침 사형 자인慈忍 선사가 당에서 귀국하자 겸허한 마음으로 배알하였습니다. 자인 선사는 그의 인품이 고상하여 자신이 가르칠 인재가 아님을 알고 기본 방침을 마련하여 주면서 용상龍象의 광활한 마음을 격려하고 진작시켜 주었습니다.

대통은 다시 지산岾山으로 옮겨가 옛적에 신승神僧인 원효元曉가 도를 이룬 곳에 머무르면서 3개월간 선정을 익혔습니다. 그리고 다시 광종廣宗 대사를 의지하였는데, 그의 인정을 받아 사원 사무를 총괄적으로 맡아 달라는 부탁을 받았습니다. 오래지 않아 공력이 성취되자, 드디어 스승과 작별하고 당에 들어가 법을 구하기로 결정했습니다.

문성왕 18년(856) 대통 스님은 당 조정에 신년 하례를 하는 입당하정사入唐賀正使의 배에 올라 당에 도착하였습니다. 두루두루 선림禪林을 예방하고 최후로 원주 앙산의 징허澄虛 대사를 사사하였습니다. 스님은 총명하여 일을 처리할 때에도 심혈을 기울였고, 부처님의 참 진리를 가르치고 깨우쳐 줌에 주야를 가리지 않고 게으름이 없었습니다. 또한 지혜와 견식이 뛰어났으며, 더위나 추위를 피하지 않고 정진하여 마침내 징허 대사의 신임을 받았습니다.

월광사月光寺 원랑선사園朗禪師 대보광탑비에는 "대통은 징허의 인가를 받았으며…… 황매의 인가를 묵시적으로 받았다."고 되어 있습니다. 징허 대사를 살펴보면 혜적과 같은 시기에 앙산사仰山寺에 주석하면서 제자를 접하고 법을 펼쳤습니다. 혜적이 먼저 위앙종을 개창하였으니, 징허 대사는 설사 그의 제자가 아니었을지라도 반드시 그의 영향을 받았을 것입니다. 이른바 황매黃梅의 인印은 오로지 도신의 쌍봉 선취만을 가리키는 것이 아니라, 이것은 당시 이미 홍성하고 유행하던 남종돈오선지南宗頓悟禪旨를 빌려 칭찬한 것입니다.

원랑선사탑비는 충북 제천군 한수면 동창리 월광사月光寺 터에 전해 오던 탑비로 1922년 경복궁으로 옮겼습니다. 현재는 국립중앙박물관 경내에 있습니다. 통일신라 후기 원랑 선사(?~883)의 행적을 기록한 탑비입니다. 원랑 선사는 문성왕 18년(856) 당나라에 유학하여 11년간 명산을 두루 돌아다니다 귀국한 뒤 월광사月光寺에 머물렀습니다. 68세로 입적하자 헌강왕이 대보광선大寶光禪이라는 탑명을 내리고, 김영에게 비에 새길 글을 짓게 하였습니다. 글씨는 구양순체의 해서체로 순몽이 쓴 것이라 합니다.

비는 거북받침돌(귀부)로 비몸을 세우고 머릿돌을 얹은 모습입니다. 거북받침은 네 발이 몹시 작고 짧은 목과 머리를 꼿꼿이 세우고 있는데, 이런 비는 통일신라 후기에 나타나는 형식화된 조형입니다. 머릿돌에 새긴 조각은 매우 사실적입니다. 전체적으로 탑비의 머리·몸·받침각 부분의 비례감이 훌륭한 비로 단아하면서도 안정된 느낌을 줍니다. 탑비는 원랑 선사가 돌아가신 후 진성여왕 4년(890)에 세워졌습니다.

경문왕 6년(866) 대통 스님은 회역사신回易使臣 진량陣良의 배를 타고 귀국하게 됩니다. 도중에 풍랑이 크게 일어나 선박이 뒤집힐 지경에 이르렀습니다. 그러자 승속이 익사할 불가피한 위기상황에도 오직 대통 스님만은 선정에 든 마음이 흩어지지 않은 채 위험을 전혀 개의치 않고 의연히 대처하였습니다.

광종 대사는 대통이 돌아왔다는 소식을 듣고 시자를 보내어 산으로 올 것을 요청하고 수승한 예로 영접하였으며 만남이 매우 길어졌습니다. 다음 해 봄 대통 스님이 산중 처소로부터 나오는데 때마침 자인 선사가 서신을 보내 월광사에 주석할 것을 청하였습니다.

이 절은 옛적에 신승神僧 도증道證이 창건하였고 태종이 일찍이 특별히 따로 봉하여 나라에 큰 변이 일어났을 때에 커다란 공로가 있는 이를 표창한 곳으로서, 신선의 기록으로 유명한 사찰입니다. 산사에는 청정한 샘과 차가운 물이 흐르는 계곡이 있고, 구름과 노을이 아련히 감돌아 아주 신령스런 기운을 품고 있었습니다. 대통 스님은 흔연히 요청에 응하고 이때부터 이곳에서 수행해 나갔는데, 현묘한 기틀을 명백하게 제시하였고 불법의 요지를 드러내 칭송하였습니다. 경문왕이 멀리서 선사의 덕을 듣고 관영觀榮 법사를 보내 재원을 증여하였으며, 조서를 내려 산문을 치하하면서 영원히 대통 스님이 월광사의 주지를 맡도록 명하였습니다. 다음 해에도 다시 군은君恩을 내리고 오랫동안 후한 은혜를 베풀었습니다. 선문은 이로 인하여 더욱 더 명예를 드날리게 되었습니다.

헌강왕 9년(883) 음력 5월, 대통 스님은 문인들에게 결별을 고하여 "생명은 한계가 있기 마련이다. 나라고 어찌 다함이 없겠는가? 그대들은 마땅히 게으름 없이 힘써 수행하라."라는 말을 남기고 10월 5일에 이르러 엄숙한 모습으로 앉아서 입적하니 세수 68세요, 승랍은 39하안거였습니다. 상하를 막론하고 온 국민이 스님을 위해 애도하였습니다. 문인 융환融奐 등이 그해 12월 사찰 북원北院에 관을 옮겨 장사 지냈다고 합니다.

진성여왕이 왕위를 잇고 그를 추모하여 시호를 내려 원랑 선사圓

朗禪師라 하고 탑명은 대보광大寶光이라 하였습니다. 아울러 조청랑朝請郎 금성군錦城郡 태수 김영金穎에게 탑명을 찬술하도록 하였습니다. 진성여왕 즉위 4년 9월 15일 문하승 진윤眞胤이 글자를 조각하여 비를 세웠습니다.

    삶만 추구하며 살고 있는 현대인들이 그 생각을 잠깐 멈추고 보았으면 합니다. 그렇게도 삶이 좋다면 어디에서나 산다는 세균이 된다면 어떻겠느냐고 말입니다. 우리의 삶 앞에 인간답게 살려 한다는 명제가 주어지는 것은 인간의 호기가 아닌지 모르겠습니다.

    세균은 도처에서 산다고 합니다. 도저히 생명체가 살 수 없을 것 같은 곳에서도 세균은 산다고 합니다. 에베레스트 산 정상에도 세균은 있고, 해저 깊은 곳에도 세균은 있습니다. 극지방의 빙관에도 세균은 있고 펄펄 끓는 열수공에도 세균은 삽니다. 세균은 지하 깊은 곳에 묻혀 있는 바위 속에서도 살며, 중금속과 유출된 석유도 빨아먹고, 미국의 유명한 환경오염 지역인 러브 운하에서도 수영을 할 수 있다고 합니다. 방사선을 잘 견디는 이름을 가진 데이노코쿠스 라디오듀란드란 세균은 사람을 죽일 수 있는 방사능보다 1,500배나 강한 방사선도 견뎌내며, 끈질긴 생존의 대가인 바퀴벌레가 견딜 수 있는 것의 15배가 넘는 화력도 견딜 수 있다고 『원더풀 사이언스』의 저자 나탈리 앤지어는 밝히고 있습니다. 세균이 없다면 우리가 매일 먹는 밥, 김치, 토마토 등도 없으며, 우리가 음식물을 섭취한 뒤에는 장내 세균의 도움을 받아야만 그 음식을 소화시킬 수 있습니다.

    지상에서 빠르다는 교통수단을 요즘 KTX라고 합니다. 이 빨리

가기를 갈망하는 시대에 느리고 느리기 짝이 없는 '올레길'이 전국적으로 번지고 있습니다. 디지털 시대에 분명 아날로그는 구닥다리가 되고 말았습니다. 그러나 자판을 이용해 글을 양산해 내는 시대에 먹을 갈아 붓으로 화선지 한 장 한 장을 접어 팔다리 허리가 아프게 글씨를 쓰기도 합니다. 필자도 학생들에게 과제물을 수기 작업하여 내라고 하면 처음에는 무척 황당해 하다가도 수기 작업 과정에 자신의 혼이 들어간다는 사실을 깨닫고는 만족스러워하는 모습을 봅니다.

요즘은 빠른 것, 눈에 보이는 성과물만을 보고 잘했다고 찬사를 보냅니다. 그러나 세상사는 가시적인 것만이 지고 지선의 것은 아닙니다. 변모해 가는 것에 대한 열정보다 느린 풍경을 동경하는 삶을 꿈꾼다면 시대착오적인 생각이라고 탓하겠지요. 그 느린 풍경 속에는 추억이 깃들어 있습니다. 거기에는 긴긴 세월이 깊이 뿌리내리고 있습니다. 또한 가공할 수 없는 정취가 풍깁니다. 거기에 고요가 숨쉬고 있습니다. 의연한 준령이 위 모두를 포섭하고 있으니 산은 인간의 내면세계를 살찌우는 종합비타민이요, 병든 영혼을 치유하는 수술실이 아닐는지…….

요즘 현대인, 특히 도시생활을 하는 사람들을 보면 문화생활이라는 말을 호흡하듯이 하고 있습니다. 문화는 투박한 것을 세련되게 하기도 하고 무분별한 시간을 잘게 나누어 유용하게 쓰기도 합니다. 작은 노력으로 최대의 이익을 추구하는 것 또한 문명에 눈 뜬 사람들의 큰 소득이 아닐까 합니다. 문명과 문화는 최대의 이익을 끌어내고자 몸살이 나기도 합니다. 경영자는 영업이익을, 소비자나 이용

자는 휴식을 취한 머리에서 예전 같지 않은 새로운 아이디어가 창출되기를 바라는 마음이 간절할 것입니다.

더 높이, 더 빨리, 더 멀리라는 올림픽 경기의 슬로건은 이제 운동 경기의 범주를 넘어서고 말았습니다. 우리의 문화생활에까지 침투하여 영감을 받고 있을 정도라고 합니다. 이렇게 속도에 초점을 맞추느라 길을 잃고 헤매는 영혼의 휴식처는 어디가 되어야 한단 말입니까?

지금도 문명과는 등지고 사는 밀림지대 정글의 원주민을 보십시오. 그들이 원하는 것은 하루 삶을 영위할 몇 알의 과일을 얻는 것뿐입니다. 그들이 두려워하는 것은 밀림을 불태워 초토화시키고 있는 이기적인 문명인의 소행입니다. 언젠가 그 문명인들은 내심으로 원주민의 꾸밈없는 삶을 무척 그리워하기도 할 것입니다. 왜냐하면 문화니 문명이니에 너무 오염되어 있다는 것을 어느 정도 알고 있을 것이기에 말입니다. 흙길은 시멘트길로 대체되고 이후로 우리의 사람내 나는 발자국은 무존재 속으로 가라앉아 버리고 말았습니다.

여러분은 모두 과거가 지닌 매력을 느끼신 적이 있을 것입니다. 과거는 우리 신체를 긴장시키지 못합니다. 왜냐하면 과거는 이제 더 이상 위험을 드러내지 못하기 때문입니다. 그래서 그처럼 멀게만 느껴지는 전생 이전의 시대는 지금에 와서는 존재했다는 사실조차 잘 믿기지 않습니다. 그 정도로 그 시대가 우리에게는 엉뚱하고도 맹목적이었던 시대로 보여집니다. 그렇건만 어찌된 일인지 현대인들은 과거를 다시 재현하고 싶어 합니다. 그래서 과거를 삶의 사이클 속으로 힘껏 끌어들이려고 합니다. 우리는 과거의 부재를 그만큼 두려워하고 있는 것입니다.

　요즘 필자는 행복에 취해 살고 있습니다. 뭐가 그리 행복하냐고 반문해 봅니다. 답은 "그냥 행복합니다."입니다. 젊은 시절에는 무질서가 무척 눈에 거슬렸습니다. 그런데 지금의 저에겐 무질서가 무질서로 보이지 않고 질서정연함으로 들어옵니다. 불균형 속 균형의 조화를 조금이나마 터득했기 때문이라고 봅니다. 가지런한 것이 질서 같지만 가지런한 것은 획일화된 것이고 도식화된 것이며, 문명의 공산품목을 입은 전시품에 지나지 않습니다. 잡동사니들이 중구난방이 되어 있어도 그대로가 좋은 것입니다. 가까이서 보면 중구난방이라도 거리를 두고 보면 한 점에 지나지 않는 것이 아니던가요.

　또 하나는 주변에 이해가 가지 않는 사람들이 왜 많은가에 항상 의구심이 많았습니다. 실로 성현이 출현했던 옛날에도 그런 유형의 사람들은 너무 많았습니다. 그 성현들도 해결하지 못한 문제들을 왜 내가 다 안고 해결하려고만 했는지 모를 일입니다. 아마 젊은이의 기상 같은 것이라거나 기백이 충만하여 그러지 않았을까 미루어 생각하곤 합니다. 지금에 와서 성인도 해결하지 못하고 미해결로 남겨둔 문제를 필자 또한 숙제로 남겨둔다 생각하니 한결 마음이 편해집니다. 이렇게 성숙되어 가고 또한 순화되는 것이 삶이 아닐까 생각합니다.

　건강도 그렇습니다. 유한한 존재들이 겪어야 할 통과의례라면 병들고 아프다는 것은 모두의 문제인데 왜 나만의 문제라고만 생각하느냐는 것입니다. 살아 있는 것들의 일과성이라고 생각하면 한결 마음이 가벼워지고 지끈거리던 머리도 이내 맑아지게 됩니다. 붉게 익어 가는 과일을 보고 아름다운 마무리를 생각하지 소멸을 생각하지는 않듯이 지금 여건에서 최선을 다하는 지혜는 자신을 편하게 하고 이웃도 편안하게 할 것입니다. 가장 큰 행복은 용서의 미덕이 아닐까 합니다. 용서받는 사람보다 용서하는 사람의 행복을 누리는 복된 날이 되십시오.

행적 선사

　　행적行寂 스님(832~916)은 속성이 최씨이며 본관은 하동입니다. 선조는 희주姬周 상부尙父의 후예였습니다. 또한 제齊나라 정공丁公의 먼 후손이기도 했습니다. 후에 외교사절로 현토군玄兎郡에 나왔다가 계림鷄林에 머물러 경만 하남京萬河南의 주민대장에 등록하게 되었습니다.

　　조부께서는 세상의 영화를 뒤로 하고 은둔생활을 하며 조용히 정신을 수양하였습니다. 아버지의 이름은 패상佩常으로 학업에 진수를 드러내더니 붓을 던지고 군에 입대하여 군대에서도 명성을 떨쳤습니다. 어머니는 설씨로서 꿈에 한 스님이 아들이 되기를 원하더니 드디어 회임하게 되었습니다. 흥덕왕 7년(832) 12월 30일 아들이 탄생하니 기골이 보통 사람보다 빼어나고 비범한 용모였습니다.

　　소년 시절에 도를 배우더니 뜻은 이미 진속塵俗을 버렸습니다. 아버지는 아들이 숙세에 심은 선근이 있음을 알고 출가를 허락하였습니다. 행적 스님은 삭발하고 치의緇衣를 걸치고 간절히 구법하기 위하여 꾸준히 정진하였으며 명산을 편력하며 참배하였습니다.

처음에 가야산 해인사에서 여러 종사들을 배알하고 경론을 연구 습독하였는데, 특히 화엄의 묘의에 정통하였습니다. 스님은 학문을 좋아하고 견문이 넓어 특별히 스승으로부터 찬양을 받기도 하였습니다. 문성왕 17년(855) 복천사福泉寺에 이르러 계단戒壇에서 구족계를 받았습니다. 그 후 석장錫杖과 물병만을 간단히 휴대하고 곧바로 사굴산 통효 대사 범일 국사에게 가서 예를 다하고 드디어 당堂에 올라 입실제자가 되었습니다. 이로부터 범일 국사의 법을 마음에 새겨 잊지 않은 채 10여 년이 지났습니다.

경문왕 10년(870) 행적 스님은 사신 김공金公 긴영緊榮의 도움으로 같은 배를 타고 바다를 건너 당나라에 당도하였습니다. 다시 천리를 멀다 않고 걸어서 수도 장안에 도착하여 칙명을 받아 보당사寶堂寺 공작자원孔雀子院에 머물렀습니다.

의종懿宗 황제의 탄신일에 칙명으로 초빙되어 궐내에 들어갔습니다. 황제가 "멀리 창해를 건너와 구하려는 것이 무엇인가?"라고 하였습니다. 행적 스님이 대답하길, "빈도는 중국의 풍속을 관찰하고 중국의 도를 배우기를 바랍니다. 금일 외람되이 넓고 큰 은혜를 입고 성대한 행사도 살펴보았습니다. 제가 구하는 바는 신령스런 유적을 두루 유람하면서 선인先人들의 가르침을 구하고 적수赤手의 보주寶珠를 찾아서 저의 고국에 돌아가 영광을 안기고, 나아가 우리나라의 인印으로 삼고자 함입니다."라고 하였습니다. 황제는 스님의 말을 매우 칭찬하고 후하게 재원을 하사하였습니다.

행적 스님은 이때 북으로 오대산을 편력하다가 화엄사로 가서 문수보살님의 감응을 구하였는데, 중대中臺에 이르니 대성大聖이 화현하여 남쪽으로 가라는 계시를 하였습니다. 행적 스님은 슬픔을 머금고 정례頂禮하고 계시를 따라 서남쪽을 향하여 갔습니다. 875년 성도부成都府에 이르러 정중사靜衆寺를 순례하고 무상無相 스님의 영당影堂에 예를 드렸습니다. 무상 스님은 이곳에 주석하시며 무억無憶·무념無念·막망莫忘이란 3구의 용심설用心說을 펼쳐 독보적인 인물이 되었습니다. 그리하여 현종玄宗 황제에게까지 대단히 높은 평가를 받았습니다. 무억이란 일체의 상을 떠나는 것이고, 무념은 일체의 망념을 여의는 것이며, 막망은 일체의 것을 올바르게 사유하는 것을 말합니다. 『역대법보기歷代法寶記』에서 무억은 계이고, 무념은 정이며, 막망은 혜입니다. 이 삼구가 곧 총지문摠持門이라고 밝히고 있습니다.

행적 스님은 무상 스님의 영정을 배알하고 스님이 남기신 훌륭한 업적을 듣고 감탄하였습니다. 오직 동향인이면서도 시대가 달라 무상 스님의 가르침을 경청하지 못하고 단지 발자취만을 쫓음을 한탄하기도 하였습니다.

지금의 호남성湖南省 장사현長沙縣 석상경제 스님 문하로 가 정성스럽게 예를 하고 경건한 마음으로 자신의 마음을 정성을 다해 표현하고 나서 방편의 문에 머물러 마니의 보배를 얻게 되었습니다. 이어 다시 남악 형산衡山으로 유람하다가 선지식을 참례하고 또다시 조계曹溪로 가서 혜능 조사의 보탑에 예를 하였습니다. 이와 같이 참배하고 순례하기를 이르지 않은 곳이 없었습니다.

헌강왕 11년(885), 행적 스님은 고국으로 돌아왔습니다. 사굴산의 통효 대사 범일 국사에게 가서 예를 다하고 그 후 다시 물병과 발우를 지니고 운수행각의 길에 나서서 어느 때는 석장을 오악五岳에 드날리고 잠시 천주天柱에 깃들기도 하고, 혹은 쪽배를 타고 삼하三河를 건너 수정水精에 머물기도 하였습니다. 천주란 하늘을 받치는 기둥이란 뜻으로 '세상을 이끌어 나가는 도의'를 이르는 말입니다.

진성왕 3년(889), 범일 국사가 병으로 누우니 행적 스님은 다시 옛산으로 돌아가 부지런히 정진하며 원적에 들 때까지 정성껏 시봉하였습니다. 범일 국사가 부촉하여 마음을 전한 제자는 행적 스님과 개청開淸 스님이었습니다. 인가를 받은 초기에는 삭주朔州의 건자암建子岩에서 겨우 띠집을 수리하고 산문을 열었는데 스님을 흠모하여 도를 구하려고 오는 행렬이 끊이지 않았다고 합니다. 애석하게도 당시는 신라 말기였으므로 난세를 만나 숨을 계책이 없어서 진성왕 8년(894) 왕성王城으로 옮겨가 머물게 되었습니다.

효공왕 4년(900)에 다시 성 밖 군으로 돌아왔습니다. 이때 효공왕은 선종禪宗을 공경하고 존중하였으므로 행적 스님은 독보적인 존재가 되었습니다. 특별히 승정僧正 법현法賢 스님 등을 파견하여 왕의 조서를 전해 불러서 왕이 머무는 곳에 거주하도록 하였습니다. 행적 스님은 도가 말세로 접어들어, 걱정 없이 참선을 하려면 외호하는 재원의 조달이 염려된다고 생각하고 효공왕 10년(906) 9월 초에 입경入京하였습니다. 9월 16일 왕은 스님을 인도하여 비전秘殿으로 올라가 선상禪床 위에 모시고 나서 자신의 흉금을 청정히 하고 제복을 정돈한 후 국사의 예로 대접하고 경건하게 숭상의 뜻을 전했습니다. 행적 스님은 엄숙하고 조용한 안색과 침착한 어조로 나라를 다스리고 일으키는 방법을 설했습니다.

당시 스님을 따라 비전에 오른 제자로는 행겸行謙·수안邃安·신종信宗·양규讓規·양경讓景 등 다섯 제자가 있었는데, 이듬해 늦여름 행적 스님은 김해 부명사府名寺로 가서 거주하였습니다. 신덕왕神德王이 즉위하자(912) 은총을 받아 다시 대궐로 나아갔습니다.

916년 봄, 스님은 대중을 인솔하여 수도에 이르러 이전의 칙명에 따라 남산 실제사實際寺에 주석하였습니다. 왕은 행적 스님을 초대하여 왕이 거주하는 곳으로 모셔 자비로운 용안을 거듭 배알하고 스님이 설한 무위無爲의 법을 경청하였습니다. 하직하고 돌아올 즈음에 여제자女弟子 명요明瑤 부인이 불법을 지극히 숭상하고 스님의 고명함을 우러러 석남산사石南山寺를 기증하여 영원히 주지가 되도록 배려해 주었습니다.

행적 스님은 이 절이 멀리 네 산악이 연이어져 있고, 높기는 남해를 압도하며, 계곡에는 맑은 물이 다투어 흐르고, 험준하게 이어진 크고 작은 준령은 참선하고 기거하기에 아주 적합하다고 여겼습니다. 그리하여 그해 7월 이곳으로 옮겨 왔습니다. 다음 해 봄 2월 초 행적 스님은 가부좌한 채 입적하였습니다.

행적 스님은 남악회양 문하의 4세 법손으로 구산선문의 하나인 사굴산파의 제1대로 인가를 받은 전수자입니다. 동시에 또한 청원행사계의 선법을 깊이 연구하며 석상경제石霜慶諸의 제자로서 그 제자가 5백여 명이나 되었습니다. 앞에서 언급한 제자를 비롯하여 주해周解 · 임간林侃 · 식조式照 · 혜희惠希 · 윤정允正 · 선현善現 · 원보元甫 · 동한洞閑 · 가정可定 · 본정本定 스님 등이 그들입니다. 스님의 법손이 얼마나 흥성했는가를 가히 짐작할 만합니다.

일본 교토에 있는 류코쿠(龍谷) 대학은 동국대학교와 자매결연을 맺고 있는 대학입니다. 필자는 이 대학에서 일주일간 '한국선사상'에 대한 강의를 하고 돌아왔습니다. 류코쿠 대학은 정토진종에서 건립한 학교입니다. 메이지(明治) 12년(1879) 오미야 캠퍼스(大宮學舍)를 건축하여 후진양성에 매진하였습니다. 필자는 2004년에도 이 건물에서 집중강의를 했던 경험이 있습니다. 그리고 또 다른 캠퍼스가 있습니다. 오늘날에는 메인 캠퍼스로 쓰고 있는 후카쿠사(深草) 캠퍼스가 있고 세타(瀨田) 캠퍼스가 넓다랗게 자리 잡고 있었습니다.

오미야 캠퍼스에서는 주로 문학부와 진종학부 학생들이 공부하고 있으며, 후카쿠사 캠퍼스에는 1, 2학년이 이용하는 문학부가 있으며 경제학부, 경영학부, 법학부, 대학원과 법과대학원 그리고 그 부속건물들이 조화를 이루며 캠퍼스를 장식하고 있었습니다. 세타 캠퍼스에서 돋보이는 건 단연 도서관이었습니다. 도서관 천장의 높이가 수십 미터에 달했습니다. 이 도서관에서는 어느 구석, 어느 층에 책을 놓아 두어도 학생들이 원하면 지체 없이 책을 공급한다고 합니다. 어찌 그럴 수가 있을까? 컴퓨터가 모든 책을 입력하고 있기 때문이라고 합니다. 그렇다면 인간은 이제 질서와 정돈이란 말을 망각하게 되는 것은 아닐지. 인간의 행동과 뇌리에는 질서와 정리정돈이란 말이 퇴화되고 마는 것은 아니겠느냐고 안내인에게 반문해 보았습니다.

 광활한 실외 체육관이 큼지막한 보석이라도 박힌 양 눈에 들어왔습니다. 실내 체육관도 그 크기가 부러울 정도였습니다. 주로 이공계 학생들이 공부하는 캠퍼스라고 합니다. 필자가 낮에 강의한 내용 가운데 『어린 왕자』에 대한 이야기가 있었는데, 그 강의 내용이 게시판에 달필로 씌어 있었습니다. '소중한 것은 눈에 보이지 않는단다……' 라는 구절이었습니다.

 이공계 학생들이 쉬 잊고 살지도 모르는 문학적 소양을 일깨우기 위한 목적인지 모를 일입니다. 일행들과 서로 얼굴을 마주보며 신기하다는 듯이 놀라워하며 미소를 지었습니다. 저 이공계 학생들이 연구하는 에너지도 두 눈으로는 볼 수 없습니다. 보이지 않는다고 소홀히 여긴다거나 없다고 단정할 일은 더욱 아닙니다. 불완전한 인간은 눈의 역할도 불완전할 수밖에 없습니다. 사물의 존재 여부를 불완전한 눈으로 확정짓는다는 것은 많은 모순을 낳을 수 있습니다.

 살다 보면 보이는 것도 중요하지만 보이지 않는 것은 더욱 더 소중하고 진귀하다는 사실을 잊고 사는 경우가 허다합니다. 진선미도 보이지 않습니다. 사랑도 보이지 않습니다. 진리도 보이지 않습니다. 형이상학의 세계는 범부가 접하기에는 무척 어렵고 난해합니다. 이 세상을 움직이는 원천은 에너지이지만 에너지는 우리 눈에 보이지 않습니다. 이 세상은 보이는 것의 힘보다 보이지 않는 것들의 힘이 훨씬 무게를 더하기도 합니다.

 말의 경우도 그렇습니다. 말의 힘보다 침묵의 힘이 훨씬 설득력을 얻고 호소력이 있는 것입니다. 그래서 수행자들은 침묵의 힘을 곧잘 빌리기도 합니다.

『벽암록』 제65칙에 외도문불外道問佛이란 화두가 있습니다. 부처님께서 외도의 질문에 대답 없이 양구불대良久不對하고 맙니다. 즉 한참 대답 없이 대꾸를 하지 않는 것입니다. 대답 없이 침묵이 흐른다는 것은 강한 메시지를 상대에게 전하는 것입니다. 이러한 행위는 대답을 못해 쩔쩔 매고 있는 상황은 전혀 아닙니다. 유언도 무언도 아닌 유무를 초월한 절대의 세계를 나타내는 행위입니다. 염불의식에도 양구가 있습니다. 집전하는 스님이 염불의 내용을 잊어서 침묵이 흐르는 것이 아닙니다. 의식을 통해 영가와의 교감을 갖는 것입니다. 양구는 세상살이에도 아주 필요한 듯합니다. 일상에 하나하나 대꾸하며 살자면 여간 피로한 일이 아닙니다. 그뿐만이 아니라 시비의 연속에 싸여 살아야 할 것입니다.

영조 선사

영조英照(870~947) 스님은 신라 말 고려 초의 스님입니다. 경문왕 10년에 태어났습니다. 호는 제운齊雲·진각眞覺이라고 합니다. 삭발 염의한 후에 바로 당나라에 들어가 법을 구하면서 부평초처럼 정처 없이 민월閩越을 유랑하다가 민閩 가운데 상골산象骨山 설봉선사雪峰禪寺에 올라가 의존義存 선사를 친견하였습니다. 민월은 민월閩粤이라고도 합니다. 지금의 복건성이며, 주周나라 때는 칠민七閩의 땅이었고, 뒤에 월인越人이 이곳에 살았으므로 이렇게 부릅니다.

영조 스님은 세상의 명예를 탐하거나 물욕이 없었으며 스스로 자제할 줄 아는 사람이었습니다. 여름이나 겨울에도 오로지 한 벌의 납의를 입고 부지런히 일하였으므로 민閩 지방의 승속이 영조 스님을 '조포납照布衲'이라고 불렀습니다. 후에 설봉의존 스님의 현묘한 뜻에 그윽이 계합하고 드디어 스승을 하직하고 다른 곳으로 가서 법석을 열었습니다.

처음에는 무주, 즉 지금의 절강성 금화현金華縣 제운산으로 가서 학인을 맞았으며 다음에는 월주越州, 즉 지금의 절강성 소흥현紹興縣의 경청원鏡淸院에 머물렀는데 참선하는 납자들이 환희심을 내어 따랐다고 합니다. 후에 호주湖州의 태수 전공錢公이 항주杭州의 서쪽에 보자사報慈寺를 창건하여 영조 스님을 주지로 초빙하였습니다. 이곳에서 불법을 열어 우매함을 깨우치니 참선하는 대중이 귀의하였습니다. 이어서 전왕錢王이 항주에 용화사龍華寺를 건립하고 금화金華 부대사傅大士의 육골과 도구와 사진을 모신 뒤에 영조 스님을 주지로 임명하였습니다.

영조 스님은 청원행사 문하의 6세 법손이 됩니다. 즉 청원 스님은 석두희천 스님에게 전하고, 석두 스님은 형주의 천황도오 스님에게 전했으며, 도오 스님은 예주의 용담숭신에게 전했습니다. 숭신 스님은 낭주의 덕산선감 스님에게 전하였으며, 선감 스님은 설봉의존 스님에게 전하였는데, 영조 스님은 바로 의존 스님의 법제자입니다. 그래서 영조 스님은 우리나라에 운문종과 법안종의 선법을 전한 유일한 스님이 됩니다.

『조당집』권7에 설봉 스님의 일화가 자세히 나옵니다. 영조 스님의 스승 설봉의존(828~908) 스님은 어느 때 상당하여 대중들이 오랫동안 서 있는데도 말이 없다가 할을 하면서 말했습니다.

"이렇게 받아들이는 것이 깨달음의 가장 좋은 요체이니, 내 입으로 중언부언하지 않게 하여라. 이는 3세의 부처님들도 말하지 못했으며 12분교에도 실려 있지 않은 것이니, 오늘날 고인의 말만 음미하고 있는 자들이 어찌 알까?

내가 평소에 여러분에게 이것이 무엇인지를 말하였으니, 앞으로 나와서 대답을 해 보아라. 나귀의 해가 되어야 알겠는가? 부득이하여 그대들에게 이렇게 말하는 것이지만 벌써 그대들을 속였느니라.

그대들에게 분명히 말하겠다. 문턱을 넘어서기 전에 벌써 그대들과 헤아렸나니, 알겠는가? 이것도 노파심에서 하는 말이다. 힘을 덜 수 있는 곳에서 받아들이려 하지 않고 그저 앞을 향해 발을 내디뎌 말을 찾으려 하는구나. 그대들에게 온 천지가 온통 해탈의 문이라 했거늘 도무지 들어가려 하지 않고, 그 자리에서 어지러이 설치다가 사람을 만나면 문득 '어느 것이 나인가?' 하고 묻는 것만 알아서야 되겠는가? 이는 다만 스스로 욕보이는 것이다. 그래서 '물 마른 강가에서 목말라 죽는 이가 수두룩하고 밥 바구니 속에서 굶어 죽은 이가 항하의 모래 같다' 했으니, 등한히 하지 말라.

대중들이여! 만약 진리로 깨닫지 못했다면 곧장 깨달아 들어야 하나니 세월을 헛되이 보내지 말고, 또 방가傍家에서 구한 허황된 설을 취하지 말아라. 깨닫는 것은 누구의 몫인가? 역시 정신을 바짝 차려야 한다. 보리달마가 와서 말하길 '나는 마음으로써 마음을 전하니 문자를 활용하지 않는다' 하였는데 어떤 것이 그대들의 마음인가? 어지러움을 다스려 그치게 하는 것만으로는 안 된다. 자기의 일이 밝지 못한데다, 이 많은 망상들은 또한 어디서 왔을꼬? 그 속에 범부·성인·남자·여자·스님·속인·높음·낮음·수승함·열등함의 분별이 대지 위에 어지러이 깔린 모래와도 같구나. 잠시도 생각을 돌이키지 못하고 생사의 길을 헤매다니, 영겁이 다하더라도 멈추지 않겠구나. 부끄러운 일이니 무척 노력해야 할 것이다."

『조당집』 권5에서는 덕산 스님의 일대기를 볼 수 있습니다.

설봉 스님의 스승은 덕산선감 스님입니다. 낭주郎州에서 살았으므로 낭주선감이라고 합니다. 성은 주周씨이고, 검남劍南 서천西天 사람입니다. 고려대장경에는 일남釰南으로 되어 있으나 검남의 오자인 듯합니다.

덕산 스님은 법상종에 있어서는 단연 독보적인 인물이었습니다. 주금강周金剛으로 잘 알려진 덕산 스님은 항상 이런 말을 했습니다.

"한 터럭이 큰 바다를 삼키되 바다의 성품은 줄지 않고, 작은 터럭을 바늘 끝에 던지면 바늘 끝은 까딱도 않는다. 그러나 배울 것과 배우지 않을 것은 오직 자신만이 알 뿐이다."

마침내 천하에 행각行脚 길을 떠나 제방의 종사들을 찾았으나 이르는 곳마다 제접하는 방법이 모두 변변치 못했습니다. 나중에 용담 스님이 석두희천(700~790) 스님의 제자임을 알고 옷깃을 여미고 찾아갔습니다. 처음 뵈니 단칸방에 시자도 없이 혼자 지내기에 며칠 동안 시봉을 하였습니다.

어느 날 밤, 참문한 끝에 용담 스님이 말했습니다.

"어째서 돌아가지 않는가?"

덕산 스님이 말했습니다.

"어둡습니다."

용담이 촛불을 켜서 덕산 스님에게 주자 덕산이 받으려는데, 용담 스님이 불어 확 꺼 버렸습니다.

이에 덕산 스님이 절을 하니, 용담 스님이 물었습니다.

"무슨 도리를 보았는가?"

"지금부터는 절대로 천하 노스님들의 말씀을 의심하지 않겠습니다."

그리고는 이어서 다음과 같이 물었습니다.

"용담의 소문을 들은 지 오래인데 막상 와서 보니, 못도 보이지 않고 용도 보이지 않을 때에는 어찌합니까?"

용담 스님이 대답했습니다.

"그대가 몸소 용담에 왔느니라."

덕산 스님은 이 같은 순수한 말씀을 듣자 기쁨에 넘쳐 찬탄하였습니다.

"설사 온갖 현묘한 변재를 다한다 하여도 한 터럭으로 허공을 재는 것 같고, 세상의 중요한 기틀을 다한다 하여도 한 방울을 큰 골짜기에 던진 것 같도다."

이리하여 천하의 납자들이 모여들어 여름 겨울 없이 항상 5백 명이 넘었습니다.

설봉 스님이 수행할 때에 반달을 가리키며 부상좌傅上座에게 물었습니다.

"저 한 조각은 어느 곳으로 갔는가?"

부상좌가 대답했습니다.

"스님은 망상을 피지 마십시오."

설봉 스님은 다시 말했습니다.

"한 조각은 잃었다."

『전등록』제18권에 다음과 같은 내용이 있습니다.

한번은 무주 제운사에 있을 때의 일입니다. 영조 스님이 상당하여 법을 설하는 중에 오랫동안 침묵을 하다가 홀연히 손을 펴서 대중을 보면서 말했습니다.

"조금만 구걸하게나. 조금만 구걸하게나."

또 말했습니다.

"한 사람이 거짓을 전하면 만 사람은 실實을 전한다."

어떤 스님이 물었습니다.

"풀을 베는 목동들도 노래하고 춤을 추는데 지금도 여전히 있습니까? 없습니까?"

영조 스님은 자리에서 내려가 춤을 추면서 말했습니다.

"사미여! 알겠는가."

"모릅니다."

"산승의 더더꿍이 춤도 모르는가."

"영산회상靈山會上에서는 법과 법을 염화미소로써 전했는데 제운 스님께서는 무엇으로 부촉을 하시겠습니까?"

"그대 한 사람 때문에 제운산을 황폐시킬 수는 없다."

"그것이 친히 전하는 것이 아니겠습니까?"

"대중을 너무 웃기지 말라."

"환단還丹 한 알이 쇠를 변화시켜 금을 이루고, 지극한 말 한마디가 범부에게 점을 찍어 성인을 이룬다 하는데 스님께서 점을 찍어 주십시오."

앞에서 환단이란 말이 나왔는데 도가의 연단煉丹하는 기술로 구전단九楠丹을 정련精煉하면 환단으로 변하고 이것을 복용하면 낮에 승천昇天한다고 합니다.

"제운이 금을 변화시켜 쇠를 이룬 것을 아는가?"

"금을 변화시켜 쇠를 이루었다는 말은 미처 들은 바가 없습니다. 지극한 이치의 한 말씀을 드리워 주십시오."

"말 구절 밑에서 알아채지 못하면 후회하여도 미치지 못한다."

영조 스님이 월주越州의 경청원鏡淸院으로 옮기니 바다 같은 무리가 기꺼이 뒤를 따랐습니다.

어느 날 대중에게 말했습니다.

"바른 법령을 다시 행할 것이다."

한 스님이 말했습니다.

"스님께서 바른 법행을 다시 행해 주십시오."

스님은 대답했습니다.

"훔 훔(吽吽)."

영조 스님이 대중에게 말했습니다.

"제방에서는 비로자나법신毘盧遮那法身을 최고의 준칙으로 삼거니와 여기의 경청은 그렇지 않나니, 비로자나도 스승이 있고 법신도 주인이 있음을 알아야 한다."
"어떤 것이 비로의 스승이며 법신의 주인입니까?"
"두 공公이 어찌 감히 의론하리오."

"옛 사람이 말하기를 '빛을 보면 곧 마음을 본다' 하였는데 이것은 빛이거니와 어떤 것이 마음입니까?"
"그렇게 물으면 나를 속이는 것이 아닌가."
"쪼개기 이전의 일을 스님께서 결단해 주십시오."

"금 부스러기가 귀중하지만 눈에 넣을 수 없을 때엔 어찌 합니까?"
"넣을 수 없는 것을 넣을 수 있겠는가."

객승이 절을 하니 영조 스님이 말했습니다.
"심사신深沙神, 신장의 이름이구나."
"보리수 밑에서 중생을 제도했다는데 어떤 것이 보리수입니까?"
"흡사 고련수苦練樹 같으니라."
"어째서 고련수 같습니까?"
"본래 준마가 아닌데 어찌 수고로이 채찍을 들겠는가."

영조 스님은 진晉의 천복天福 12년 정미丁未 윤 7월 26일에 임종하니 세수는 78세였습니다.

지난가을에 미당 서정주 선생의 고창 생가 주변에 관광명소로 자리 잡은 넓다란 국화밭을 구경할 기회가 있었습니다. 미당은 젊은 날의 시 〈자화상〉에서 "나를 키운 건 8할이 바람"이라고 기술하였습니다. 참 이해하기 난해하여 몇 번이고 음미해 보았던 소년시절이 주마등마냥 '휙-' 하고 지나갔습니다.

한 살이를 마치고 가는 식물과 같이 사람들도 한 삶을 마감하고 나면 사대四大로 흩어지는 것이 아니던가. 지·수·화·풍 말입니다. 나는 흙이 되고, 물이 되고, 불이 되고, 바람으로 되는 것이 아닐까. 우리는 한때 말하는 흙이고 말하는 물이고 말하는 불이고 말하는 바람이라고 한들 탓할 자가 누가 있겠습니까.

빵을 먹는 것은 '하늘'을 기억하는 행위라고 휠덜린은 일찍이 지적한 적이 있습니다. 한 조각의 빵이 있기 위해서는, 한 낟알의 곡물이 있기 위해서는 햇빛과 비와 바람과 흙이 있어야 했습니다.

난지도를 지나면서 인간의 무분별한 행동을 곱씹어 봅니다. 의식 없이 마구 버린 쓰레기가 쌓이고 쌓여 저렇게 큼지막한 산을 만들어 놓고 말았습니다. 저 땅 밑바닥의 흙은 숨쉬기가 얼마나 힘이 들까. 아마 질식할 뿐일 테지요. 무슨 대책이 없으니 말입니다. 이 땅에 대책 없이 무차별하게 사용되는 살충제나 제초제가 본래 화학무기로 개발되었다는 사실이 우리의 숨을 멈추게 합니다.

"마음이 청정하면 국토가 청정하다."는 유마의 가르침대로 시대의 큰 과제인 환경운동에 모든 불자님들이 앞장서야 한다고 생각합니다. 캠페인은 깨어 있는 한 사람의 실천의지에서부터 교화될 수 있는 일입니다. 밤이면 반딧불이가 유람을 하던 저녁 풍경이 있었고, 젊어서도 할미꽃 늙어서도 할미꽃이라고 노래 부르며 산천을 누비던 지난날의 추억을 현실로 탈바꿈해야 우리의 수명도 연장될 수 있을 것입니다. 약은 또 다른 질병을 불러옵니다.

혜청 선사

혜청 스님은 신라에서 태어났으며 출생 연대와 출신 가문에 대해서는 알 수 없습니다. 그리고 언제 당에 들어가 법을 구했는지 등도 모두 미상입니다. 28세에 원주 앙산衰州仰山으로 가서 남탑광통南塔光通 선사에게 사사하였습니다.

스승이 하루는 법상에 올라 말씀하시되, "그대들 모든 사람이 대장부라면 어머니 뱃속에서 나오자마자 사자후를 했으리라. 안 그런가?" 하였습니다. 혜청 스님은 그 말씀에 신심身心이 휴식을 얻는 것처럼 편안해져서 5년을 머물며 수행하다가 마침내 그의 인가를 받았습니다.

후에 영주郢州(지금의 호북성 종상현鐘祥縣) 파초산芭蕉山에서 제자를 접하고 법을 열었습니다. 혜청 스님은 남악회양 문하의 6세 법손이며 위앙선을 종지로 삼았습니다. 혜청 스님이 법당에 올라 주장자를 들고 대중을 향해 보이면서 말했습니다. "그대들에게 주장자가 있는 것은 내가 그대들에게 주장자를 준 것이고, 그대들에게 주장자가 없는 것은 내가 그대들의 주장자를 빼앗았기 때문이니라."라고 한 뒤 주장자를 짚고 법상에서 내려왔습니다.

어느 스님이 물었습니다.

"어떤 것이 파초의 물입니까?"

혜청 선사가 대답했습니다.

"겨울에는 따뜻하고 여름엔 서늘하다."

다시 묻기를,

"어떤 것이 취모검吹毛劍입니까?"

혜청 선사가 답했습니다.

"앞으로 세 걸음을 나아가는 것이다."

또 묻기를,

"사용하는 자는 어떻습니까?"

선사가 대답했습니다.

"뒤로 세 걸음 물러난다."

묻되,

"어떤 것이 자기입니까?"

선사가 대답했습니다.

"남쪽을 바라보면서 북두칠성을 보려는 것이다."

묻되,

"빛과 경계를 함께 잊는다면 다시 이것은 무슨 물건이 되겠습니까?"

혜청 선사가 말했습니다.

"안다."

묻되,

"무엇을 압니까?"

혜청 스님이 말했습니다.

"건주建州의 아홉째 서방님이다."

어느 날 혜청 선사가 법상에 올라 말했습니다.

"어떤 사람이 길을 가는데 갑자기 앞길에 만 길이나 되는 깊은 구덩이가 있고, 뒤로는 들불이 들이닥치며 양옆으로는 가시덤불이다. 만약 앞으로 간다면 구덩이에 떨어질 것이고 후퇴하면 들불이 몸을 태울 것이며 옆으로 돌아가려면 가시덤불에 찔리는 장애를 만날 것이다. 이러한 때를 당하여 어떻게 해야 몸이 빠져 나오고 화를 면할 수 있겠는가? 만약 면할 수 있다면 마땅히 몸이 빠져 나올 만한 길이 있는 것이며, 만약 화를 면하지 못한다면 떨어져 죽을 것이다."

묻되,

"어떤 것이 제바종提婆宗입니까?"

혜청 선사가 말했습니다.

"적번赤幡(붉은 깃발)이 왼쪽에 있다."

제바종은 용수종龍樹宗이라고도 하고 삼론종이라고도 합니다. 용수(Nāgārjuna, B.C.E. 2~3세기)는 불멸 후 인도의 대승불교를 크게 드날린 스님입니다. 출신 지역이 남인도 혹은 서인도라고 합니다. 어려서부터 총명하여 일찍이 4베다·천문·지리 등 모든 학문에 능

통하였습니다. 처음에 인생의 향락은 정욕을 만족하는 데 있다 하고, 두 벗과 함께 주색에 빠져 왕궁에 출입하면서 궁녀들과 내통하다 전말이 탄로가 나 두 사람은 처형되었고, 용수는 위험을 간신히 면하게 되었습니다. 욕락은 괴로움의 근본이 되는 것을 깨닫고 절에 가서 소승 3장藏을 배우다가 만족하지 못하여 설산 지방으로 갔습니다. 장로 비구를 만나 대승경전을 공부하고, 여러 곳으로 다니면서 대승경전을 구하여 깊은 뜻을 통달하였습니다. 용수 스님은 용궁에 들어가 『화엄경』을 가져왔고, 남천축의 철탑鐵塔을 열고 『금강정경』을 구했다고 합니다.

마명馬鳴 뒤에 출세하여 대승법문을 크게 선양하였습니다. 그래서 후세에 용수를 제2의 석가, 8종의 조사라고 일컫고 있습니다. 저서로는 『대지도론』 100권, 『십주비바사론』 17권, 『중론』 4권, 『십이문론』 1권 등이 있습니다.

묻되,

"이두삼수二頭三首를 묻는 것이 아니니 청컨대 혜청 스님께서 본래면목을 바로 가르쳐 주십시오."

그러자 스님은 묵연히 정좌正坐하고 있었습니다.

여기서 이두란 제2의 두라는 뜻입니다. 제일의第一義가 으뜸인데 그보다 먼 경지를 말합니다. 혹은 기용機用이라고도 합니다. 기용은 대오철저大悟徹底한 선종의 종자가 이론을 뛰어넘은 기략機略으로써, 교화를 받은 사람을 선의 깊은 경지에 도입導入하게 하는 기능을 말합니다.

『전등록』 제12권에 나오는 내용입니다.

묻되,
"도둑이 오면 때려야 하고 손님이 오면 맞이해야 하는데 갑자기 손님과 도둑이 함께 왔을 때는 어떻게 합니까?"
혜청 선사는 대답했습니다.
"집안에 떨어진 짚신 한 켤레가 있다."
묻되,
"그렇게 떨어진 짚신이라면 어찌 쓸모가 있겠습니까?"
혜청 선사가 대답했습니다.
"만약 그대가 가려 한다면 앞에는 흉하고 뒤로는 불길하다."
묻되,
"북두北斗가 몸을 감춘다면 그 의미가 무엇입니까?"
혜청 선사가 답했습니다.
"구구 팔십일이다." 하고 "알겠는가?" 하였습니다.
"모릅니다."라고 대답하니, 혜청 선사가 말했습니다.
"일, 이, 삼, 사, 오."
묻되,
"고불古佛이 출현하지 아니했을 때는 어떠했습니까?"
혜청 선사가 대답했습니다.
"천년 된 가지(茄)의 뿌리이다."
묻되,
"고불이 출현하고 나서는 어떻습니까?"

혜청 선사가 대답했습니다.

"금강역사가 노하여 눈이 튀어 나왔다."

비단 혜청 선사의 문답에서만 느끼는 바는 아닙니다. 다수의 선사들 가르침에서 나타나는 현상은 범속을 초월한다는 데 있습니다. 일반인의 상식 차원에서는 허용되지 않는 멘탈리티(mentality)가 무시무종으로 정신세계를 자유로이 넘나들고 있습니다.

좌중에서 누군가가 '수탉이 알을 낳는다네'라고 하면 다수의 사람들은 부질없는 소리라고 고개를 돌리고 말 것입니다. 인간이 자연의 법칙을 이해한다는 것도 여간 어려운 일이 아닙니다. 이해는 경험에 기초를 두고 있기 때문입니다. 인간은 자연 속에 살며 자연의 혜택을 한껏 누릴 뿐 자연 속에 들어가 이해하려고 하지 않습니다. 자연을 이해하려는 시도를 하는 이웃을 보고 부질없는 짓을 한다고 핀잔이나 늘어놓기 일쑤입니다. 나의 경험의 한도를 아무리 확대해 본들 자연을 이해하기에는 가당치 않은 어릿광대의 서투른 몸짓에 불과합니다.

자연계에는 실제로 수탉이 알을 낳는 경우가 있습니다. 예전에 유럽에서는 수탉이 알을 낳으면 자연법칙을 어겼다고 해서 닭을 화형火刑에 처했다고 합니다. 그런데 중국에서는 수탉이 알을 낳으면 천자天子가 자기가 덕이 없어서 그렇다며 나가서 제단을 만들어 놓고 목욕재계하고 용서해 달라고 하늘에 빌었습니다.

이 동서양의 판이하게 다른 모습에서 명확하게 대별되는 양상이 있습니다. 서양인들은 자연법칙을 어겼다고 닭을 화형에 처했다는 것입니다. 그들의 사유체계로는 자연법칙보다 앞서는 전지전능하다는 유일신의 권위에 도전했다고 이해했던 것입니다. 세상에 그 무엇도 유일신 앞에서는 그의 의지에 순종해야만 하는 종이라 이해하고 있었기 때문입니다. 반면에 동양에서는 우선 인간의 의지보다 하늘의 순리에 따르고 그렇지 못하면 자숙하고 근신하는 모습이 역력하였습니다. 절대권력을 지닌 천자까지도 항상 자연에 순응할 줄 아는 겸손을 지녔던 것입니다.

비록 불교인이 아니라 하더라도 한국인은 공양이라는 말을 알고 있습니다. 우리 고전소설『심청전』에서 효녀 심청이는 공양미供養米 3백 석에 팔려 아버지의 불편한 눈을 밝게 해 드리고 싶다는 자기희생 정신이 있었습니다. 자기희생이야말로 참된 공양이라 하겠습니다. 공양은 yajana라고 합니다. 공양은 존경하는 것이고 자기희생을 의미합니다. 또한 upa-stha라고도 합니다. 이 말은 공경하고 희생하기 위해서 상대편 가까이 서 있는 것입니다.

불교에서 공양이라 하면 불·법·승 3보나 망자의 영혼 등에 신·구·의의 세 가지 방법에 따라 공물을 바치는 것을 말합니다. 초기 교단에서는 사사공양四事供養이라 하여 의복·음식·침구·탕약이 주가 되었습니다. 나중에는 탑묘·불상·교법·수행자 또는 승단에 방이나 토지 등까지 보시하게 되고 승단 경제의 구축이 되었습니다. 공경공양恭敬供養·찬탄공양讚歎供養·예배공양禮拜供養에 나타나는 정신적인 숭경崇敬 태도도 말하게 되었습니다.

『법화경』의 10종 공양과 밀교의 5공양, 『십지경』의 3종 공양과 『대일경의석』의 4종 공양 등이 있습니다. 『법화경』의 10종 공양은

꽃(花)·향香·영락瓔珞(구슬과 옥으로 장식)·말향末香(침향을 분말로 한 것)·도향塗香(손이나 몸에 칠하는 분말의 향)·천증개天繒蓋(불상을 덮는 일산, 법상 위에 달아놓는 대산大傘)·당번幢幡·의복衣服·기악伎樂·공후箜篌(서양의 하프와 비슷한 악기, 23현으로 되어 있으며 원래 인도 서역에서 사용된 악기이다. 일본에서는 백제로부터 전해 받아서 백제금琴이라 부름)이며, 밀교의 5공양은 도향塗香·꽃(花)·소향燒香·음식·등명燈明을 말합니다.

불교의 공양은 지구를 하나의 유기체, 생명체로 보는 가이아(Gaia) 이론과 흡사한 것입니다. 우리가 의탁하여 살고 있는 지구는 수십억 년 동안 태양 복사열이 40퍼센트나 증가했다고 합니다. 그럼에도 불구하고 지구 표면 온도는 항상 일정 수준을 유지해 왔습니다. 지구는 결국 자기를 조절하는 능력, 즉 마음을 가지고 있다는 것입니다. 그래서 하나의 생명체와 같다고 보는 것입니다. 우리가 무심코 밟고 다니는 흙덩어리도 마음을 가진 생명체라는 생각은 불교의 자연에 대한 위대한 선언임에 분명합니다.

이합집산離合集散은 헤어졌다가 모였다가 하는 일을 말합니다. 이와 유사한 말이 취산이합聚散離合이나 취산봉별聚散逢別입니다. 어느 이해집단에서나 이해득실에 따라 모였다가 헤어졌다가 하는 듯하지만 가이아 이론에서 보듯이 산하대지 두두물물이 하나의 생명체로서 상호작용을 하고 이타행을 하며 건강한 자연을 유지하려고 노력하는 모습을 알 수 있습니다. 인간 세상의 이합집산의 모습과는 상이한 점이 많습니다. 인간 세상에서는 이해타산에 따라 민감하게 모였다 헤어졌다 하기가 허다한 일입니다. 하지만 자연은 서로 양보하고 상대를 배려하는 면모가 확연히 드러나고 있습니다.

숭악崇嶽에 숨어 사는 파조타破竈墮 스님이 있었습니다. 산 중턱에 매우 영검하다는 제당 하나가 있었는데 그 안에는 조왕신 하나만을 모셔 놓고 사방 사람들이 끊임없이 제사하여 산목숨을 많이 죽였습니다.

파조타 스님이 하루는 신봉하는 시자를 데리고 제당에 들어가서 주장자로 조왕신의 머리를 세 번 때리고 말했습니다.

"애닯다, 조왕신이여. 진흙덩이가 합쳐서 이루어졌거늘 거룩함은 어디서 왔으며 영검함은 어디서 왔기에 이렇듯이 산목숨을 삶아 죽이는가."

그리고 다시 세 번을 치니 조왕신은 넘어지면서 깨졌습니다. 조금 있다가 어떤 사람이 푸른 옷과 높은 관을 쓰고 홀연히 나타나 스님에게 절을 하니, 스님이 물었습니다.

"당신은 누구인가?"

그가 대답했습니다.

"저는 본래 이 제당의 조왕신이었는데 오랫동안 업보를 받다가 오늘에야 화상께서 무생법문無生法門을 일러주시는 것을 듣고 여기를 벗어나서 천상에 태어나게 되었습니다. 그러므로 일부러 사례하러 왔습니다."

스님은 말했습니다.

"이는 그대가 본래 가지고 있는 성품을 지적했을 뿐이요, 내가 억지로 말한 것은 아니다."

그는 다시 절하고 이내 사라졌습니다.

조금 있다가 시자가 물었습니다.

"저희들은 오랫동안 스님 곁에서 모시고 있었지만 아직도 스님께서 애써서 저희들에게 일러 주시는 말씀을 듣지 못하였는데 조왕신은 어떤 지름길을 얻었기에 하늘에 태어났습니까?"

스님은 담담히 말했습니다.

"나는 다만 그에게 말하기를 '진흙덩이가 합친 것이다' 했을 뿐 별다른 도리를 말한 일이 없다. 알겠는가?"

"모르겠습니다."

"본래 가지고 있는 성품인데 어찌하여 알지 못하는가."

안 선사

안安 스님은 호가 명조明照 선사이고 신라에서 태어났으며 출생 연대는 미상입니다. 신라에서 출가한 후 대략 진성여왕 즉위(887) 전후에 당나라에 들어가 법을 구하고 무주無州(강서 임천현臨川縣)의 소산疎山으로 가서 광인匡仁 선사에게 사사하였습니다. 인가를 받은 후에 홍주洪州(강서 남창현南昌縣) 백장산에서 법을 폈습니다. 안 선사가 주석하던 절은 백장회해 선사가 전에 주석했던 곳으로, 백장 스님이 입적하니 문인門人들이 그의 형상을 절벽에 그리고 찬탄하는 글을 지었습니다.

눈에 보이는 저 달의 찬란한 빛 누가 와서 그렸는가?
비췻빛 푸른 연못에 해와 달이 잠겨 있네.
첩첩이 둘러싸인 수미산을 빙빙 돌고 돌아

한 손가락으로 가리킨 달 호망豪芒도 하여라.

안 선사는 이 절에 당도하여 시를 보고 다음과 같이 평했습니다.

먼 곳의 작은 먼지를 지적하지 못하듯
대비심이라 한들 어찌 내 뜻을 깨우칠까
높고 큰 공덕을 두고 제멋대로 시비만 일삼는구나.

안 선사는 청원행사 스님 문하의 6세 법손입니다. 즉 청원 스님은 석두희천 스님에게 전하였으며, 석두 스님은 약산유엄 스님에게 전했으며, 유엄 스님은 운암담성 스님에게 전했고, 담성 스님은 동산양개 스님에게 전했고, 양개 스님은 소산광인疏山匡仁 스님에게 전했으며, 광인 스님의 제자가 바로 안 선사입니다.
『전등록』 제17권에 소산광인 선사에 관한 이야기가 나옵니다.
광인 선사는 작은 키에 언변이 능하여 대중 가운데 단연 독보적이었습니다. 이때 동산양개 스님 문하에서 출중한 인격으로써 현묘한 진리를 전법하는 무리들은 모두 광인 선사를 표준으로 삼았습니다. 제방에서 삼매를 닦는 이들은 앉은뱅이 사숙師叔에게 물어야 한다고 하였습니다. 앉은뱅이 사숙은 광인 선사를 지칭하는데, 아마 다리가 불편했던 듯합니다.
동짓날 밤에 어떤 스님이 와서 물었습니다.
"어떤 것이 겨울이 오는 소식입니까?"
광인 선사가 대답했습니다.

"서울에 대황大黃(약초의 종류)이 나는 것이니라."
묻되,
"선사께서 세상을 뜨신 뒤엔 어디로 가시겠습니까?"
선사는 말했습니다.
"잔등 밑에는 풀밭이요, 네 다리는 하늘을 가리키느니라."

광인 선사는 『사대송四大頌』과 『약화엄장자론略華嚴長者論』을 저술하였는데 세상에 널리 유포되었습니다.
『전등록』 제20권에 광인 선사의 문도 20인 가운데 안 선사가 나옵니다. 안 선사는 사실 조동종의 현묘한 심인을 계승하였습니다.
안 선사가 백장산에서 전법할 때 어느 스님이 물었습니다.
"한번 원광圓光을 감추면 어떤 것이 본체입니까?"
안 선사가 대답했습니다.
"그대가 먼 길을 오느라고 수고가 많았구나."
또 묻되,
"혹시 온통 원광을 감춘 것입니까?"
안 선사가 말했습니다.
"다시 차나 한 잔 들게나."

다른 문제를 제기하여 묻되,
"어떤 것이 스님의 가풍입니까?"
안 선사가 답했습니다.
"손수건의 천이 1.5촌이다."

또 묻되,

"만법은 하나로 돌아가는데, 하나는 어느 곳으로 돌아갑니까?"

안 선사가 답했습니다.

"하나도 묻지 않는 것이 없다."

다시 묻되,

"무엇이 최고의 법칙인 일입니까?"

안 선사가 답했습니다.

"왕이 빈 전각 안에서 구오九五(천자의 지위)에 오르는 것이며, 시골 노인이 사는 문 앞에는 사람을 세워 놓지 않는 것이다."

마지막으로 묻되,

"인연 따라 알게 될 때는 어떻습니까?"

안 선사가 답했습니다.

"알지 못했을 때는 어떻게 살았는가?"

안 선사의 오묘한 가풍과 미묘한 뜻이 다 이와 같았습니다.

안 선사와 함께 소산광인 스님을 스승으로 모시고 백장산에서 같이 법을 전파한 신라 스님이 또 한 분 있었습니다. 바로 초超 선사입니다. 초 선사의 기연 어구가 몇 구절 있습니다.

어느 스님이 일찍이 조사의 뜻과 교의教意의 같고 다른 점을 물었습니다.

초 선사가 대답했습니다.

"금계金鷄(천상에 산다는 닭)와 옥토玉兎(달 속에 있다는 토끼로서 달을 가리킨다)가 수미산을 따라 돈다."

또 묻되,

"해가 서산으로 지면 산림 속의 상황은 어떻습니까?"

초 선사가 말했습니다.

"동굴이 깊으니 구름 피어남에 더디고, 계곡이 구불구불하니 물길의 흐름이 느리다."

그 스님이 작별을 고하고 떠나면서 묻되,

"오늘 하산하여 누가 초 선사께서 무슨 법을 설하셨느냐고 물으면 어떻게 대답해야 적당하겠습니까?"

초 선사가 대답했습니다.

"다만 그를 향해 말하길, '대웅산大雄山 호랑이가 사자새끼를 낳았다' 고 하여라."

선에서는 만일 기연이 없었다면 무미건조한 일상의 얘기에도 도달하지 못하는 언어의 유희 같은 말이 오고 갈 뿐입니다. 역대 조사의 가르침이 한낱 부질없는 유치함의 극치에 달하고 말 것입니다. 그러나 기연은 인류의 정신세계를 계도해 가는 묘약이 아닐 수 없습니다.

기연機緣이란 시기인연時機因緣의 줄인 말입니다.

범어의 Kāla-āśaya라는 말이 기연에 해당합니다. Kāla는 '순간', '시간' 이라는 뜻입니다. āśaya는 '쉬다', '멈추다' 라는 뜻이고 '마음의 정리' 라는 뜻도 있습니다. 종합해 보면 '어느 한 순간에 당면 문제가 마음에 정리가 된다' 는 뜻이고, 다른 의미로는 '한 순간에 쉬게 된다'는 말이 됩니다.

　세존께서도 별을 보는 한 순간에 모든 사유작용을 멈추고 정신세계의 새 지평을 열었습니다. 그리고 미진수에 이르는 조사들의 경우도 한결 같았습니다. 어느 시점에 타파하고자 했던 온갖 공안이 일순간에 녹아내린 것입니다. 그러고 보면 쉰다든가 멈춘다는 말이 대열에서 처지는 것만은 아님을 잘 알 수 있습니다. 쉬고, 멈추는 행위는 국면을 전환하는 저력을 가지고 있기도 합니다. 뿐만 아니라 기존의 틀에서 탈피하여 신세계를 펼치는 활력이 되기도 합니다.

　중생들의 인간사도 마찬가지입니다. 상대편이 항상 앞서가다 보면 주변에서 '잘 나가는 사람'이라고 지칭합니다. 그러나 어느 시기에 보면 그는 좌절과 시련의 고배를 겪는 경우도 있습니다. 항상 뒤처지고 청중석에서 박수나 치고 있던 관객이 언젠가는 역으로 찬사를 한몸에 받는 경우도 있습니다. 양쪽 모두 기연의 상반된 사례가 될 것입니다. 목적지에 당도하기 전에 속단하는 것은 금물입니다. 인생은 단막극이 아닙니다. 인생은 단편소설이 아닙니다. 배역이나 등장인물이 무수히 출현하는 장편소설 속의 한 장면을 연출하고 있다고 생각해 보십시오. 참 편안해질 것입니다.

　인류의 큰 스승 부처님께서도 기연의 과정이 없었다면 성자로 탈바꿈하기는 어려웠을 것입니다. 역대 조사님들의 경우도 매 한가지입니다. 범부 중생의 크고 작은 일들이 실마리도 쉬고 쉬며 멈추는 슬기에서 답이 쉽게 나옵니다. 쉰다는 것은 모든 문제를 치료할 수 있는 묘약이 되기도 합니다. 쉼표가 없는 악보를 상상해 보십시오.

　베토벤은 곡을 써 가다가 어느 곳에 이르러 "Must it be!(꼭 그래야 되는가!)"라고 악보에 적었습니다. 웅장한 그의 곡에서, 아니면 감미로운 선율에서 그는 뭔가 마음에 걸리는 바가 있기에 '꼭 그래야 되는가!' 라고 자신에게 반문했을 것입니다. 멈춤이 없는 말이나 문장을 생각해 보면 참 아찔해집니다. 말의 경우 의미 전달이 되기는 커녕 소음에 지나지 않을 것이고, 문장 또한 한갓 단어의 나열에 불과할 것입니다. 쉰다는 것은 창조를 의미합니다.

독자분들 가운데는 흙장난을 하며 자라신 분도 있을 것입니다. 그러다 보면 겨울에 손이 터서 엉망이 됩니다. 설맞이를 하게 되면 부랴부랴 물을 데워 손을 불리고 손때를 벗겨내던 날이 생각나실 것입니다. 명절맞이의 고역이라 할 만한 통과의례이기도 했습니다. 흙장난을 해서 까맣게 거북등이 된 조막손은 참 예쁜 천사의 손길과 같은 손입니다. 그러한 손은 위대하기도 합니다. 왜냐하면 자연에 대한 근원적인 이해를 가지고 자랐기 때문입니다. 이런 사람은 생명에 대한 경외심을 가질 것입니다. 이런 사람에게는 이웃의 슬픔과 기쁨을 이해할 마음의 여유가 있습니다. 이런 사람은 이웃을 보살피고 돌볼 수 있는 아량을 가진 어른으로 성장할 수 있었던 것입니다.

오늘날 아이들의 성장하는 모습은 예전과 판이하게 다릅니다. 대부분의 아동기를 컴퓨터에 매달려 가상현실의 체험으로 보내고 있지 않습니까. 그러다 보니 역지사지의 여유를 갖지 못합니다. 상대에 대한 배려의 도량도 궁색해지기 마련입니다. 이들은 왜 여유나 도량이 옹색해졌을까요. 그것은 뿌리 없는 경험 때문입니다. 무슨 일이 싫증이 난다거나 고통스럽다고 생각하면 전선에서 플러그를 뽑아 버리는 순간 그 상황에서 벗어날 수 있는 것입니다. 시련을 극복하고자 한다거나 고통과 기다림을 통한 정신적 성숙이나 도덕적 연마를 기대하기란 어려운 일입니다.

　인간의 자질이나 교양은 결코 시험제도에 의해서만 길러질 수 없는 것들입니다. 필자의 교단생활 30년을 회고해 봅니다. 강의계획서에 주교재, 부교재 해서 몇몇 참고서를 나열해 놓습니다. 교과서대로 강의하다 보면 그 내용 밖의 것들이 더 중요하다고 생각되어 열강을 합니다. 창조적인 교수들에게 교재는 오히려 방해물이 될 수도 있다는 것을 터득했기 때문입니다. 선에서 말하는 격외도리가 기존의 생각, 전통적인 틀에서 탈피하는 것이 아닐까 합니다. 비단 선문에서만 격외가 진가를 발휘하는 바로미터로 쓰일 것이 아니라 우리 교육 현장에도 도입될 만한 일이라고 생각합니다. 교육은 공산품을 찍어내는 공장의 기계처럼 획일화된 일만을 하는 것이 아닙니다. 며칠이고 날이면 날마다 똑같은 제품을 양산해 내는 기계들이 그 틀을 벗어나기란 불가능한 일입니다. 인간의 무궁무진한 창조적인 뇌를 틀 속에 넣어 놓으면 그만 딱딱한 화석이 되기 일쑤입니다.

형미 선사

형미迥微(864~917) 선사는 신라 후기의 스님입니다. 성은 최씨이며 광주光州 사람입니다. 아버지의 휘는 권權이고, 노자와 장자에 능숙하였으며, 악기를 다루거나 책 보기를 좋아하며 송문松門에서 중국의 순舜 임금이 지었다는 『초은편招隱編』을 습독하고 스님들과 친교를 맺었습니다. 15세에 부모와 이별하고 가지산 보림사로 가서 체징體澄 선사를 친견하였습니다. 체징 스님은 위로 염거廉居를 계승하고, 염거는 도의道義를 계승했으며, 도의는 건주虔州 개원사 서당지장에게서 법을 받았습니다. 그리고 지장 스님은 마조에게 인가를 받았으니 마조는 회양 문하의 2세가 됩니다.

스승과 제자가 상견하니 마치 서로 아는 사이 같았습니다. 스승이 말씀하되, "이별한 지가 오래된 듯하구나. 이제야 오다니, 어찌하여 이렇게 늦었는가?"라고 하며 입실제자로 삼았습니다. 형미 선사는 보림사에서 부지런히 고된 일과 정진을 하며 스승의 곁을 떠나지 않았습니다. 헌강왕 8년(882)에 화엄사에서 구족계를 받았습니다. 이해 여름 융견 장로融堅長老를 배알하고 선을 담론하면서 비로소 중국 유학의 서원이 싹텄습니다.

진성왕 5년(891) 초봄, 다행히 중국에 들어가는 사신을 만나 서쪽으로 가는 배에 몸을 의탁하여 드디어 중국 땅에 도달하였습니다. 그 후 종릉鐘陵으로 가라는 지시를 받고 직접 홍주 운거산雲居山으로 가 도응道膺 선사를 배알하였습니다. 도응 선사는 위로는 동산양개 스님의 심인을 계승하였으며, 동산 스님은 운암담성雲巖曇晟에게서 법을 얻었으며, 운암은 약산유엄의 제자이고, 약산은 석두희천의 문하에서 나왔으며, 석두는 청원행사가 단독으로 전수한 제자입니다.

도응 선사가 형미 선사를 보고는 "나의 제자가 돌아왔구나. 그대가 오는 것을 일찍부터 알고 있었다."라고 말했습니다. 이로부터 형미 선사는 그윽이 닫힌 곳에서 오묘함을 목도하였고 이치의 굴 속에서 현묘한 진리를 탐구하였으니, 마치 아난이 석가의 문중에서 독보적인 존재였듯이 그와 비견할 만한 인물이었습니다. 이 기간에 담주潭州의 절도사 마공馬公과 부절도사副節度使 김공金公 형復이 풍문을 듣고 흠모하여 건영乾寧 원년(894)에 스님을 초청하여 법석을 마련하였습니다.

효공왕 9년(905) 형미 선사가 귀국하였습니다. 마침 지주知州 왕공王公의 요청이 있어 무위갑사無爲岬寺의 주지로 갔습니다. 8년이란 세월이 흐르자 형미 선사의 명성을 흠모하여 몰려오는 납자가 구름과 같아 문전성시를 이루었습니다. 당시 세상은 정치적으로 안정되지 않아 사해가 들끓고 삼한이 교란하여 고요히 수행하려고 해도 편안한 곳이 없었습니다.

신덕왕 원년(912), 태조 왕건이 궁예의 명을 받들어 친히 배와 임금의 수레를 이끌고 난을 평정하였습니다. 그리고 나주로 와서 귀순하면서 군대를 포구에 주둔시켰습니다. 왕건은 형미 선사가 최근에 중국에서 귀국했다는 소문을 듣고 곧 상견하기를 기다린다는 명령을 전달하면서 군대가 귀환하는 날 특별히 함께 와 주기를 청하였습니다. 그리고 사시공양을 공급하는 데 모두 내고內庫에서 지출하였습니다. 그러나 그 다음에 조서를 받고 조정에 나아가서 설법을 할 때에 주상主上을 바라보니 굳은 표정이어서 그의 마음을 헤아리기 어려웠습니다. 주변에서 간교하게 아첨하는 자가 중상모략하고 죄를 전가시켜서 마침내 주상의 마음을 잃게 되었던 것입니다.

무위갑사는 오늘날 강진군 성전면 월하리에 있는 무위사無爲寺를 말합니다. 월출산 동남쪽에 위치합니다. 신라의 원효 성사가 진평왕 39년(617)에 창건하여 관음사라 하였습니다.

『무위사사적』을 보면 삼국통일 후 헌강왕 원년(875)에 도선 국사가 갈옥사葛屋寺로 창건한 것이 첫 번째 중창이라고 합니다. 그리고 이로부터 얼마 지나지 않아 효공왕 9년(905) 이후 가지산문 계통의 선각 국사先覺國師 형미 선사가 왕건의 요청으로 무위사에 머무르면서 중수하였고 대중적 지지를 받았습니다. 따라서 무위사는 형미 선사가 주석했던 10세기 초 이전에 무위갑사라는 절로 창건되었음을 알 수 있습니다. 그런데 『무위사사적』에 의하면 고려시대인 정종 원년(946)에 형미 선사가 제3창을 하면서 모옥사茅屋寺로 절 이름을 바꾸었다고 합니다. 그러나 946년은 이미 형미 선사가 입적한 30년 뒤에 최언위가 지은 〈고려국고무위갑사선각대사편광영탑비〉가 세워진 해이기 때문에 믿기 어렵습니다. 이것은 아마 형미 선사가 모옥茅屋이던 무위갑사를 왕건의 후원을 받아 크게 중창하면서 교화를 펼쳤던 사실을 후세 사람들이 잘못 이해한 것으로 보입니다.

어쨌든 무위사는 10세기 초 이전에 창건되었고, 형미 선사에 의해 중창되었으며, 가지산문 소속의 선종 사찰이었음은 분명합니다. 절은 조선시대에 들어와 여러 가지 활동 기록이 보이는데, 자못 활기를 띠고 있어 주목됩니다. 나라에서는 태종 7년(1407) 12월에 각처의 명찰로 여러 고을의 자복사資福寺를 삼게 하였는데, 이때 무위사는 천태종 17사 가운데 하나로 소속되었습니다. 이것은 무위사가 언제부터인지는 모르지만 선종 사찰에서 천태종 사찰로 그 성격이 변동되었음을 말해 주는 것으로 이해됩니다. 이 같은 사격의 변동은 고려 후기 천태종 백련결사白蓮結社의 활발한 활동과 무관하지 않을 것으로 여겨집니다. 그리고 인근에 있는 만덕산 중심의 백련결사도 천태종의 법화신앙에 입각한 결사운동으로 무위사의 사찰 성격 변동에 영향을 끼쳤을 것으로 믿어집니다. 결국 무위사는 천태종 백련결사가 활발했던 고려 후기에 이미 천태종 소속의 사찰이 되었다가 조선 초기 사찰 통폐합의 2차 정리기인 1407년에 천태종 소속의 자복사로 남게 된 듯합니다.

이 무렵의 연혁을 보면 세종 12년(1430)에 극락전이 건립되었는데, 지금 극락전 안에 모셔진 목조 아미타삼존불도 이 시기에 조성된 것으로 보입니다. 성종 7년(1476)에는 극락전 후불벽이 만들어졌고 후불벽화가 조성되었음이 〈무위사극락전묵서명無爲寺極樂殿墨書銘〉으로 확인됩니다. 이 묵서명을 보면 극락전 건립에 관직을 부여받은 스님들이 참여하고 있음이 주목됩니다. 이는 곧 극락전 건립이 조선 초기에 국가로부터 인정받았던 고급 기술자의 손으로 만들어진 건물임과 함께 국가적인 사업이었음을 짐작할 수 있게 합니다. 『신증동국여지승람』 권37 「강진현」에는 "세월이 오래되어 퇴락했던 무위사를 이제 중수하고 이로 인해 수륙사水陸社로 한다."라고 기록되어 있습니다.

무위사가 수륙사로 지정된 것과 극락전의 건립, 아미타삼존도, 아미타여래도 등의 벽화 조성은 그 조성 시기 및 신앙 배경 등에 있어서 상호 밀접한 관련성이 있는 것으로 보입니다. 왜냐하면 수륙사로 지정된 무위사는 수륙재水陸齋를 빈번하게 행하였을 것으로 여겨지기 때문입니다.

수륙재는 구천에 떠도는 망령을 부처님의 가피로 환생하게 하는 재생의식으로서 적을 포함한 전사자를 위로하는 불교의식입니다. 죽은 영혼을 달래려는 수륙재는 곧 살아 있는 자들의 애도와 복수심까지 포용하려는 차원에서 거행된 불교의식인 것입니다. 수륙사로 지정된 무위사에 극락전이 건립되고 아미타불의 벽화가 조성된 것은 이와 같은 신앙 구조 속에서 가능했을 것이라 여겨집니다.

한편, 『무위사사적』에 따르면 명종 10년(1555)에 태감太甘 스님이 네 번째 중창하고 무위사로 개창했다고 합니다. 그러나 앞서 보았듯이 무위사란 절 이름이 이보다 훨씬 앞선 시기인 태종 7년(1407)에 이미 나타나고 있어 『무위사사적』의 이 부분 역시 잘못된 것임을 알 수 있습니다.

　임진왜란·병자호란 두 전란의 소용돌이 속에서도 절은 그다지 피해를 입지 않아 절의 웅장하고 화려함이 도내道內에서 으뜸이었다고 합니다. 그러나 그 이후 점차 법당과 요사가 훼손되어 몇 개의 전각만 남게 되었다고 합니다. 숙종 4년(1678)에는 극락전 앞마당에 있는 당간지주가 제작되었습니다. 영조 15년(1739)에는 해초海超 스님의 공덕으로 전각이 보수되었는데 당시 미타전·천불전·시왕전이 있었습니다. 일제강점기인 1934년에는 조선총독부에 의해 극락전이 국보 제131호로 지정되었습니다.

　무위사에서 가장 오래된 건물인 극락전은 세종 12년(1430)에 지어졌으며 앞면 3칸·옆면 3칸 크기입니다. 지붕은 옆면에서 볼 때 사람 인人 자 모양인 맞배지붕으로, 지붕 처마를 받치기 위해 장식하여 쌓은 구조가 기둥 위에만 있으며 간결하면서도 아름다운 조각이 매우 세련된 기법을 보여주고 있습니다.

　극락전 안에는 아미타삼존불과 29점의 벽화가 있었지만, 지금은 불상 뒤에 큰 그림 하나만 남아 있고 나머지 28점은 보존각에 보관하고 있습니다. 이 벽화들에는 전설이 있습니다. 극락전이 완성되고 난 뒤 한 노인이 나타나서는 49일 동안 이 법당 안을 들여다보지 말라고 당부한 뒤에 법당으로 들어갔다고 합니다. 49일째 되는 날 주지스님이 약속을 어기고 문에 구멍을 뚫고 몰래 들여다보자, 마지막 그림인 관세음보살의 눈동자를 그리고 있던 한 마리의 파랑새가 입에 붓을 물고는 어디론가 날아가 버렸다고 합니다. 그래서인지, 지금도 그림 속 관세음보살님은 눈동자가 없습니다.

극락전 불단 위에는 목조 아미타삼존불좌상이 가운데 모셔져 있고 왼쪽에는 관음보살상이 배치되고 오른쪽에는 지장보살상이 자리하고 있습니다.

극락전 아미타후불벽화로, 떠가는 듯 일렁이는 파도 위에 연잎을 타고 서 있는 백의관음보살이 그려진 벽화가 있습니다. 하얀 옷을 입고 있는 백의관음보살은 당당한 체구에 흰 옷자락을 휘날리며 오른쪽으로 몸을 약간 돌린 채 두 손을 앞에 모아 서로 교차하여 오른손으로는 버들가지를 들고 왼손으로는 정병을 들고 서 있습니다. 간략화된 옷 주름과 넘실대는 듯한 파도를 표현함으로써 강한 인상을 보여주고 있습니다.

관음보살의 뒤쪽으로는 해 모양의 붉은색 원이 그려져 있고, 왼쪽 위에는 먹으로 5언율시가 씌어 있습니다. 그리고 앞쪽 아래 구석쪽으로는 둔덕이 마련되어 있고, 관음보살을 향해 무릎을 꿇은 채 두 손을 벌려 손뼉을 치고 있는 듯한 자세의 비구가 자리하고 있습니다. 흥미로운 점은 비구 어깨 위에 머리를 뒤로 돌려 관음보살을 쳐다보고 있는 새 한 마리가 앉아 있는 것인데, 백의관음보살에 비하여 비교적 섬세하게 표현되어 있습니다.

조선 성종 7년(1476)경 조성된 것으로 추정되는 이 그림은 앞면의 아미타후불벽화와 더불어 고려 식 조선 초기 불화 연구에 중요한 자료입니다.

극락전 안쪽 벽에 그려진 벽화로 삼존불화·아미타래영도를 포함하여 총 29점이 있습니다. 이 벽화는 삼존불화, 아미타래영도, 오불도 2점, 관음보살도를 비롯한 보살도 5점, 주악비천도 6점, 연화당

초향로도 7점, 보상모란문도 5점, 당초문도 1점, 입불도 1점 등으로 극락보전 안쪽 벽을 장식하고 있었습니다.

　삼존불화는 동쪽 벽 중앙에 그려져 있던 그림으로, 가로로 긴 화면 가운데에 설법하고 있는 듯한 모습의 본존불을 그리고 좌우로는 서 있는 모습의 보살상과 6비구를 배치하였습니다. 배경으로는 바위산을 그려 넣었습니다. 본존불의 얼굴은 사각형에 가깝고, 입고 있는 옷 주름은 매우 자연스럽게 처리되었습니다. 아미타래영도는 극락왕생자를 맞이하는 아미타불을 그렸는데, 8대 보살과 8비구를 거느린 모습입니다. 전체적인 구도가 매우 자연스러우며, 인물의 익살스럽고 자유로운 얼굴 표정, 움직이는 듯한 자세 등 회화성이 돋보입니다.

　『고려사』를 보면 버들아씨는 중소 호족세력 출신으로 전해집니다. 부친은 오부순이고 모친은 덕교입니다. '버들아씨'라고 더 많이 알려진 오씨가 왕건 장군을 만난 것은 910년 전후로 보이는데, 혜종이 912년 태생이기 때문입니다. 버들아씨는 왕건을 보기 전에 포구의 물이 자신의 배 안으로 들어오는 꿈을 꿉니다. 그리고 며칠 후, 수군 장군으로 나주에 진주한 왕건이 홍룡동 쪽을 바라보니 오색구름이 떠 있었습니다. 이를 이상하게 여긴 왕건이 부하 장군들을 대동하여 완사천 우물가에 다가가니 버들아씨가 빨래를 하고 있는 중이었습니다. 왕건이 점잖은 말로, "낭자 물 한 모금 마시고 싶소이다!"라고 하자 버들아씨는 물바가지에 버들잎을 띄워 왕건에게 바쳤습니다. 왕건은 참으로 기특하고 아름다운 마음씨라고 여겼습니다다. 바로 이런 인연으로 왕건과 버들아씨의 운명적인 사랑이 이루어진 것입니다. 그리하여 후일 고려 2대 혜종이 되는 태자 무를 낳았습니다.

  903년 3월 금성산에서 견훤과 전투를 벌여 승리한 바 있는 왕건은 금성을 '나주'로 개명하였습니다. 왕건의 '고려 건국신화'가 넘쳐나는 나주 시내를 벗어나면 꿈 몽夢 자에 여울 탄灘 자를 쓰는 몽탄이 나옵니다. 후삼국 통일전쟁 당시 왕건이 후백제의 견훤에 쫓긴 적이 있었는데, 그 무렵 꿈에 나타난 신령님이 "바로 지금 강을 건너라." 하는 말을 듣고 왕건은 무사히 영산강을 건넜다고 합니다. 그래서 왕건은 영산강변 이 지점을 놓고 몽탄이라고 명명했다 합니다. 꿈에서 가르친 대로 영산강을 건넜기 때문에 죽음의 순간을 벗어난 것이었습니다.

경보 선사

경보慶甫(869~948) 선사는 신라 말 고려 초의 인물입니다. 신라 경문왕 9년에 태어나 고려 정종 3년에 열반하였습니다. 성은 김씨, 자는 광종光宗입니다. 전남 영암 구림鳩林에서 태어났으며, 아버지는 익량益良으로 알찬閼粲의 지위에 있었으며 어머니는 박씨입니다.

경보 스님은 팔공산 부인사夫仁寺로 출가하였습니다. 처음에는 여러 사람이 모인 곳에서 공부하며 교리를 두루 익혔습니다. 후에 선법에 마음을 기울이게 되자 이곳은 마음을 닦는 자가 머물러 시간을 보낼 장소가 아님을 알고 드디어 여장을 꾸렸습니다. 광양 백계산白鷄山으로 가 도승道乘 스님을 알현하고 제자가 되기를 청하여 선과 율을 익혔습니다.

18세에 월유산月游山 화엄사에서 구족계를 받은 후 계율의 수행에 몰두하다가 도승 스님에게 이별을 고하고, 성주산의 무염 스님을 참배하기도 하고 굴산사에 가서 범일 스님을 배알하는 등 두루 순례하면서 고정된 스승 없이 배운 지 수년에 이르렀습니다.

진성여왕 6년(892)에 당나라로 가서 여러 사찰을 찾아 수행하다가 무주撫州(지금의 강서성 소산疎山)에서 조동종의 광인匡仁 스님을 친견하고 제자가 되기를 청하였습니다. 광인 스님은 동산양개 스님의 제자이며 청원행사 문하의 5세입니다. 경보 스님이 광인 스님을 친견하니 광인 스님이 찬탄하여 말했습니다. "그대는 참된 고래, 바다의 용이로구나!" 그리고는 드디어 입실제자로 허락하였습니다. 아울러 그를 위해 현묘한 말씀을 선양하여 비밀스런 법을 전수하였습니다. 경보 스님이 이미 마음을 얻었으므로 광인 스님은 크게 기뻐하며 말했습니다.

"중화의 법이 동쪽으로 흐른다는 설이 있는데, 서쪽으로 와 수학하는 구도자 중에 가히 더불어 도를 말할 수 있는 사람은 드물다. 동쪽 사람들 중에 가히 눈으로 의사를 통할 수 있는 자는 오직 그대뿐이다."

그리고는 드디어 손을 잡고 법등을 전수하였습니다.

경보 스님은 심인을 받은 후 소산을 하직하고 각지로 구름처럼 떠다니며 행각을 하였습니다. 수행자로서 참된 자이면 반드시 배알하고 성지로서 빼어난 장소이면 반드시 탐방하였습니다. 강서의 노선老善 스님을 예방했을 때, 노선 스님이 경보 스님의 말을 듣고 행동을 관찰하더니 말로 시험해 보기 위해 말을 건넸습니다.

"흰 구름이 가리어 길이 막혔네."

경보 스님이 대답했습니다.

"본디 푸른 하늘 길에 흰 구름이 어찌 있으리오?"

노선 스님은 경보 스님의 이렇듯 민첩한 대답을 대하고는 그를 보내면서 말했습니다.

"갈 곳이 생기면 그 후에 가는 것이 유익할 것이다."

고려 천수天授 4년(921) 여름 경보 스님은 귀국하였습니다. 귀국하여 전주 임피군臨陂郡에 도착하였는데, 후백제의 견훤이 전주에 있는 남복선원南福禪院에 주석하게 하고 스승으로 삼았습니다. 스님은 옛 스승 도승이 머물던 백계산 옥룡사玉龍寺로 옮겨 주석하기로 하였습니다. 936년 견훤이 죽고 고려로 통일되자 태조가 찾아와서 왕사로 모셨습니다. 고려 태조가 삼한을 통일한 후, 그는 국정을 호불의 정책으로 결정하고 크게 불교를 숭상하였습니다. 그 사례를 일별하고자 합니다.

왕위에 오른 태조는 불교 옹호에 힘쓰는 한편 많은 사탑을 세우고 불사를 크게 일으켰습니다. 즉위한 918년에 팔관회를 열어 연례 행사로 삼았으며, 919년에는 송악으로 도읍을 옮긴 뒤 성내에 법왕사·자운사·왕륜사·내제석원內帝釋院·사나사舍那寺·천선사天禪寺·신흥사新興寺·문수사·원통사·지장사 등 열 개의 큰 사찰을 세웠으며, 낡고 허물어진 사찰과 탑 등을 다시 고치도록 하였습니다. 921년에는 오관산에 대흥사를 세우고 고승 이엄利嚴을 맞아들여 사사하였고, 922년에는 자신의 옛집을 헐고 광명사廣明寺를 창건하였으며 일월사日月寺를 짓기도 하였습니다. 923년에는 사신이 중국에서 돌아오면서 가져온 오백나한화상五百羅漢畫像을 해주의 숭산사에 안치하였고, 924년에는 외제석원外帝釋院·구요당九耀堂·신중원神衆院·흥국사 등을 창건하였으며, 927년에는 지묘사智妙寺를 세웠습니다. 928년에는 중국에 갔던 홍경洪慶 스님이 돌아오면서 대장경 일부를 싣고 예성강에 이르렀을 때 친히 나아가서 맞이하여 제석원에 봉안하였으며, 929년 인도의 삼장법사인 마우라摩憂羅가 왔을 때도 위의를 갖추고 맞이하여 구산사龜山寺에 있게 하였습니다. 930년에는 안화선원安和禪院을 세워 선의 보급에 힘을 기울였고, 938년에는 인도 마갈다국 대법륜보리사의 밀교 계통 스님 홍범弘梵이 『갈마단경羯磨壇經』을 가지고 고려로 옴으로써 고려 밀교의식의 발전에 많은 영향을 끼쳤습니다. 940년 천호산에 개태사開泰寺를 창건하고 낙성 화엄법회를 열었을 때는 왕이 친히 소문疏文을 지었을 뿐 아니라, 낡은 신흥사를 수리하고 무차대회를 개설하여 연례행사로 삼게 하였으며, 다섯 번째 왕자를 출가시켰습니다. 943년 태조는 세상을 떠나기 전에 친히 십조의 훈요訓要를 지어 다음 왕들의 본보기가 되게 하였는데, 그 제1조를 보면, 불법을 신봉하고 불사를 일으킬 것을 강조하였고, 제2조에는 도선이 정한 곳 이외에는 함부로 사찰을 세우지 말 것을 당부하고 있습니다.

이와 같이 고려 왕조는 집권 초기부터 불교를 중시하여 외면상 불교 국가를 형성하였고, 더할 수 없는 불교 전성시대를 이룩하게 되었습니다. 하지만 고려인들이 부처에게 복을 비는 타력적 신앙과 지리도참 신앙 쪽으로 치우치게 된 것도 이미 태조 때부터 비롯된 것입니다. 또 신라가 9층탑을 세워 삼국을 통일한 옛일을 본받아서 개성에는 7층탑, 평양에 9층탑을 세워 통일의 대업을 이루고자 하기도 하였습니다. 그리하여 마침내 무려 5백 개에 달하는 사찰과 총림·선원·불상·탑 등을 3,500여 개나 세웠습니다.

신라 말부터 일기 시작한 선종 계통의 많은 선승들은 태조의 적극적인 후원으로 고려의 지배 세력과 긴밀한 관계를 유지하면서 크게 활동하였습니다. 그러나 태조는 당시 새로운 불교의 한 계통인 선종에만 유의한 것이 아니라, 전통적 불교인 교종에도 관심을 기울여 불교계의 조화를 도모하였습니다. 전통적 불교의식의 부활이나 교종 사원의 개축·건립 등이 그것이었습니다. 그러나 전통 불교인 교종과 혁신 불교인 선종의 대립은 종식될 수 없었고, 그 사상적 과제를 해결하게 된 시기는 제4대 광종 때에 이르러서였습니다.

제3대 정종은 10여 리나 떨어져 있는 개국사로 친히 걸어가서 불사리를 안치하기도 하고, 곡식 7만 섬을 여러 사찰에 헌납하기도 하였습니다. 또한 불명경보佛名經寶와 광학보廣學寶를 설치하여 불경 공부에 주력하도록 권장하였습니다. 불명경보와 광학보는 오늘날의 장학재단과 같은 것으로서, 그 기금은 나라에서 마련하고 기구와 운영은 각기 큰 사찰에 일임하여 불교 학자를 길러내도록 하였습니다.

제4대 광종은 대보은사大報恩寺를 궁궐 남쪽에 세우고 불일사佛日寺를 동쪽 교외에 창건하여 태조와 그의 왕비인 유씨劉氏의 원당願堂으로 삼았습니다. 또한 왕비 유씨의 복을 빌기 위하여 숭선사崇善寺를 짓기도 하였습니다. 958년에는 쌍기雙冀의 건의에 따라 과거제를 채택하고, 이에 준하여 승과를 새로 두어 대덕·대사·중대사重大師·삼중대사·선사·대선사 등의 선종법계禪宗法階와 대덕·대사·중대사·삼중대사·수좌首座·승통僧統의 교종법계도 만들었습니다. 승려의 국가 고시제도인 승과에는 종선宗選과 대선大選이 있었습니다. 종선은 총림선叢林選이라고도 하는 것으로 각 종파 안에서 행하는 것이고, 여기서 합격하면 대선에 응시할 수 있는 자격이 주어지는 일종의 예비고사였습니다. 국가에서 실시하는 본고사 대선은 크게 선종선禪宗選과 교종선敎宗選으로 나뉘었는데, 선종선은 주로 광명사廣明寺에서, 교종선은 주로 왕륜사에서 실시되었습니다. 이 승과제도는 고려 말까지 내려왔고, 조선시대에는 중기에만 실시되었습니다.

광종 19년(968)에는 국사·왕사의 이사제도二師制度가 시작되었습니다. 광종은 홍화사弘化寺·삼귀사三歸寺·유암사遊巖寺 등의 절을 창건한 뒤 혜거惠居 스님을 국사로 삼고, 탄문坦文 스님을 왕사로 삼았습니다. 광종은 서로 싸우고 있던 각 종파의 정리에 노력하던 중, 특히 당시 불교계의 가장 큰 과제였던 선·교의 융합에 관심을 기울였습니다. 그 통합의 사상체계로서 교종의 입장에서 선종을 포섭하는 천태종과 선종의 입장에서 교종을 흡수하고 유식사상이나 노장사상까지도 통합하는 사상체계인 법안종의 도입에 크게 노력하였습니다. 이와 같은 분위기에서 천태종에서는 제관 스님과 중국 천태종의 16대조가 되어 중국 천태종의 부활에 크게 기여한 의통義通 스님 등이 배출되었습니다.

2대 혜종과 3대 정종의 왕사가 된 경보 선사는 정종의 명으로 개경에서 머물다가 옥룡사로 돌아와 상원上院에서 주석했습니다. 혜종은 선왕의 유지遺旨를 받들어 정심精心으로 호법하고 근면하여 나태함이 없었습니다. 정종 즉위 3년(948) 4월 20일 제자들에게 "옷차림을 바로 하고 음식을 평등히 하고 선열禪悅로써 맛을 삼아라."라는 임종게와 함께 탑과 비석을 세우지 말 것을 당부하고 입적하였습니다. 세수 80세였고 법랍 62하였습니다. 임금은 옥룡선 화상玉龍禪和尙이라 부르고, 동진 대사洞眞大師라는 시호와 보운寶雲이라는 탑명을 내렸습니다.

왕은 스님의 부고를 듣고 놀라 애도하며 사신을 급파하여 조의를 표했습니다. 서신에

고 옥룡선 화상이시여!
한 조각의 달이 허공 중을 떠다니고
외로운 구름이 산봉우리를 벗어나
뗏목을 타고 서쪽으로 표류하다가
보배구슬을 움켜쥐고 동으로 돌아오니
자비의 바람을 만리 변방까지 불어 날리고
선의 달빛이 구천 저 밖까지 비추시는 분
진실로 오직 한분 나의 스승뿐이라네.

라고 하였습니다.

왕은 칙령을 내려 국가의 공인工人으로 하여금 여러 층의 석총石冢을 건립하도록 하였고, 2년 후에 문인이 감실을 열고 백계산 동쪽 운암의 작은 언덕에 색신色身을 받들어 탑을 세웠습니다. 이곳은 산봉우리를 둘러싼 노을을 병풍으로 감싸안은 것 같고 골짜기에서 흐르는 물은 거울처럼 맑아 참으로 경사스러운 일을 길러내는 신

성한 곳이요, 진리에 귀의하는 신비한 장소였습니다.

광종 9년(958)에 칙령을 내려 한림학사 김정언金廷彦이 탑의 비명을 찬술하고 돌에 새겨 세웠습니다. 경보 스님의 제자는 매우 많았으니 참선하는 제자와 법손 등이 헤아릴 수 없을 정도였습니다. 마음의 등불을 이어 계속 타오르게 하고 수행의 꽃잎이 향기를 전하였는데, 유명한 제자로는 천통泉通·계묵繼黙 등이 있습니다.

앞에서 경보 선사의 행적을 보면 충남 보령 성주산파 무염 스님의 지도를 받기도 하고 강원도 굴산사에 가서 범일 스님의 지도를 받기도 하였습니다. 무염 스님은 무설토론無舌土論을 주창하여 조사선의 우위를 주창하신 분이고, 범일 스님 또한 진귀조사설眞歸祖師說을 내세워 조사선의 우위를 선양한 선사입니다. 그러한 스님이 유학해서는 조동종 계통의 스님인 광인 스님을 친견하고 가르침을 받고 귀국했던 것입니다.

실로 간화선 수행과 묵조선 수행은 주창자가 다릅니다. 간화선은 양기파楊岐派의 대혜종고大慧宗杲 스님이고, 묵조선은 조동종의 굉지정각宏智正覺 스님입니다. 이 두 분은 공안관에 차이를 보이고 있습니다. 대혜는, 일상행위는 곧 화두일념으로 이루어지는 생생한 자신에 대한 자각이라고 했습니다. 그러나 묵조선에서의 공안관은 현성공안現成公案을 중시하여 어떤 하나의 대상에 대한 참구가 아닙니다. 일상의 모든 행위를 본증本證의 현현으로 간주하기 때문에 달리 일체중생 실유공안의 입장에 서 있었습니다. 곧 외부로부터의 빌림이 없이 본래 완성되어 있는 것을 철저하게 터득하는 것이 요구되었습니다. 여기서는 본래부터 뿌리가 없는 생사와 흔적이 없는 출몰에

철저하게 탈락해야 함을 강조하고 있습니다. 그 탈락의 상태가 바로 일체처 일체물이 다 깨달음의 빛으로 다가와 법을 설하고 광명을 내며 불사佛事를 짓고 법을 전하는 것입니다.

간화선에서 일반적으로 말하는 수修의 의미는 깨달음을 향해 나아가는 과정, 곧 화두참구라는 의미가 강하기 때문에 이것을 훈수薰修 내지 증상增上의 수라 할 수 있습니다. 그러나 묵조선에서 말하는 수의 의미는 이미 깨달음이 완성되어 있다는 의미로 사용되고 있기 때문에 이것을 본수本修 내지 묘수妙修라고 합니다.

간화선에서의 좌선은 일상삼매와 일행삼매에 기초한 좌선이라 하겠습니다. 여기에서의 좌선은 앉아 있는 의미라기보다는 일체처에 상相을 내지 않고 취사取捨를 버리며 일체 행위에 있어서 직심直心을 지녀 나아가는 마음의 자세에 중점을 두고 있습니다. 그러나 묵조선에서는 마음의 수행 못지않게 몸의 수행이 강조되고 있습니다. 정혜관에 있어서도 정과 혜가 동시에 나타나고 있습니다. 비유하자면 간화선에서의 정과 혜의 관계가 각각 등과 등불의 관계라면 묵조선에서의 정과 혜의 관계는 정이 곧 혜이고, 혜가 곧 정인 상즉상입이라 하겠습니다. 그리하여 간화선에서의 공안의 투과透過는 묵조선에서의 본증本證의 자각이라 할 수 있습니다. 이와 같은 좌선관의 차이가 곧 수행 가풍의 차이로 드러나고 있습니다.

『전등록』의 일구로 이 시간을 마치고자 합니다. 막도작불莫圖作佛이라. 부처가 되기를 도모하지 말라!

여엄 선사

　여엄麗嚴(862~929) 스님은 속성이 김씨이고 조부는 귀족의 후예입니다. 후에 계림에서 매우 번성하였다가 다시 군대를 따라 서쪽으로 가서 남포藍浦에 정착하여 살았습니다. 아버지의 휘는 사의思義입니다. 조부의 덕을 계승하여 명리名利에 초연하였습니다. 어머니는 박씨로서 신령스런 빛이 집안에 가득 퍼지는 영감을 받고 회임하였습니다. 아들이 태어나자마자 말을 하였으며 신체가 허약하여 장난하기를 좋아하지 않았습니다. 9세가 되자, 속진을 떠나기로 서원하고 출가하여 무량수사無量壽寺에 거주하면서 주종住宗 스님에게 사사하였습니다.

　처음에 화엄을 배워 반년 만에 백천 게송을 외웠으며 하루에 30인과 법담을 나누었습니다. 헌강왕 6년(880)에 구족계를 받았습니다. 후에 교종으로서의 깨달음이 진실이 아님을 알고 전환하여 마음을 현묘한 경지에 기울여 숭엄산崇嚴山으로 가서 광종廣宗 스님에게 의지하여 수행하였습니다. 광종 스님이 여엄 스님의 뜻하는 바를 듣고 입실제자入室弟子로 허락하였습니다. 진성왕 원년(887)에 광종 스님이 입적하자, 여엄 스님은 다시 불원천리하고 영각산靈覺山 심광深光 스님 문하로 갔습니다.

심광 스님은 광종 스님의 사형이며 대중 가운데 으뜸가는 스승이었으므로 대중 스님들이 매우 많았으며, 성실 근면하여 문하생이 문전성시를 이루었습니다. 여엄 스님은 정중하고 겸손한 태도로 부지런히 스승을 모신 지 수년에 달하자, 마침내 보배를 지키려는 마음과 나무에 의지해 고기를 잡으려는 잘못된 생각을 버리고 물병을 지니고 하산하였습니다. 서해안에 도착해서 기회를 틈타 법을 구하러 중국으로 가려고 하였습니다.

진성왕 6년(892) 전후 여엄 스님은 뗏목을 타고 바다를 건너 당에 들어갔습니다. 우선 양자강 동북지방, 즉 오늘날의 강소성에 이르렀다가 다음으로 홍부洪府를 거쳐 마침내 운거산 도응道膺 선사 문하로 갔습니다. 도응 선사는 "아쉬웠던 이별이 요원한 것이 아니어서 이곳에서 서로 만나게 되는구나. 도가 성숙하여 최고의 절정에 이른 때에 마치 기다렸던 사람이 돌아온 것 같아 기쁘다."라고 말했습니다. 여엄 스님은 도응 선사의 곁에서 시봉하기 10여 년에 이르도록 법을 문답함에 쉼이 없었으니 마침내 인가를 받았습니다. 그 후 귀국하려고 하였으나 차마 떠나지 못하는 정을 마음에 품고 있었는데 대사가 이를 알고 말했습니다.

"저편으로 울며 나는 새는 바야흐로 아득히 저 멀리 인연을 수순

하는 것이다. 바라는 바는 진종眞宗을 널리 퍼지게 하여 나의 도를 빛내고 법요法要를 보존 수지하는 일을 너희들이 맡는 것이다. 가히 용이 천지天池에서 뛰어오르고 학이 해가 비치는 곳으로 돌아가는 것이라 할 것이다. 그러므로 오고감에 때를 놓쳐서는 안 된다."

여엄 스님은 도응 선사가 입적(902)하기 전에 운거산을 떠나 각지로 구름처럼 떠다니며 행각하였습니다. 경명왕 13년(909) 7월이 되어 비로소 도응 선사의 심인을 간직하고 다시 바다의 파도를 따라 귀국하여 깨달은 마음을 전하였습니다.

무주武州의 승평昇平에서 바닷가 기슭에 오른 후, 동으로 가다가 월악月岳에서 멈추었습니다. 그러나 그곳이 편안히 앉아 좌선하기는 어려운 곳이어서 다시 소백산으로 갔습니다. 기주基州의 제군사상국諸軍事上國 강훤康萱이 여엄 스님을 앙모하여 귀의하였으며 고려 태조에게 자세히 아뢰었습니다.

태조가 여엄 스님이 중국에서 도가 으뜸일 뿐만 아니라 당과 신라에서도 명망이 높음을 자주 들었기에 드디어 조서를 전하여 내전으로 초청하였습니다. 1년이 지나서 여엄 스님은 다시 조서를 따라 산에서 나와 수도로 향했습니다. 태조가 특별한 예로 예우하였으니 마치 양나라 무제가 불교를 숭상하였지만 이에 비견할 수가 없을 정도로 극진하였습니다. 태조가 재차 특별히 귀한 사신을 파견 초청하여 조정으로 들게 하고 정사政事를 자문하였습니다. 여엄 스님이 대답하길, "나라가 부강하고 백성이 편안하니 황제의 자리에 못지 않습니다. 요순의 어진 덕이 중국의 조정에서와 같이 두루 가득합니다."라고 하여 극찬하는 심정이 말과 표정에 흘러 넘쳤습니다. 태조가 말하길 "삼황오제三皇五帝의 시대는 평안한 운세였습니다. 그러나 과인은 보잘것없는 사람으로서 어찌 감히 그에 견줄 만하겠습니까?"라고 하였습니다. 태조가 다시 생각하니 태백산은 수도와 비교적 멀리 떨어져 있으므로 미지산彌智山 보리사를 희사하고 스님을 청하여 주석하게 하였습니다. 여엄 스님은 절의 풍광이 절경인 것으로 봐서 가히 목숨을 마칠 만한 곳으로 여기고 칙령에 순종하여 그곳에서 정진하였습니다.

이때부터 선을 따르는 무리가 부르지 않아도 모여들어 제자가 많게는 5백여 명이 넘었습니다. 이름이 알려진 제자로는 융천融闡, 혼정昕政 등이 있습니다. 스님은 제자들을 가르침에 게을리 하지 않았으며 차근차근 잘 일깨워 주었습니다.

어느 스님이 물었습니다.

"흐르는 맑은 물을 퍼서 다한 때에는 어떻습니까?"

여엄 스님이 대답했습니다.

"다한 후에는 일이 어떨 것 같은가?"

그 스님이 말했습니다.

"어찌 맑은 물과 같겠습니까?"

여엄 스님이 이에 인가를 하였습니다.

양평 용문산에 사나사舍那寺란 절이 있습니다. 사나사 창건은 고려 태조 6년(923)에 대경 선사 여엄 스님이 했습니다. 중창은 태고보우 왕사가 고려 공민왕 16년(1367)에 하였습니다. 사나사는 조계종 제25교구 본사인 봉선사 말사로 행정구역은 옥천면 용천리 304번지입니다. 용문산의 주봉인 백운봉 기슭에 자리하고 있습니다. 옥천리에서 용천리를 굽어 도는 맑은 물이 흐르는 골짜기, 즉 용천龍川을 따라 거슬러 올라가면 함왕성지咸王城址가 있는 산간 평지가 전개됩니다. 속칭 절골이라는 해발 210미터 안팎의 평지에 사나사가 둥지를 틀고 있습니다.

『봉은사 본말사지』에 따르면 절은 창건 당시 노사나불상과 5층석탑을 조성하였다고 합니다. 절 이름을 사나사라고 한 점과 노사나불상을 모신 것은 깊은 관계가 있다고 보이며, 이로 미루어 볼 때 화엄종 계통의 도량이었을 가능성이 높습니다. 이와 관련 있는 전설이 사나사에 전해지고 있습니다. 김용기 거사가 지은 『경기도 명승고적 연혁사』(1955년 간행)에 실려 있습니다. 그 내용에 따르면, 옛날 삼국시대에 스스로 화주승化主僧이라 칭하는 한 범사梵師가 이 땅에 사찰을 세우고 불상을 조성하기 위하여 백일간 기도를 하였는데, 어느 날 공중에서 천장노사나불天藏盧舍那佛이 출현하였으므로 즉시 그 불상을 조성하고 절 이름을 사나사라고 불렀다 합니다. 노사나불은 비로자나불의 약어입니다. 노사나불은 화엄종의 본존불이기도 합니다. 연화장세계의 교주이고 해경십불解境十佛과 행경십불行境十佛을 갖춘 불신입니다.

태조 왕건은 즉위하고 나서 2년째 되는 해인 919년에 수도 개경에 10대 사찰을 창건하였는데 그 가운데 사나사란 이름도 있어 흥미롭습니다.

신라와 고려시대 사무외사四無畏士라 하면 수미산파 이엄(870~936) 스님, 가지산파 형미(864~917) 스님, 경유(871~921) 스님 그리고 성주산파 여엄 스님을 말합니다. 이 사무외사는 왕건과 밀착된 선종의 지도자들이었습니다. 특히 이엄 스님은 왕건의 초청에 따라 왕궁 안에 있는 절인 사나내원舍那內院의 주지로 있으면서 국정을 자문하기도 하였다고 『조선금석총람』 상권에서 밝히고 있습니다.

태조는 그 밖에도 도선 국사의 제자이고 옥룡사 스님인 경보慶甫 스님과 희양산파 긍양 스님, 유가종의 담제曇諦 스님, 성주산파로 태조의 국사가 된 현휘玄暉 스님, 봉림산파로 태조의 자문역이 된 찬유璨幽 스님, 율종 계통으로 태조의 왕사가 된 충담忠湛 스님 등 선교의 고승들은 물론이요 광학廣學, 대연大緣 등 신인종神印宗의 고승들까지 포섭하여 중용하였습니다. 또한 당나라 유학을 마치고 대장경을 가지고 돌아오는 신라의 홍경洪慶 스님을 친히 맞이하여 자기 진영에 두었습니다.

어쨌든 사나사는 고려시대 양평 지방의 호족인 함혁咸赫의 원당願堂이고 당시 사세寺勢를 떨쳤을 가능성이 높습니다. 1987년 발행된 함씨 족보에 의하면 신숭겸과 더불어 태조 왕건을 최후까지 옹립하여 후삼국 통일에 결정적 역할을 하고 개국공신으로 책록된 인물이었기 때문입니다. 예전에는 함규咸規를 시조로 모셨으나 2002년 개정된 함씨咸氏 족보에 따르면 함혁으로 하였으므로, 개정판 함씨 족보의 고견에 따릅니다.

사나사 도량 주변에 함왕성咸王城과 함왕혈咸王穴이 있습니다. 함왕이란 곧 시조인 함혁을 가리키는 말입니다. 함씨 성姓 다음에 임금 왕王 자는 신하로서의 최고의 작위爵位를 나타내는 말입니다. 고려 태조는 살신성인의 정신으로 왕업王業을 견고하게 다졌던 충신 함혁에게 함왕이란 작위를 흔쾌히 내렸을 것입니다.

　의義를 삶의 지표로 삼았고 조상의 얼을 이어받은 후손들은 불심佛心이 충만하여 대작불사에는 언제나 솔선수범을 보이기도 했습니다. 특히 함덕성咸德成(1921.10.17~2006.4.18) 거사는 죽계공파竹溪公派 50세손으로 서명염徐命艶(1926.1.10~2009.1.13) 보살과 결혼한 후 뜻을 모아 가람수호와 불사를 주도적으로 하였습니다. 1950년 한국전쟁 때에는 법당과 요사채가 전소되기도 하였지만 불타는 신심과 원력으로 힘을 모아 중창불사에 힘을 기울였습니다. 종각불사를 비롯하여 사나사 경내 임야를 매입하여 도량을 일신시키는 데도 정성을 다 했습니다.

　구전口傳에 따르면 함 거사와 서 보살의 신심을 칭송하는 주변 사람들의 얘기가 분분합니다. 목욕재계하고 부처님 전에 참배하러 가는 길에 상여를 본다거나 뱀을 보는 경우는 이내 집에 돌아와 다음날을 기약하곤 했다 합니다. 또한 탁발 나온 스님들을 볼 경우 집에 모셔다 공양을 지어 올리기를 일상의 일로 알고 행했다고 합니다.

　슬하에 8남매를 두어 훌륭히 길러냈습니다. 이 자식들을 기르는 동안 외출한 자식들이 무사히 돌아오는 것을 마음을 졸이며 기다리는 의문이망倚門而望이야 어디에 비할 바 있었겠습니까. 또한 이러한 정성과 보살핌 속에 자란 자손들이기에 부모님의 은혜를 갚으려는 촌초심寸草心을 촌각인들 잊을 수 없었다고 합니다. 이는 마치 초楚나라 효자 노래자老萊子가 70세에 부모님 마음을 기쁘게 해 드리려고 색동옷을 입고 부모님 앞에서 춤을 추었다는 반의지희斑衣之戱와 다를 바 없는 일일 것입니다. 또한 『시전詩傳』 제12 「요아편蓼莪篇」에서 연유한 요아지시蓼莪之詩라는 말이 있습니다. 나라의 부역賦役을 하려고 멀리 나가 있어 부모님을 봉양하지 못하고, 사후에 돌아와 그 슬픔을 가눌 길 없어 읊었다는 시입니다. 부모를 못잊어 하는 마음을 어찌 언설로 표현할 수 있겠습니까.

효녀 영자英子 보살님과 먼 이국땅 뉴욕에 살고 있는 효자 영재英載 거사님의 평소 간절한 효심이 방송 법문을 통해 선망부모를 추모하는 계기가 되었습니다. 물론 첫째 서랑壻郞 이계탁李啓卓 박사의 노고와 협조도 빼놓을 수 없는 일입니다.

사나사에 관한 가장 믿을 만한 자료는 고려 말에 태고보우太古普愚와 관련된 것으로 공민왕 16년(1367)에 140여 칸 규모로 중건하였다는 사실입니다. 현재 사나사에는 원증 국사 태고 스님의 부도와 그 탑비가 모셔져 있습니다. 중종 때 편찬된 『신증동국여지승람』 「불우佛宇」 조에 사나사가 실려 있는 것으로 보아 이때까지는 법등이 이어져 온 것으로 보입니다. 하지만 조선 후기에 이르러 몇 차례 화재를 맞게 됩니다. 조선 선조 41년(1608) 임진왜란 때 전소된 것을 재건하였으며, 1907년 정미의병 투쟁과 1950년 한국전쟁으로 전소된 것을 그 이후 재건하였다는 내력을 사나사 중건 상량문이나 『봉은사 본말사지』에서 볼 수 있습니다.

대적광전은 정면 3칸, 측면 3칸의 목조건물이며 팔작지붕입니다. 안에는 금동비로자나불 좌상을 가운데 두고 문수 · 보현보살의 좌상을 모셨고 그 뒤에는 후불탱화를 장엄하였습니다. 또 좌우 벽에는 신중탱화와 지장탱화를 모셨습니다. 산신각은 정면 3칸, 측면 1칸의 목조건물이며 맞배지붕인데, 안에는 칠성탱화, 독성탱화, 산신탱화를 모시고 있습니다. 함씨각은 정면 1칸에 측면 1칸의 목조건물로 팔작지붕이며, 안에는 함씨 시조의 영정을 모셨습니다. 그 밖에 대적광전 앞마당에는 3층석탑, 원증국사 석종과 비가 있고, 대적광전의 오른쪽에는 석조미륵여래입상이 서 있습니다. 서울 강남 봉은사에서 옮겼다는 일주문도 볼 수 있습니다.

고려 천수天授 12년(929) 11월 28일 여엄 선사는 보리사에서 열반하였는데, 세수를 다한 해가 69세였으며 법랍은 50하였습니다. 태조는 선사의 열반 소식을 듣고 비통함을 이기지 못하여 특령을 내려 조문과 제사를 정중히 지내도록 하고 국사로 예우했습니다. 문인들이 영감靈龕을 세우고 절에서 서쪽으로 3백여 보 떨어진 곳에 모셨습니다. 아울러 시호를 대경 대사大鏡大師라 하였으며, 탑호는 현기玄機라 하였습니다. 10년 후(939) 이환추李桓樞 거사가 비로소 선사를 위해 비명을 찬술하여 이 해에 반듯한 옥에 새겨 세웠습니다.

여엄 스님은 청원행사 스님 문하의 6세 법손이며 조동종의 종지를 천명한 대선사입니다.

"This is a pen."이라는 짤막한 영어 문장이 있습니다. 이러한 문장이 되려면 8종류의 알파벳이 필요합니다. 완성을 위해서는 일정한 수나 용량이 절대 필요한 것입니다. 완성을 위해 기본 수나 용량이 필요한 것이 짧은 문장만은 아닙니다. 성장하는 모든 생명체에 있어서 필수조건인 것입니다. 정신세계를 개발하는 데에도 일정 기간의 수행이 필요하고 그에 따른 점검도 철저해야 된다고 봅니다.

이러한 과정이 약식으로 치러진다면 깨진 쪽박마냥 그릇으로서 제대로 구실하기가 어려워지고 말 것입니다. 틀이 튼실하게 되면 시처에 무관하게 기능과 역할이 원만하게 될 것입니다.

앞에서 '이것은 펜이다' 라는 틀에 'pan(요리도구)'을 넣어도 무방한 말이 될 수 있습니다. 그런가 하면 'pin(가시)'이라는 낱말을 대치시켜도 전혀 어색하지 않은 말이 됩니다. 특히 법을 벗어나지 않으면 아주 순조로운 말이 된다는 것을 새삼 알게 됩니다. 우리 삶도 창공을 날려고만 덤빌 일이 아닙니다. 충분한 준비운동과 부단한 연마를 하다 보면 저절로 오를 수도 있고 날 수 있는 능력이 배양되는 일입니다.

여엄 스님이 운수행각을 하며 한 스승만을 고집하지 않았던 것도 자신의 내면세계를 확고히 다지고자 하는 담금질의 일환이었다고 봅니다. 화엄학에서 선으로의 전환도 마찬가지 논리가 성립됩니다.

한 사상에 집착한 나머지 옆과 앞뒤를 살피지 못한다면 균형을 잃게 됩니다. 그 균형 잃은 사고에서 나온 판단과 행위는 크나큰 재앙까지 야기시킬 수도 있습니다. 종교나 사상은 최소한 외골수 도그마를 배제하는 것이라고 생각합니다.

찬유 선사

찬유璨幽(869~958) 스님은 속성이 김씨이고 자는 도광道光입니다. 고려 계림鷄林 하남河南 사람입니다. 아버지의 휘는 용容이고, 어머니는 이씨로 경문왕 9년(869) 4월 4일에 스님이 태어났습니다. 나이 갓 13세에 삭발 출가하여 상주尙州 삼랑사三郞寺 융제融諦 선사 문하로 가서 제자가 되었습니다. 그 후 다시 혜목산慧目山 심희審希 선사를 예방하게 되었습니다. 심희 선사의 스승은 현욱玄昱 스님입니다. 선사는 중국에 가지 않고 일찍이 현욱 스님을 사사했는데, 현욱 스님은 당에 들어가서 백암회휘百岩懷暉 스님에게 사사한 회양 문하의 3세 법손이 됩니다.

찬유 스님은 심희 선사의 문하에서 도를 배우고 더욱 수행에 매진하면서 선을 익히기에 온갖 노력을 다했습니다. 얼마 지나지 않아 묘한 이치를 정밀하게 탐구하여 현묘한 이치를 깨닫게 되었습니다.

22세에 양주 삼각산 장의사壯義寺에서 구족계를 받았습니다. 이때 심희 선사는 멀리 광주의 송계선원松溪禪院에 머물고 있었는데, 찬유 스님은 도를 물음에 피곤함을 잊고 스승을 찾음에 태만함이 없었습니다.

경기도 여주군 북내면 상교리 혜목산 고달사터는 경덕왕 23년 (764)에 창건된 사찰입니다. 고달원高達院 또는 고달사원이라고도 불렸던 이곳은 문경 희양원(지금의 봉암사), 도봉원(지금의 망월사)과 함께 국가에서 관장하는 삼원三院으로 정해져 고려 초 왕실의 비호를 받았습니다. 광종은 삼원을 그대로 유지하라고 명했으며, 광종 이후에도 왕실의 후원은 끊이지 않아 고달사는 대찰의 면모를 유지할 수 있었습니다. 그러나 어느 때인지 폐사되었고, 현재 사적 제382호로 지정되어 있습니다. 최근 조계종 종단 차원의 지대한 관심 속에 발굴의 숨결이 박차를 가하고 있습니다.

고달사의 역사에서 원종 대사 찬유 스님을 언급하지 않을 수 없습니다. 진경 선사의 법을 이은 원종 대사는 이곳에서 28년간 주석하며 후학들을 제접하였습니다. 사찰터에 남아 있는 보물 제6호 원종대사혜진탑비 귀부 및 이수, 보물 제7호 원종대사혜진탑 등의 유적이 한때의 사격과 도의 위세를 웅변하고 있습니다. "광종이 스님의 입적을 애도하며 사자를 보내 조문하고 국공國工에게 사리탑을 조성하도록 했으며, 문인들은 소리쳐 울며 시신을 받들었다."는 비문의 내용에서 당시 찬유 스님의 위상을 짐작할 수 있습니다. 또 스님의 본명이 '고달'이라 사찰 이름을 고달사로 지었다는 설 등은 스님과 사찰의 깊은 인연을 시사하고 있습니다.

경내의 석등이 박물관까지 가게 된 사연이 있습니다. 일제 강점기 때 조선총독부는 고달사터에서 무너져 있던 석등을 발견했습니다. 문화재 지정에 앞서 총독부는 마을 주민 이모 씨에게 석등의 부재를 보관하도록 했으나 해방과 한국전쟁을 거치면서 잊혀지고 말았습니다. 그러다가 이씨가 사망하자, 1957년 그의 아들은 종로 4가에 있는 동원예식장 주인 정모 씨에게 3만 8천 원을 받고 팔았습니다. 그러나 이 사실을 까마득히 모르고 있던 정부는 1958년 석등을 보물로 지정했습니다. 석등이 팔렸다는 사실을 뒤늦게 알게 된 정부는 사태수습에 나섰으며, 1959년에야 겨우 석등을 회수할 수 있었습니다.

찬유 스님은 석장을 메고 송계로 가서 스승의 발에 정례頂禮하는 소박하고 진실된 마음을 표시하며 제자를 훌륭한 인물로 만들어 준 현묘한 가르침에 대하여 스승께 감사함을 전했습니다. 스승 심희 선사가 말했습니다.

"백운은 천리에 떠 있거나 만리에 떠 있거나 같은 구름이듯 명월도 앞산 골짜기의 것이나 뒷계곡의 것이나 일찍이 다름이 없다. 이것은 인식으로 인하여 인식하는 것이며 단지 마음에 있는 마음일 뿐이다."

찬유 스님은 수행함에 고정된 스승이 없는 것으로 경계를 삼았으므로 스승을 하직하고 멀리 행각하기로 결정했습니다. 그래서 하산하여 바다로 가서 기회를 엿보아 배를 타고 서쪽으로 향하려 했습니다. 진성여왕 6년(892) 봄철에 중국으로 들어가는 상선을 만나 마침내 몸을 의탁하여 서쪽으로 건너갔습니다. 중국에 이르러 사방으로

참배하며 도를 물었습니다. 드디어 서주舒州, 지금의 안휘성 동성현
棟城縣에 있는 자산子山으로 가서 대동大同 선사에게 사사하였습니다.
선사는 석두石頭의 증손이며 취미무학翠微無學 대사의 적자嫡子입니
다. 찬유 스님의 연꽃과 같이 청초한 눈망울과 빼어난 자태, 정수리
의 옥호가 광명을 발하는 수승한 상호를 대면하고 말하길, "도가 동
쪽으로 흘러간다는 설이 있는데, 서쪽으로 와서 배우는 구도자로서
가히 도를 말할 수 있는 자는 오직 그대뿐이로구나."라고 하였습니
다. 이로부터 찬유 스님은 혀끝에서 미묘한 말씀을 깨닫고 몸 가운
데의 참부처(自心證佛)를 인식하게 되었습니다.

인가를 얻은 후 하직하려고 할 때 대동 선사가 이를 알고 말했습
니다.

"멀리 가지 말고 가까이 가지도 말아라."

찬유 스님이 대답했습니다.

"비록 원근은 아닐지라도 중요한 것은 또한 가다가 머무르지 않
는 것입니다."

대동 선사가 다시 말했습니다.

"이미 검증하여 마음을 전한 이상 눈으로 말해 줄 필요가 또 있겠
는가?"

후에 찬유 스님은 도반과 동행을 결의하고 두루 편력하며 고승들
을 알현하였습니다. 천태에서 은밀한 이치를 찾기도 하고, 혹은 강
좌江左, 양자강 동쪽 지방(지금의 강소성)에서 현묘함을 탐구하기도
하면서 진여성품의 바다에 들어가 마니보주를 얻었습니다. 중국에

서 24년간을 유학한 후 계림으로 돌아가 전법하려고 생각했습니다.

신덕왕 4년(915) 가을 찬유 스님은 본국으로 돌아가는 배에 탑승하여 동으로 바다를 건너 귀국하였습니다. 강주康州 덕안포德安浦에 이르러 육지에 오른 후 바로 봉림사로 가서 진경 대사 심희 선사를 배알하고 오랫동안 헤어져 지낸 연모의 정을 나누며 중국 방문에서 얻은 진법眞法을 담론하였습니다. 그 후 선사의 극진한 청을 받들어 삼랑사에 머물렀습니다. 그렇게 3년이 지난 후 태조 왕건이 즉위하고 고려를 세웠습니다.

찬유 스님은 석장을 지니고 멀리 옥경玉京으로 가서 태조를 배알하고 조서를 받들어 광주廣州 천왕사天王寺에 머물렀습니다. 또한 혜목산은 안개와 놀이 깔려 있는 험준한 산세에 구름 덮인 계곡과 깊은 골짜기로 좌선하기에 적당한 곳이어서 옮겨가 거주하였습니다. 이에 사방에서 득도의 길을 묻는 이들이 불원천리하고 입문하였습니다. 태조가 사신을 파견하여 하납가사霞衲袈裟를 보내 인연을 표하고 만날 것을 기약하였으나 얼마 지나지 않아 승하하였으므로 생전에 다하지 못한 뜻만 헛되이 남겼습니다. 혜종이 인仁과 의義를 일으켜 속된 무리를 교화하는 정치를 함은 물론 불법과 수행자를 존중하여 차와 향 등을 보내거나 무늬 있는 비단 법의 등을 보냈습니다. 정종도 그의 참된 풍모를 우러러보아 운금가사雲錦袈裟와 마납법의磨衲法衣를 보냈습니다.

광종 때에 찬유 선사는 법을 설함에 이미 큰 법력을 성취하여 배우려는 무리가 무수한 벼와 삼대의 행렬을 이루었고 도반들도 와서 문인이 되어 길을 이룰 정도였습니다. 왕도 또한 깊은 신심으로 스님을 받들어 호를 증진證眞 대사라 하였습니다. 또한 중대한 사명을 띤 승속의 사신을 파견하여 조서를 내려 수도로 맞이하였습니다. 그 후 왕궁에 있는 사나원에 편히 모시고 다음 날이면 왕이 사나원으로 친히 와서 감사의 뜻을 표하고 의지하며 우러러 사모하는 마음을 전했습니다. 3일이 지나 중광전重光殿에 법석을 마련하였는데, 강의를 들으려는 사람이 많아 법석이 넘쳐나 법회가 있는 날이면 성안이 텅 비었으며, 법석으로 오는 옷자락에 돌이 닿아 마모될 정도였다고 합니다.

왕은 선사에게 정복과 면류관을 쓰게 하고 국사로 책봉하였습니다. 답납가사踏衲袈裟·마납磨衲 저고리·좌구坐具·은병·은향로·금 테두리한 도자기 발우·수정·염주 등을 헌납했습니다. 또한 높고 앞이 탁 트인 천덕전天德殿에 법석을 마련하고 스님을 초빙하여 묘각妙覺의 기풍을 선양하고 대자비의 교화를 보이셨습니다. 찬유 선사는 재지才智를 미세한 곳에까지 발휘하였으며 언어의 구사력도 풍부하였습니다.

어느 스님이 물었습니다.

"어떤 것이 종문宗門의 지극한 곳입니까?"

스님이 대답했습니다.

"천성千聖에게서 얻은 것이 아니다."

그 스님이 다시 물었습니다.

"이미 천성으로부터 얻은 것이 아니라면 위로부터 서로 전해 내려온 것은 어디로부터 온 것입니까?"

스님이 대답했습니다.

"단지 천성으로부터 얻은 것이 아니고 위로부터 서로 전한 것이다."

그 스님이 또 물었습니다.

"달마를 이어받은 2조 혜가가 설령 서천西天을 바라보지 않았더라도 달마가 당나라에 오지 않았겠습니까?"

스님이 대답했습니다.

"비록 천성으로부터 얻은 것은 아니지만 달마가 헛되이 온 것도 아니다."

그러자 듣는 자가 감응하고 현성賢聖이 환희 찬탄했습니다.

그때 갑자기 공중에서 꽃비가 날고 단향檀香의 연기가 태양을 가렸습니다. 왕과 승속 모두 스승을 존중하는 의식은 더 이상 더할 수가 없었습니다. 찬유 선사는 계속하여 말년이 핍박해 옴을 인지하고 오로지 송문에 주하며 휴식하기를 원하여 하직하고 산사로 돌아갔습니다. 그런 후에도 왕은 끊임없이 밤과 낮을 가리지 않고 말을 달려 조서를 보내어 지극한 마음을 표하였으며, 특별히 강덕시講德詩를 지어 헌납하였습니다.

혜일慧日은 높이 매달려 해향海鄉을 비치고
진신眞身은 고요히 평화로운 빛을 발산하네.
패엽 속에서 법을 설하여 미로를 열어주니
발우 안에서 피어난 연꽃 선정禪定의 도량에 드네.
한번 불러 소리 내면 운무가 걷혀 깨끗해지고
이문二門이 상相을 여의고 티끌을 벗어나 청량하네.

현관玄關은 저 멀리 산천을 사이에 두고 막히니

달려가 상방上房을 알현하지 못하는 것을 한탄할 뿐이네.

동시에 또 예물로 향기로운 차, 남방의 신기한 향료 등을 헌납하여 위대한 법력에 신심을 표했습니다. 찬유 선사는 안개와 노을 가득한 고요한 거처로 돌아가니 솜털을 안은 사람이 바람처럼 달려오고 재를 지내려는 사람이 구름처럼 몰려왔습니다.

광종 9년(958) 8월 20일 스님은 열반에 들기 위하여 목욕을 마치고 대중을 뜰에 모으고 부촉하였습니다.

"만법이 모두 공허하니 나도 가려고 한다. 일심이 근본이니 너희들은 부지런히 수행하라. 마음이 나면 법도 나고 마음이 멸하면 법도 멸한다. 어진 마음이 바로 부처인데 어찌 따로 종자가 있겠는가? 여래의 바른 계를 호지하고 단련하도록 하여라."

유훈을 남기고는 선당에 들어가 좌탈입망하였는데, 세수 90세요 승랍은 69하였습니다. 다음날 문인들이 신좌神座를 혜목산 감실로 옮겨 모시고 임시로 돌문으로 봉하여 막았습니다.

왕이 스님을 잃은 것을 개탄하여 사신을 보내 조의를 표하고 제사를 지냈으며, 시호를 원종元宗 대사라 하고 탑호는 혜진惠眞이라 내렸습니다. 또한 공경하는 마음으로 스님의 진영 한 폭을 그려 헌납하였습니다. 다시 칙령을 내려 국가의 공인工人으로 하여금 석재로 층층으로 된 부도를 받들어 조성하도록 하였으며, 비로소 문인들이 뜻을 합해 혜목산 서북쪽 언덕에 색신을 받들어 안치하고 탑을 세웠습니다.

제자 승통 삼중 대사三重大師 흔홍昕弘 스님이 왕에게 표를 올려 비명을 찬술해 줄 것을 청하여 윤허를 얻었습니다. 이에 한림학사 김정언金廷彦이 명을 받들어 시행하여 광종 26년(975)에 새겨 수립하였습니다.

이엄 선사

　이엄 스님의 속성은 김씨입니다. 경문왕 10년(870) 스님은 소태蘇泰에서 태어나셨는데 용모가 특이하였습니다. 선조는 계림 사람으로 성한星漢의 자손입니다. 조상 때로 올라가면 사회상황이 혼란하여 서라벌에 난리가 빈번히 일어났습니다. 그로 인해 살림이 궁핍하게 되어 타향을 떠돌다가 웅천熊川에 당도하였습니다. 아버지의 휘는 장章인데, 구름과 샘물의 아름다움을 깊이 사랑하여 성곽의 야외에 부쳐 살았습니다.

　12세에 가야산 갑사岬寺의 덕량德良 스님에게 삭발하고 출가하였습니다. 반년 동안은 삼장을 열심히 탐구하니 이엄 스님을 유가 문중의 안연이라 일컬었으며 불법 문중에서 환희심을 내었습니다. 정강왕定康王이 즉위한 해(886)에 도견道堅 율사의 도량에서 구족계를 받았습니다. 그 후 정성스럽게 모시고 시봉하면서 정밀하게 탐구하며 깊이 도의 경지를 물은 게 10년에 달하였습니다.

성주산문의 심광이 머물던 충북 영동의 영각산사靈覺山寺에 잠시 머물렀습니다. 진성왕 10년(896) 최예희崔藝熙 대부가 사신으로 가는 배에 올라 바다를 건너 당唐에 들어갔습니다. 여러 날이 되지 않아서 절강성 은현鄞縣의 강 입구에 당도하였습니다. 육지에 올라 도응道膺 선사의 문중이 홍성하다는 말을 듣고 이에 천리를 멀다 하지 않고 바로 일주문에 닿았습니다.

서로 마주하게 되자, 도응 선사가 이르되, "일찍이 헤어진 지가 오래되지 않았는데 다시 만남이 이다지도 빠른가?"라고 하였습니다. 이엄 스님이 대답하기를, "몸소 모시지 못하였는데 어찌하여 다시 왔다고 하십니까?"라고 하니, 도응 선사가 묵묵히 허락하였습니다. 깊이 만족하고 크게 계합하였습니다. 이엄 스님은 여기서 추운 고통을 두려워하지 않고 선사를 따라 시봉하며 6년간 부지런히 힘든 일을 도맡아 하였습니다. 선사가 이르기를, "도는 사람을 멀리하지 않으니, 사람이 능히 도를 펼 수 있는 것이다. 동산東山의 선지가 타인에게 있지 않느니라. 법의 중흥을 오직 내가 너에게 주니, 나의 도는 동이東夷에 있다."라고 하였습니다.

902년 도응 선사가 입적한 후 이엄 스님은 도응 선사의 처소를 떠나 각지를 순례하였습니다. 영남과 하북에서 여섯 탑을 순례하고 강서江西에서 두루 선지식을 참례하였습니다. 그리고 다시 북으로 가 오악의 하나인 북악北嶽을 유람하여 지나지 않은 곳이 없었고, 남쪽으로 형악에 도달하여 들르지 않은 산이 없었으며, 사방으로 멀리까지 참배하면서 풍습을 관찰하는 데 게을리 하지 않았습니다.

효공왕 15년(911) 이엄 스님은 다시 배에 올라 해로로 귀국길에 올랐습니다. 나주羅州의 회진會津에서 육지에 오른 후, 동쪽으로 구불구불 이어진 먼 길을 가다가 김해부에 이르러 지군부사知軍府事 소율희蘇律熙의 청에 응하여 승광산사勝光山寺에 머물면서 학인을 접하고 법을 열었습니다. 스님은 비록 마음으로 선림禪林을 좋아하였으나 다만 이 땅은 도적들의 소굴과 긴밀하게 연관되어 있어 나라가 어지러운 관계로 거주하기가 어려웠습니다. 이에 신덕왕 4년(915) 여러 장소를 거쳐 영동군 남쪽 영각산 북쪽에 거주할 만한 곳을 모색하고 있던 사이에 승속이 풍문을 듣고 귀의하는 자가 매우 많았습니다. 고려 태조가 왕위에 오르게 되었는데(918) 그때 이엄 스님의 도가 천하에 높아서 명성이 해동을 덮는다는 이야기를 듣고 자주 조정에서 부르는 문서인 학서鶴書를 보내 친견하기를 청하였습니다.

이엄 스님은 대중들에게 말하기를, "임금의 땅에 거주하는 백성으로서 감히 윤음綸音을 거절할 수 있겠는가? 만약 조정과 하늘을 따르는 자로서 모름지기 나에게 의견을 물어 부촉함을 입었으니 나는 장차 도성으로 나아가련다."라고 하였습니다. 임금의 땅에 이르자, 왕건이 태흥사泰興寺를 중수하고 스님을 초청하여 주석하게 하였습니다.

다음 해 2월, 또 전 시중侍中 권열權說과 태상太相 박수문朴守文을 특별히 파견하여 사나원舍那院으로 맞이해 들이고 주지 직을 맡으시길 경건하게 청하였습니다. 오래지 않아, 다시 궁내에 연화좌를 높이 베풀고 스님을 맞이해 들여 설법하게 하였는데, 그 대접함에 있어 스승과 제자의 예로써 공손히 마음을 열어 스님의 학덕을 숭앙하는 위의를 갖추었습니다.

이 밖에 또 한가로운 저녁을 틈타 몸소 선실의 문을 두드려 도를 묻고 법을 청하면서 말하였습니다.

"제자가 공경하는 마음으로 자비로운 용안을 대하고 바로 평소에 품은 회한을 토로하겠습니다. 지금은 나라의 적들이 점점 세상을 어지럽히고, 이웃 나라들이 대항해 번갈아 가며 침략하여 마치 초나라와 하나라가 서로 대립한 것과 같아 자웅이 결정이 나지 않은 지 3년이 되었습니다. 항상 두 가지 재앙에 대비하여 비록 잘 끊어내고 있으나 점점 서로 살상함이 심해지고 있습니다. 과인은 일찍이 부처님의 계율을 받았으므로 은밀히 자비심을 발하여 적을 사랑하는 허물을 남겨 몸을 위태롭게 하는 재앙에 이를까 두렵습니다. 스님께서는 만리를 사양하지 말고 오셔서 삼한을 교화하시어 자손과 강토를 구제하시고 좋은 말씀을 해 주시길 기다리겠습니다."

이엄 스님이 말했습니다.

"대저 도는 마음에 있는 것이지 일에 있지 않으며 법은 자기를 말미암는 것이며 타인을 말미암는 것이 아닙니다. 또한 제왕과 필부는 수행하는 바가 각각 다르니 비록 군대를 행하나 또한 많은 백성을 불쌍히 여깁니다. 왜냐하면 왕은 사해四海로 집을 삼고 만민으로 아들을 삼으며 죄 없는 무리도 죽이지 않거든 어찌 죄 있는 무리를 논할까? 그러므로 모든 선을 봉행할 것이니 이것을 널리 구제함이라 합니다."

왕이 다 듣고 나서 탁자를 어루만지며 말했습니다.

"대저 속인이 심원한 이치에 미혹하여 미리 염부제를 두려워하였는데, 스님의 말씀은 가히 천인天人과 함께 말하는 것 같습니다. 그러므로 그 죽을 죄를 구제하시고 때때로 죽이는 것을 늦추게 하시며 저의 생령生靈을 불쌍히 여기셔서 도탄에서 나오게 하시니 이것이 곧 스님의 덕화이십니다."

이엄 스님은 수도의 절에서 다년간 주석하며 늘 산천을 자세히 살펴보면서 삶을 마감할 장소를 택하고자 하였습니다. 이 뜻을 임금께 말씀드리니 왕은 비록 생이별을 근심하였으나 다만 그 도를 행하려는 뜻을 막을 수는 없었습니다. 그리하여 고려 천수天授 15년(932) 조칙을 내려 개경 서북쪽 해주海州의 양지에 신령스런 봉우리를 택하여 절을 짓고 이름을 광조사廣照寺라 하고 스님을 청하여 옮겨 거주하면서 주지를 맡게 하였습니다. 이로부터 배우는 무리들이 도량에 넘쳐나고 선객들이 선당에 가득하였습니다.

그 대중이 마치 삼과 같이 빽빽하였으며 그 문앞은 저자거리처럼 붐볐습니다. 음식 · 의복 · 침구 · 탕약 등 네 가지 공양으로 수급할 것을 모두 관아의 창고에서 방출하였습니다. 이웃들도 또한 깊은 신심을 발하였으며, 아울러 선행을 닦고 보시하는 것이 더욱 더 많았습니다. 수미산 광조사는 구산선문 가운데 한 산문입니다. 구산 가운데 오직 이 산문만이 청원행사 계통의 선법을 널리 펼쳤으며, 조동종의 종지를 갖추었습니다. 이엄 스님은 해동의 4무외대사 가운데 한 분입니다. 보리사의 대경 스님, 정토사의 법경 스님, 무위사의 선각 스님 등이 그분들인데, 모두 고려 태조의 왕사를 지냈으며 수미산문은 한때 전성기를 구가했습니다.

수미산문의 조동선은 『삼국유사』를 편찬한 일연一然 스님이 조동

선의 요체인 『중편조동오위』를 남겼으며, 매월당 김시습金時習이 『중편조동오위요해』를 내는 등 발전을 거듭하였으나 조선 중기 이후 그 맥이 혜명을 잇지 못하고 있는 실정입니다.

임종 전에 이엄 스님은 수도에 들어가 왕을 만나고자 했으나 인연이 다하여 서로 대면할 수가 없었습니다. 스님은 병든 몸이 쇠약하고 수척하여 기다릴 수 없었습니다. 곧 다음 날 수레를 타고 오룡산사五龍山寺에 당도하였습니다. 천수 18년(936) 8월 17일 한밤중에 법당에서 입적하니 세수를 다한 해가 67세요, 법랍이 48하안거였습니다. 문인들이 그 달 20일 신좌神座를 받들어 수미산 광조사 서쪽 봉우리에 옮겨 장사 지냈으니 절과 겨우 3백 보 떨어진 곳이었습니다.

스님의 유업을 전수한 제자로는 처광處光·도인道忍·정비貞丕·경숭慶崇·원조元照 스님이 있고, 재가제자인 좌승상 황보제공皇甫悌恭·전 왕자 태상太相 왕유王儒·전 시중 태상太相 이척량李陟郎·광평시랑 정승휴鄭承休와 소원昭元이 크게 교훈을 하나로 모으고 깊고 단단한 우정으로 서로 어울려 깊이 법은法恩에 감사하였습니다. 그리고 한결같이 임금께 시호를 하사할 것을 청하였습니다. 이를 인가하여 시호를 진철眞澈 대사라 하고 탑호를 보월승공寶月乘空이라 하였습니다. 아울러 어사대부 최언위崔彦撝가 탑의 비명을 지었으며, 그 다음 해에 이르러 비석에 새겨 세웠습니다.

자신의 삶을 한 순간이라도 되돌아본 사람이라면 '도란 무엇일까?' 자문자답해 본 적이 있으리라 생각됩니다. 그런데 질문은 잘할 수 있으나 스스로 도가 이렇다, 이러이러한 것이다라고 결론을 내리기는 썩 쉬운 일이 아니라고 봅니다. 도를 말할 때 흔히 쓰는 길 도道자로는 의미전달이 미흡하기 때문입니다. 사성제 가운데 마지막에 도道가 나옵니다. 범어로 mārga라고 합니다. mārg라는 동사에서 나온 말로 '찾는다', '탐구하다' 라는 뜻입니다. 그러니까 mārga는 '탐구' 라는 명사가 됩니다. '부처님께서 존재의 고통으로부터 벗어나는 길을 가르쳐 준 길' 입니다. 길에는 rathya라는 말도 있는데 '고속도로' 를 나타내는 말이고, patha는 일반적인 '길' 을 나타내는 말입니다. 사성제에서 말하는 도는 '하늘의 일월성신과 같은 변함없는 길' 입니다. 그래서 천칙天則이라 하여 하늘의 법칙을 말합니다. 하늘의 일월성신이 궤도를 벗어나게 되면 큰 재앙이 따르게 됩니다. 또한 도는 '깨달으신 부처님의 길' 이기도 한 것입니다.

하나 더 부연하고 싶은 말이 있습니다. '수행' 이라는 말이 그것입니다. 닦을 수修, 행할 행行이라는 한자漢字로 의미파악이 확연하게 드러나지 않는 듯합니다. pratipatti라는 범어에는 '얻는다' 는 뜻이 있고 '확신' 이라는 뜻이 있기도 합니다. 그러나 그보다 더 중요한 말이 '어떻게 행해야 하는지를 알고 혹은 무엇이 행해졌는가를 아는 것' 이 수행이라고 풀이하고 있습니다. 나의 행동이 어떠해야 하는지 모르고 고장난 브레이크마냥 질주하는 현대인의 다급한 행동에 의미심장한 답을 주고 있습니다.

이렇게 수행을 통해 절제된 성인에게는 네 가지를 끊는다는 절사絶四가 있습니다. 성인의 인격이 원만하여 마음에 조금도 집착하는 일이 없다는 것입니다. '의意' 라 하여 남의 마음을 억측하는 일이 없다는 것입니다. 상대의 마음은 전혀 그렇지 않은데도 이쪽에서 일방

적으로 어찌어찌할 거야, 아니면 어찌어찌했을 거야라고 단정하여 오해가 생기는 수가 허다한데 성인은 범부가 허다히 저지르는 그러한 일이 없다는 것입니다. '필必'이 있습니다. 무엇이든지 내가 한다고 덤비고 주장하는 일입니다. 집단에서 허다히 발생하는 일입니다. 내가 아니면 안 된다는 생각으로 가득 찬 사람들이 적지 않습니다. 막상 해 보라 하면 일을 그르치기가 일쑤인데도 말입니다. '고固'는 절대로 나는 못하겠다고 버티는 일입니다. 내가 못한다면 세상 누군가가 해야 할 것이 아닙니까. 궂은일은 피하고 진자리는 피해 가며 양지만 좇는 사람들에게 귀감이 되는 가르침입니다. '아我'는 자기 고집대로 하는 일입니다. 가정에서나 사회생활에서 자기 고집만 앞세운다면 가정의 질서가 무너지고 사회의 안정은 기대하기 어려울 것입니다.

　가정과 사회가 평화롭고 조화로운 삶을 누리기 위해서는 육근, 즉 여섯 가지 감각기관을 잘 다스려야 할 것입니다. 눈을 잘 다스리면 남의 허물을 보기보다 나의 허물이 없는가 살펴질 것입니다. 귀를 잘 다스리면 남을 험담하는 소리가 들리지 않게 될 것입니다. 코를 잘 다스리면 악취보다 향내나 쟈스민의 향기가 주변에 만연할 것입니다. 혀를 잘 다스리면 남의 말을 하지 않게 될 것입니다. 뿐만 아니라 상대를 칭찬하는 아름다운 말씨를 쓰게 될 것입니다. 몸을 잘 다스려 보십시오. 건강해집니다. 보약만으로는 건강할 수 없지 않습니까. 몸을 잘 다스리면 업이 늘지 않습니다. 주변이 편안해지기도 합니다. 생각이 잘 제어되면 만사가 OK입니다. 바로 탐진치를 여의고 번뇌가 소멸되어 근심할 것이 없어집니다. 이런 사람의 삶이야말로 부처님 정법수호의 길을 가는 참수행자의 삶인 것입니다.

　이 순간에 나에게 잘 갖추어져 있는 보배를 음미해 보고 값진 옥으로 만들어야겠다는 마음의 다짐을 해 봤으면 합니다. 찬란한 봄 햇살이 창틈으로 밀려오듯이 나의 신앙생활도 인류의 삶의 질을 높이는 햇살로 거듭날 청사진을 그려 봅시다. 꿈은 이루어지는 것이라고 했습니다.

긍양 선사

긍양 스님의 속성은 왕씨로 웅진(지금의 공주) 사람입니다. 조부의 휘는 숙장淑長이고, 아버지의 이름은 량길亮吉입니다. 어머니는 김씨로서 헌강왕 4년(878)에 태어났습니다. 취학할 때에 이르자 시와 예절을 배우고 강론을 들었으며, 시·글씨·그림 삼절三絶을 부지런히 익히고 구류백가九流百家를 소홀히 하였습니다. 후에 부모에게 출가하여 입도入道하겠노라 간절히 말씀드리고 본주本州 남혈원南穴院 여해如解 선사에게 의탁하여 삭발하였습니다. 선사는 크고 맑은 눈으로 맞이하고 진심을 다하여 접대하였으며, 긍양 스님은 나태함이 없었고 시봉함에도 오직 부지런할 뿐이었습니다. 사자師資 관계를 살펴보면 현계賢溪 왕사 도헌道憲에게서 법을 얻었습니다. 도헌은 쌍계혜소雙溪慧昭를 계승하였으며, 혜소 스님은 당에 들어가 창주滄州의 신감神鑑을 친견하게 되는데, 신감은 곧 강서 마조도일의 법손입니다. 긍양은 처음 남악의 선법을 배웠으며 당에 들어가 법을 구하기로 결정하였습니다.

효공왕 4년(900) 긍양 스님은 바다를 건너 서쪽으로 뱃길에 올랐습니다. 강회江淮에 도달하여 천연의 요새를 넘어 설봉산雪峰山으로 가자고 하였습니다. 도중에 비원령飛遠嶺을 지나다가 우연히 쌀을 운반하는 일행을 만나 동행하게 되었습니다. 휴식할 때에 무리 중 한 사람이 마른 용나무를 가리키면서 말했습니다.

"고목은 저 홀로 선정에 들어
봄이 왔건만 다시 필 줄 모르네."

긍양 스님이 이어서 말했습니다.

"멀리 티끌 같은 세상을 벗어나
오랜 세월 동안 도의 정취를 즐기네."

대중이 듣고 탄복하여 차례대로 서로 읊으며 전했습니다.

후에 천태산에 올라 주장자를 눈 내린 산길 구름 낀 산봉우리에 걸어 두기도 하고 혹은 높은 계곡 폭포에 발우를 씻으며 두루 선원을 참배하다가 마침내 본인의 원에 합치하였습니다. 그런 후 다시 담주潭州(지금의 장사현長沙縣)의 곡산谷山으로 가 석상경제石霜慶諸의 제자인 도연道緣 화상을 뵙고 물었습니다.

"석상의 종지가 무엇입니까?"

도연이 대답했습니다.

"대대로 일찍이 계승하지 않았다."

긍양은 언하에 크게 깨치고 묵묵히 현묘한 기틀에 계합하였습니다. 이어서 은밀히 비밀스런 심인을 받아 명확히 하나의 진리를 구명하였으며 더욱 더 삼매를 수련하여 선문의 제일인자로 일컬어지 게 되었습니다. 긍양 스님은 다시 게송을 지어 도연 화상께 바쳤습 니다.

열 사람의 뛰어난 재주 있는 이가 다 함께 급제하여
만약 방榜을 통과하면 모두 다 한가로움을 얻으리라.
비록 그러하나 어느 한 사람이라도 회광반조치 못하면
자연히 아홉 사람만이 출세간에 있으리라.

화상께서 보시고 경탄해 마지않으시며 삼생송三生頌을 지어 대중 으로 하여금 화답하게 하였습니다. 긍양 스님은 용기백배 고무되었 고 당시 누구도 긍양 스님을 능가하는 자가 없었습니다.

경애왕 원년(924) 봄에 긍양 스님은 곡산을 하직하고 깊은 곳으로 북상하여 오대산 청량의 성스러운 유적을 순례하였습니다. 한때 관 음사에서 쉬면서 주야를 지내는데 얼굴에 붉은 종기가 나더니 오래 도록 없어지지 않고 위독한 지경에 이르렀습니다. 그래서 열반당 위 에 홀로 앉아 가만히 보살을 향해 소원을 발하니 마침내 문수보살의 응현을 감응하였습니다. 감로수를 부어 씻어 주니 종기가 깨끗이 나 아 흉터조차 남지 않았습니다. 그 후 서쪽으로 운개雲盖(지금의 담주 장사長沙)를 지나 남으로 동산洞山(지금의 강서 의풍현宜豊縣)을 편력하 다가 이해 7월 다시 바다를 건너 귀국하여 전주 희안현喜安縣 포구에 배를 매어놓고 육지에 올랐습니다.

이때의 시대 상황을 살펴보면 고려 태조가 양위한 지 수년이 되었으나 신라 왕이 귀속되지 않았고 견훤이 포박되지 않았으며 산야에는 오랑캐가 각각 다투어 분쟁을 일으키고 있었습니다. 긍양 스님은 속세와 떨어진 곳에 은거하기를 좋아하여 산중에 그림자를 가리고 광채를 처마 밑에 감추었습니다. 경애왕 4년(927) 비로소 강주康州 백엄사伯嚴寺로 옮겨 머물렀습니다. 이 절은 옛 스님 서혈양부西穴楊孚 선사가 창건한 곳입니다. 운무가 가득 서린 계곡, 구름 피어오르는 산봉우리, 사시로 모습이 변화하고 솔바람 소리와 대나무 잎의 바스락거리며 부딪치는 소리, 백 가지 소리가 어우러져 금음金音을 이루니 경관이 빼어나 동림東林과 같았습니다.

 긍양 스님이 머물자 도를 묻고 이익을 청하는 사람들이 그치지 않았습니다. 이로부터 교화의 힘이 바다 끝까지 두루 가득하고 명성이 천하에 떨쳤습니다. 경애왕이 사신을 보내 서신을 전하며 경건하게 가르침을 받들겠다는 원을 피력하였습니다. 아울러 별호別號를 올려 봉종奉宗 대사라 하였습니다. 고려 천수 18년(935) 희양산 봉암사鳳嚴寺로 옮겨 주석하였습니다. 도량은 형세가 기이하고 험하였으며 천 층으로 에워싼 비췻빛 산봉우리와 만 층으로 펼쳐진 적색의 낭떠러지가 있는 곳이었습니다. 비록 재화로 불타기도 하고 겁화劫火의 재난이 날아들어 소실된 모습이 역력하였으나 중첩된 산봉우리 복잡다단한 계곡 등은 모두 옛 모습을 지니고 있었습니다. 법당과 요사채는 절반이나 잡목이 우거진 땅이 되었습니다. 선문의 비석은 우뚝 솟아 있고 불상은 엄숙한 모습으로 의연하였습니다. 스님이 분발하여 뜻을 세우고 도량을 일신시키고 나니 1년이 되지 않아 대중이 대나무와 갈대처럼 줄을 이었습니다. 역대 조사들의 가풍을 진작시키고 넓혔으며 부처님의 가르침을 빛내고 천명하였습니다. 대중을 교화함에 게을리 하지 않고 정연하게 잘 이끌었습니다. 그러자 귀천고하를 막론하고 귀의하였습니다. 도량에는 전단향기가 그윽하고 연꽃이 가득 어우러져 엄연히 하나의 커다란 교화의 성역이었습니다.

이 해에 고려 태조 왕건이 삼한을 통일하고 스님들을 소중히 여기고 부처님께 귀의하여 절을 짓고 불상을 조성하였으며 조직을 내려 지역 내에 영특하고 현명한 사람들을 소집하였습니다. 이에 도인들이 폭주하였으며 선승들이 구름처럼 몰려와 교화를 행하고 왕의 뜻을 도왔습니다. 긍양 스님도 또한 기다리지 않고 홀연히 산을 나와 수도로 나아갔습니다. 당도하자 태조가 전에 없이 기이하게 여겨 옷깃을 가다듬고 똑바로 앉아 공경하는 뜻을 표하며 법계法系와 종맥宗脈을 물었습니다. 스님은 청산유수처럼 대응하지 못하는 일이 없었습니다. 태조는 스님을 늦게 만난 것을 한탄하기도 하였습니다. 그리하여 긍양 스님의 도가 중국에까지 미쳤으며 경론을 새롭게 출간하는 일이 점점 많아졌습니다. 복건성과 절강성에 사신을 보내 대장경을 구입하여 완본을 갖추고 간경하였으며, 이에 널리 선포하였습니다.

태조가 물었습니다.

"이제 다행히 병화兵火가 사라지고 부처님의 가풍이 가히 진작될 만합니다. 다시 한 본을 필사하고자 하여 도성에 각각 나누어 주었으니 스님의 뜻은 어떻습니까?"

긍양 스님은 이에 찬탄해 마지않으며 말했습니다.

"이 일은 참으로 공덕이 되어 위없는 깨달음을 이루는 데 무방합니다. 부처님의 은혜와 왕의 교화가 이와 같으니 반드시 하늘과 땅처럼 영원할 것이며 복리福利가 한이 없고 공명이 길이 후세에 남을 것입니다."

이후 태조는 스님에 대하여 한마음으로 공경하고 우러러보며 사사공양으로 마음을 기울여 보살폈습니다. 혹은 편전便殿에서 불러 벼슬을 주면서 간청하여 맞이하기도 하고 혹은 몸소 절을 방문하여 안부를 묻기도 하였습니다. 스님이 도성을 하직하고 절로 돌아온 후에도 태조는 전과 변함없이 총애하였습니다.

태조가 승하하고 혜종惠宗이 왕위를 계승하자, 스님은 대중 가운데 대표를 뽑아 보내 축하하였으며 멀리서나마 가호가 있기를 축원하였습니다. 그러나 인연을 맺을 겨를도 없이 승하하였다는 소식을 들었습니다. 제3대 정종定宗은 재위하는 동안 불교에 마음을 기울였으며 더욱이 선열禪悅을 맛보기를 바랐습니다. 이로 인해 긍양 스님은 조칙을 받들어 수도로 올라가 나라의 어지러움을 다스리는 묘안을 제시하였으니, 비유컨대 나무를 재단할 때 먹줄을 따라 하면 똑바르게 되는 것과 같았습니다. 왕은 이에 새로 마납가사를 지어 증여했습니다. 산중으로 돌아감에 의희본義熙本『화엄경』여덟 질을 필사하여 보냈습니다. 광종光宗이 재위에 오르자 더욱 불교를 깊이 받들었으며 사신을 보내 긍양 스님을 맞이하여 수도로 오시도록 하였습니다. 친히 선덕禪德과 풍채를 보려 하였으며 스님도 또한 동림에서 나와 궁궐에서 임금을 알현하였습니다. 입경할 때 왕은 예를 갖추어 도성 밖까지 나와 맞이하였으며, 문무 만조백관들로 하여금 먼지를 무릅쓰고 행렬의 앞뒤에 늘어서서 도성으로 가는 길에 모시고 따르게 하였습니다. 왕은 나라를 다스리는 정도正道를 물었고, 긍양 스님은 이에 "망언忘言의 언言을 말하고 무설無說의 설을 설하였다."는 일화가 정진대사탑비에 기록되어 있습니다.

긍양 스님은 타고난 성품이 순박하고 품은 기운은 뛰어난 재기를 지니고 있었으며, 학인들을 힘써 격려하였고, 말은 간결하고 뜻은 심원하였습니다.

어떤 스님이 물었습니다.

"좌우를 여의지 않고도 아직 모르는 것이 무엇입니까?"

스님이 답했습니다.

"나는 또한 아사리를 모르겠다."

스님의 개차법은 하나도 어긋남이 없었습니다. 납의衲衣가 오래되어 낡아 떨어졌으나 설사 세탁을 하지 않아도 벼룩과 이가 생기지 않았으므로 몸이 가려운 데가 없었습니다.

광종 4년(953) 가을에 스님은 산으로 돌아왔습니다. 왕이 눈물을 흘리며 전송하였습니다. 증여한 물품 중에는 향 그릇과 물병 등이 있었는데 색채를 입히고 조각을 새긴 최상품이었으며, 부수적으로 향 통과 병 받침도 내려졌는데 그 방향이 이루 다 말할 수 없었습니다. 광종 7년(956) 가을 8월 19일 스님은 문인들에게 뒷일을 당부하고 상수 제자인 형초逈超에게 법을 전한 후에 조용히 앉아 입멸하였습니다. 세수 79세 승랍 60하안거였습니다.

왕은 몹시 슬퍼하며 김준암金俊巖·김정범金廷范 등을 보내 시호를 정진靜眞 대사라 하고 탑호를 원오圓悟라 하였습니다. 다시 화공에게 명하여 진영眞影 한 폭을 그리도록 명하고, 완성되자 몸소 표제를 하고 여러 신료를 절로 보내어 공양을 베풀게 하였습니다. 한림학사 이몽유李夢游가 명을 받들어 탑의 비명을 찬술하였습니다.

　필자는 이따금 남산 기슭에 있는 조지훈 선생의 시비가 있는 곳엘 가곤 합니다. 거기에는 비의 내력을 기록해 놓았습니다. 앞면에는 '파초우'라는 시가 씌어 있습니다. 전면 글씨는 누구의 글씨이고 후면 글씨는 누구누구의 글씨라고 씌어 있습니다. 전면이니 후면이니 하는 말이 전혀 어색하지 않은 말인 듯합니다만 그렇지 않습니다. 후면이란 말은 비문에서 쓰이는 말이 아닙니다. 음기陰記라는 말이 옳은 표현입니다. 이러한 오류를 대학자 조지훈 선생께서 퍽이나 섭섭해 하리라 생각합니다.

대각 국사 의천

　의천(1055~1101) 스님은 고려 제11대 문종 임금의 넷째 왕자로서 11세의 어린 나이에 출가하였습니다. 인예仁睿 태후가 문종 즉위 9년 (1055) 9월 28일에 낳았습니다. 왕은 친히 영통사靈通寺의 경덕景德 국사를 불러 내전에 들어와 삭발 염의해 주도록 하였습니다. 출가 후 스승을 따라 영통사에 주석하였으며 화엄학의 대가 현수賢首 스님의 교관敎觀을 수학하였고, 이해 10월 불일사佛日寺 계단에서 구족계를 받았습니다. 스승 경덕 스님이 입적하자 의천 스님이 가르침을 계승하였으며 다시 돈점을 겸하여 연구하였고 대승·소승·경·율·론·장소章疏를 섭렵하지 않은 것이 없었습니다. 외전으로는 6경六經·칠략七略의 서적도 두루 일람하여 그 참뜻을 두루 알았으며 견해에는 독창적인 면이 있었습니다.

　아버지 문종 임금으로부터 승통僧統의 지위를 임명받았습니다.

순종順宗과 선종宣宗도 은혜로서 예우하기를 배로 하였습니다. 요遼나라 천우天佑 황제가 경전·차·향·황금과 비단을 헌납하여 신도의 인연을 맺기도 하였습니다.

순종이 즉위할 초기, 송에 들어가 구법할 것을 간청하였으나 윤허를 얻지 못하였고, 선종이 즉위하자 다시 누차 간청했으나 군신이 모두 스님의 위치를 중히 여겨 바다를 건너는 것이 마땅치 않다고 하며 윤허를 하지 않았습니다. 후에 번藩에 있던 숙종이 태후를 배알하는 기회에 천태삼관天台三觀이 최선의 법문임에도 본국에는 아직 유포되지 않았다는 말을 하자 모두 애석한 마음을 표했습니다. 의천 스님이 여기에 뜻이 있음을 표하자 태후의 뜻에 깊이 계합하였고 번에 있던 숙종 임금 또한 외호하기로 발원하였습니다.

선종 2년(1085) 봄 정월에 의천 스님은 다시 궁궐로 들어가 간절히 간청하였으나 많은 신하들이 저지하였습니다. 그해 4월 8일 밤에 의천 스님은 왕과 태후에게 글을 남기고 결연히 제자 수개壽介를 거느리고 평복을 입고 정주貞州에 도달하여 송宋나라 상인 임영林寧의 배에 올라 바다를 건너 송나라에 들어갔습니다. 선종 임금은 이 소식을 듣고 슬피 한탄하며 급히 원경元景·혜선慧宣·도린道鄰 스님에게 명하여 송나라에 들어가 의천 스님을 시봉하고 안전을 도모하도록 하였습니다.

의천 스님과 제자들이 밀주密州 경계의 육지에 올랐습니다. 그러자 철종 황제의 명을 받들어 양걸楊杰이 나와서 극진히 영접하였습니다. 여러 사찰을 참배한 후 명망과 덕이 있는 분을 두루 참배하였습니다. 이때 화엄학의 대가인 포성布誠 스님에게 제자로서의 예를 다하였으며, 현수 스님으로부터 천태판교의 동이점同異点과 양종의 그윽하고 오묘한 뜻을 경청하였습니다. 한편 상국사相國寺의 원조元照 선사를 참례하였는데, 원조 스님은 의천 스님을 위해 설법하고 이어서 게송을 지었습니다.

    어느 누가 저 만리 큰 파도 위에
    법을 위해 몸을 잊은 선재동자를 본받을까?
    마땅히 염부제가 다할 것을 생각하니
    우담바라가 불 속을 향해 피는구나.

또 홍국사에 가 역경의 대가인 지길상智吉祥을 참배하고 서천의 일을 상세하게 문의하였으며, 몇 달이 지나 편지를 올려 항주杭州에 있던 화엄강사 정원淨源 스님 문하로 가서 수업할 수 있기를 청하였습니다. 철종 임금이 조서로서 윤허하고 다시 주객主客(손님의 접대를 맡은 벼슬)인 양걸을 파견하여 동행하게 하였으며, 국산을 지나 불인佛印 선사 요원了元을 배알하였습니다. 항주 혜인사慧因寺에 주석하고 있던 정원淨源 스님을 참배하니 정원 스님이 스님의 법기가 비상함을 알고 늦게 상봉한 것을 한탄하며 스님을 위해 화엄경을 전수하니, 스님도 교장敎藏 7,500여 권을 절에 기증하였습니다. 또 천축사의 자변慈辯 스님을 만나 천태종의 교리를 강설해 주기를 요청하여 주객 양걸과 모든 제자가 함께 들었습니다. 자변이 시 한 수를 지어 화로와 여의如意 등의 물건과 함께 기증했습니다. 여의는 보살이 갖는 물건으로 옥·뿔·대 따위로 만들었는데, 한 자쯤 되는 자루는 끝이 굽어 고사리 모양과 같습니다. 원래 등의 가려운 곳을 긁는 데 썼는데, 가려운 곳이 뜻과 같이 긁힌다는 뜻에서 나온 말입니다.

선종 임금이 모친을 대신하여 송나라 조정에 서장書狀을 올렸는데, 의천 스님을 재촉하여 속히 귀국하기를 청하는 내용이었습니다. 수일 후 수도를 떠나 다시 항주의 정원 스님 처소에 이르러 화엄의 대의를 강청하였습니다. 정원 스님은 화로와 불자拂子를 주어 법을 부촉하는 신표로 삼았습니다. 그리고 천태산에 도착하여 지자대사 탑을 알현하고 발원문을 저술하였습니다. 탑전에서 서원을 세워 선서를 하였습니다.

"제가 이전에 듣기로는 지자 대사께서는 5시 8교의 교상판석을 해동에 전하여 일대의 성스러운 말씀을 남김없이 모두 설하였다고 했습니다. 고려에는 옛날에 체관 스님이 천태교관을 전수받아 이어 왔으나 지금은 끊긴 지 오래입니다. 제가 대불심을 발하여 몸도 잊은 채 스승을 찾아 도를 물어왔는데, 이제 마침 자변 강백 문하에서 교관을 인가받았으니, 후일 고향에 돌아가 전심전력으로 선양하겠습니다."

명주明州 땅에 당도하여 광리사廣利寺의 회련懷璉 스님을 배알하고 설법을 들으니 본래 마음에 품고 있던 뜻에 계합하는 점이 많았습니다. 이 밖에 의천 스님은 송나라에 체재하는 기간 중 혜림慧林·선연善璉·택기擇基 등 대덕 스님들을 방문하였는데 그 수가 50여 명에 달하였습니다. 주객 양걸이 말하였습니다.

"옛부터 바다를 건너 구법한 성현은 많으나 승통과 같이 한 번 와서 천태·현수·남산·자은·조계·서천의 범학梵學 등 모든 것을 일시에 전수해 마친 분은 없었습니다. 참으로 법을 홍포하는 대보살인 수행자이십니다. 이는 진실한 의제義諦이지 지나치게 칭찬하는 말이 아닙니다. 이렇게 참방한 것 외에 의천 스님은 또한 널리 경전과 장소章疏를 구하여 몸소 가지고 간 것이 1천여 권에 달했습니다."

원우元祐 원년(1086) 5월 20일 의천 스님 일행은 고려 조정의 경축사절 선박에 탑승하여 5월 29일 본국에 돌아왔습니다.

선종 임금이 황태후의 명을 받들어 봉은사에 나가 환영했는데, 영접 의식이 매우 성대하고 장엄하였습니다. 처음에는 흥왕사에 편히 모시고자 주지로 임명하였습니다. 의천 스님은 함께 법을 전한 덕린德麟·익종翼宗·경란景蘭·연묘連妙 등 여러 스님들과 함께 지냈습니다. 임금께 권하여 사내에 교장도감敎藏都監을 두고 송·요·일본에서 사들인 경전 4천 권과 송에서 얻어 온 1천여 권을 모두 간행하고 유통시켰습니다. 태후와 선종이 승하하자, 의천 스님은 법상종과의 알력으로 잠시 해인사로 옮겨 은거하였습니다. 의천 스님이 화엄종 출신으로 왕실불교의 본산인 흥왕사에 주석하며 대장경 조판이라는 국가적 불사를 총지휘하는 데 대하여 법상종으로서는 위협을 느꼈을 것입니다.

왕실의 외척인 인주 이씨 세력의 지원을 받은 법상종은 의천 스님과 그 어머니 인혜 태후의 국청사 창건을 극력 반대하여 중단시켰습니다. 이러한 갈등의 이면에는 또 왕족 세력과 외척 세력의 정치적 갈등이 잠재해 있었습니다. 선종의 후궁 소생으로 왕위를 계승하려고 쿠데타 음모를 꾸미던 인주 이씨 세력은 1095년에 왕족 세력에 의해 숙청되고, 숙청을 주도한 숙종이 왕위에 올랐습니다. 숙종의 동생인 의천 스님은 이제 법상종 세력을 제압하는 한편, 국청사를 창건하고 천태종의 개창을 당당히 선포하였습니다.

이렇듯 천태종 개창 자체가 다시 득세한 왕권의 강력한 지원에 힘입은 것이었습니다. 의천 스님은 속장경 편집과 천태종 개창을 통해 불교학의 종합과 융화를 꾀하였습니다. 따라서 그러한 작업의 선구자인 원효 스님을 보살로 화쟁국사和諍國師를 추증하였다고『고려사』숙종 6년(1101)조에 기술되어 있습니다. 더 나아가 의천 스님은 천태종조차도 "원효 보살이 찬미하고 체관 법사가 전한 것"을 계승한다고 표방함으로써 원효 스님의 계승자로 자처하기도 했습니다.

교단에서는 의천 스님을 천태종을 중흥시킨 공로자로만 이해하는 경우가 많고, 문종의 왕자였다는 점에 주안점을 두고 말하기도 합니다. 그러나 의천 스님의 국가 경제관은 어느 관료 못지 않은 탁견이었음을 엿볼 수 있습니다.

숙종 임금은 1097년에 주전도감鑄錢都監을 설치하고, 5년 뒤 우리 역사상 최초의 유통 화폐인 해동통보海東通寶와 동국통보東國通寶 등을 만들었습니다. 화폐를 주조하자는 제안을 한 사람은 송에 유학을 다녀온 임금의 친동생 의천 스님이었습니다. 왕실에서도 스스럼없이 스님이 배출될 만큼 고려 왕실은 유학을 국가운영의 골간으로 삼으면서도 개인적으로는 대부분 불교를 숭상하였습니다.

무신정권이 성립하자 불교도 영향을 받게 되었습니다. 기존의 불교는 의천 스님의 영향 아래 발달한 교종 계통의 천태종이 지배했는데, 그에 맞서 이 시기에는 선종 계통의 조계종이 새로 발달하게 되었습니다. 오늘날 불교계의 2대 종파가 이 무렵에 형성된 셈입니다.

조계종의 대표는 보조지눌(1158~1210)입니다. 스님은 왕실과 귀족들에게 성행하던 교종보다 선종을 중흥시키기 위해 노력하는 한편 교종과 선종의 통합을 주장했는데, 하극상의 시대적 분위기에 걸맞은 종교개혁이라 하겠습니다. 아마 최충헌에 대한 반란도 당시 지눌이 선도한 불교 대통합 분위기의 영향을 받았을 것입니다. 의천 스님과 지눌 스님은 모두 교종과 선종의 통합을 외쳤지만, 그 생리상 완전 통합은 불가능했습니다. 교종은 교리에 충실하자는 것이고, 선종은 깨달음이 우선이라는 것이기에 자주 논쟁이 벌어지기도 했습니다. 그건 사실 닭과 달걀의 논쟁과 다를 바 없고, 불교만이 아니라 어느 종교나 학문에서도 흔한 쟁점이 되고 있습니다.

숙종 6년(1101) 8월 의천 스님은 병을 얻었으나 의연히 견디며 좌선하였으며, 관심觀心을 하거나 경을 독송하면서 피로하여도 스스로 그치는 일이 없었습니다. 왕이 친히 스님이 주석하는 곳에 왕림하여 병문안을 하였습니다. 같은 해 겨울 10월 5일 오른쪽 옆구리를 땅바닥에 댄 채 입적하니 향년 47세였습니다. 의천 스님은 천명에 의하여 이 세상에 태어난 큰 인재로서 여러 학문을 두루 섭렵하지 않음이 없었으나 스스로 겸허하게 자신이 감당할 수 있는 것은 현수와 천태 양종에 있다고 하였습니다. 임종하기 이틀 전 국사로 책봉되었으며, 입적 후 시호는 대각으로 영통사 동산의 석실로 옮겨 안장되었습니다.

스님이 남긴 저서로는 『신편제종교장총록』 3권과 『원종문류圓宗文類』 권14와 22가 있으며 후인이 편집한 『대각국사문집』이 있습니다.

병아리는 먹이를 먹을 때 짧으면서도 리듬감 있는 짹짹거리는 소리를 냅니다. 그러나 어느 경우에는 귀를 찢는 듯한 시끄러운 울음소리를 내기도 합니다. 어미의 도움을 청하는, 그 귀를 찢는 울음소리는 다른 동료 병아리들에게는 무시됩니다. 오직 너만의 문제라는 것입니다. 그러나 먹이를 먹을 때 내는 짹짹거리는 소리는 다른 병아리들을 불러 모으는 효과가 있다고 합니다. 즉 한 마리의 병아리가 먹이를 발견했을 때 내는 그 짹짹거리는 소리는 다른 병아리들을 먹이가 있는 곳으로 끌어 모으는 먹이 신호인 셈입니다.

병아리들의 이 명백한 이타주의는 친족 선택으로 쉽게 설명됩니다. 자연 상태에서 병아리들은 모두 형제자매들이기 때문에 먹이를 발견했을 때 짹짹거리게 하는 유전자는 널리 퍼질 것입니다. 병아리가 길을 잃거나 언덕 위 낭떠러지에 놓이게 되면 큰 공포에 노출되는데, 이 경우에도 삐약거립니다. 그리고 추위를 느끼면 큰소리로 삐약거립니다. 이런 소리는 어미닭의 행동에 영향을 미칩니다. 이 소리는 대개 어미닭을 즉시 불러오는 효과가 있어서 다른 병아리들이 있는 안전한 곳으로 갈 수 있습니다. 이 행동은 상호간의 이익을 위해 진화해 왔다고 합니다.

브루스 효과(Bruce Effect)라는 말이 있습니다. 생쥐의 수컷은 임신 중인 암컷이 그 냄새를 맡으면 즉시 유산을 하게 되는 어떤 화학물질을 분비한다는 것입니다. 암컷은 그 냄새가 전 남편의 냄새와 다르기만 하면 그냥 유산을 하고 만다고 합니다. 이런 방법으로 수컷들은 장차 자연의 의붓자식이 될지도 모를 태아를 죽여 버릴 수 있으며, 한편 새로 만난 암컷으로 하여금 자신의 성적 접근에 더욱 민감하게 반응하도록 유도한다고 합니다.

생쥐와 어미닭의 모습에서 판이한 모습을 볼 수 있습니다. 어미닭에게는 어떠한 역경이 있다 하더라도 어린 병아리를 위태로운 상황에서 구출해야겠다는 살신성인의 정신이 있습니다. 한 마리의 병아리가 위험에 처했다는 사실을 알면 많은 안전한 상태의 병아리들은 놔두고 그냥 달려갑니다. 이타행의 표본이라 하겠습니다. 반면에 생쥐는 오직 나의 유전자만 혈통으로 인정하고 그 나머지 것들은 섬멸시키고 마는 지극히 이기적인 삶을 살고 있습니다. 이렇게 되면 언젠가 생쥐의 세계는 종족의 축소에 의해 지구상에서 종의 자취를 감출는지도 모를 일입니다. 이기적인 삶은 이와 같이 자기 삶 자체를 위기로 몰 수 있습니다.

의천 스님의 구법은 고려에 불심을 홍포하기 위한 이타적인 구법의 표상입니다. 그리고 뛰어난 경제감각을 가지고 나라에 주전도감을 설치하여 해동통보와 동국통보를 만들어 유통시킴으로써 물물교환의 어려움을 덜어 주었으니, 이 또한 이타적인 삶의 실천자만이 할 수 있는 일일 것입니다.

보우 선사

　보우普愚(1301~1382) 스님은 고려 후기 분으로 원래 이름은 보허普虛입니다. 호는 태고太古이고, 성은 홍씨이며, 홍주洪州(지금의 충남 홍성)가 본관입니다. 부친의 휘는 연延이고, 대대로 양근陽根(지금의 양평)에 살았는데 개부의동삼사開府儀同三司로 추증되었습니다. 개부의동삼사는 중국에서는 위·진 시대부터 시작된 관계官階인데 고려에서는 995년에 전의대광典儀大匡을 개부의동삼사라 불렀습니다. 1298년에 숭록대부崇錄大夫로 개칭하였습니다. 1356년 다시 개부의동삼사라 하다가 1362년에 벽상삼한삼중대광璧上三韓三重大匡으로 고쳤습니다. 어머니 정씨에게는 삼한의 태太부인이라는 칭호가 내려졌습니다. 어머니가 꿈에 해를 가슴으로 품는 꿈을 꾸고 수태하여 충렬왕 27년(1301) 9월 21일에 보우 선사를 낳았습니다.

　어릴 때부터 뛰어나게 총명하였으며 기골이 준수하였습니다. 13

세가 되자 회암사檜嵒寺 광지廣智 선사에게 득도하고 얼마 있다가 가지산迦智山 총림에서 수행하였습니다. 19세에는 만법귀일萬法歸一 일귀하처一歸何處 화두를 참구하였습니다. 선사는 성품이 구속을 싫어하였고 말소리는 우렁차 골짜기를 울렸으므로 주변에서 스님을 공경하였습니다. 충숙왕 16년(1329) 화엄선華嚴選에 합격하였고 경전을 두루 섭렵하여 그 오묘한 뜻을 구명하였습니다. 충숙왕 17년(1330) 봄 용문산 상원암上院庵에 들어가 관세음보살님께 예배하고 열두 가지 큰 서원을 세웠습니다. 1333년 가을에 성 서쪽 감로사에 주석하며 법당에 단정히 앉아 7일이 되는 날 홀연히 깨달아 게송 8구를 지었습니다.

> 하나 또한 얻을 수 없는 곳에 집안(본분)의 돌을 부수고
> 뒤돌아보니 부순 흔적도 없고 보는 이도 이미 없어라
> 분명하고 분명하여 원타타圓陀陀하며
> 오묘하고 오묘하여 그 빛이 찬란하니
> 부처와 조사 그리고 산하대지까지도
> 입도 없이 모두 다 삼켜 버렸다네.

보우 스님은 1337년에 불각사佛脚寺에 주석하여 홀로 독방에서 『원각경』을 읽다가 "일체가 다 멸하여 다하는 것을 부동不動이라 한다."라는 대목에 이르러 알음알이가 모두 타파되어 다음과 같은 게송을 지었습니다.

고요하되 또한 천만 가지가 드러나고
움직이되 또한 한 물건도 없으니
없다는 것은 이 무엇이 없는 것인가
서리 내린 뒤 국화 꽃잎이 시드는구나.

그해 10월, 선사는 채중암蔡中庵 전단원梅檀苑에서 동안거를 보냈습니다. 결재 동안 조주의 무자無字 화두를 참구하였는데 다음 해 정월 초이레 밤에 활연히 깨치고 그 자리에서 게송을 지었습니다.

조주 옛 부처여!
앉아서 천성天聖의 길을 끊었으니
취모검吹毛劍을 면전에 들이댐에
온 몸에 빈틈이 없구나.
여우와 토끼는 자취를 끊어 버리고
몸 한번 뒤집으니 사자가 드러나네
견고한 관문을 부순 뒤이니
맑은 바람이 태고에 부는구나.

선사는 양평 초당으로 돌아와 부모님을 모셨습니다. 일찍이 1700 공안을 보고 '암두밀계처巖頭密契處'에 이르러 그 뜻을 몰라 나아가지 못하고 한참을 생각하다가 갑자기 깨닫고는 냉소를 지으며 한소리 질렀습니다.

암두가 비록 활을 잘 쏘기는 하나

이슬이 옷을 적시는 줄을 모르는구나

말후구末後句를 아는 이가 천하에 몇이나 되겠는가.

    그 후 부모를 하직하고 소요산 백운암으로 가서 자유롭게 자연 속에서 스스로 즐기면서 「백운가白雲歌」 1편을 지었습니다. 이때 무극無極이라는 중국 스님이 바다를 건너 고려에 왔는데, 이 스님은 뛰어난 변재를 지녔습니다. 우연히 선사를 만나 대화를 하는 사이에 깊은 감명을 받아 중국으로 건너가 임제종의 정맥을 인증印證할 것을 권하였습니다. 선사는 이 말을 듣고 매우 기뻐하여 충혜왕忠惠王 2년(1341) 김후金候의 간청을 받아들여 삼각산 중흥사重興寺 동쪽 봉우리에 토굴을 지어 스스로 편액을 태고암太古庵이라 하고 오직 솔바람 소리와 화답하며 5년이란 세월을 보냈습니다.

    충목왕忠穆王 2년(1346) 선사는 연경燕京에 들어가 대관사大觀寺에 머물렀습니다. 11월 24일 태자의 생일이 되자 천자는 복을 빌기 위해 선사를 초청하여 『반야경』을 강설케 하였습니다. 다음 해 4월 남소南巢와 함께 인도의 원성源盛 선사를 뵙고자 갔으나 이미 선사는 떠난 후이고, 그 제자들이 선사의 삼관어三關語를 가지고 와 선사께 보이고 화답해 줄 것을 청하였습니다. 삼관어는 다음과 같습니다.

    제1구: "출가하여 도를 배우는 것은 다만 자성을 보기 위함이니 일러 보라. 자성은 어디에 있는가?"

    제2구: "삼천리 밖에서는 모든 그릇된 것을 구별하면서 어찌 마주 보고는 알지 못하는가?"

제3구: 먼저 두 손을 펴 보이고 나서 말하기를, "이것이 제2구이니 제1구를 돌려주시오."

선사가 게송으로 대답하였습니다.

앉아서 옛 부처의 길을 끊고
크게 사자후를 외치네
그러나 저 늙은 남소南巢는
손발을 모두 드러내지 않는구나.
드러내지 않아도 또한 밝고 밝아서
마치 해와 같고 검기는 옻칠과 같네
내가 오자 때마침 서쪽으로 돌아가니
남은 독이 쓰기가 마치 꿀과 같구나.

선사는 이 한 게송으로 세 개의 관문을 꿰뚫었으니 원성 선사의 제자들이 모두 감탄하여 말하였습니다.
"선사先師께서 일찍이 말씀하시길 '강호의 안목이 오직 석옥石屋에게 있다' 고 하였습니다."
그해 7월은 몹시 무더웠는데, 선사는 옷을 털고 호주湖州(지금의 절강성 오홍현) 하무산霞霧山 천호암天湖庵으로 가서 석옥청공石屋淸珙 화상을 뵙고 증득한 바를 통하였습니다.
또 『태고암가』를 알리니 석옥이 가상히 여겨 선사를 시험코자 물었습니다.

"그대는 이미 이러한 경지를 지났으나 다시 조사관祖師觀이 있음을 아는가?"

선사가 대답했습니다.

"무슨 관문이 있습니까?"

청공 스님이 말했습니다.

"그대의 깨달은 바를 보니 공부한 것이 바르고 지견이 청정하다. 그러나 마땅히 낱낱이 놓아 버려야 한다. 그렇지 않으면 그것이 이치의 장애가 되어 바른 지견을 방해할 것이다."

선사가 말했습니다.

"놓은 지 오래되었습니다."

청공 스님이 말했습니다.

"잠시 가서 쉬거라."

다음 날 청공 스님이 선사에게 말했습니다.

"모든 부처님과 조사들은 오직 한마음을 전했을 뿐 다른 법은 없다."

하직할 때에 이르러 청공 스님이 물었습니다.

"어떤 것이 평상시에 함양할 일이며 어떤 것이 향상의 고삐인가?"

선사가 대답했습니다.

"병에서 물이 쏟아져 나오는 것입니다."

그리고는 앞으로 나아가 물었습니다.

"이 밖에 또 다시 다른 일이 있습니까?"

청공 스님이 깜짝 놀라며 말했습니다.

"노승도 또한 이와 같고 삼세의 모든 부처님과 조사들도 또한 이와 같다. 장로가 따로 도리가 있다고 하였다면 어찌하여 말하지 않겠는가?"

그리고는 선사에게 다시 물었습니다.

"우두법융牛頭法融이 4조를 만나기 전에 무엇 때문에 온갖 새들이 꽃을 물어다 주었는가?"

선사가 대답했습니다.

"부귀하면 사람들이 다 우러러봅니다."

청공 스님이 물었습니다.

"보고 난 뒤에는 무엇 때문에 온갖 새들이 꽃을 물어옴을 찾아 볼 수 없는가?"

선사가 대답했습니다.

"청빈하면 자식도 소원합니다."

다시 물었습니다.

"공겁 이전에 태고가 있었던가 없었던가?"

그러자 대답했습니다.

"허공은 태고 가운데 생겼습니다."

청공이 미소를 지으며 말했습니다.

"불법이 동쪽으로 가는구나."

그리고 드디어 가사로 믿음을 표하면서 말하기를, "이 가사는 비록 오늘 전하지만 법은 영축산에서 설하여 흘러와 지금에 이른 것이다. 내 이것을 그대에게 부여하니 잘 보호하여 끊이지 않게 하라."라고 하였습니다. 이어서 청공 스님이 주장자를 주니 선사가 절을 하고 받으며 아쉬운 마음을 달래면서 이별을 하였습니다.

석옥은 임제의현의 18세 법사法嗣로서 급암종신及庵宗信의 문하입니다. 그해 8월 선사는 호주湖州를 떠나 북으로 올라가 10월에 연경에 도착했습니다. 다시 대방성大方城을 유행하니 명성이 중원中原에 퍼졌습니다. 그때 현능玄陵(후일 공민왕恭愍王)이 태자의 신분으로 연경에 머물고 있었는데 성대한 연회를 보고 감탄하여 "내가 만약 고려의 왕이 된다면 스님을 나의 스승으로 모시리라."라고 하였습니다.

충목왕忠穆王 4년 본국으로 돌아와 중흥사重興寺에 머물렀습니다. 후에 용문산 북쪽 기슭에 이르러 그곳에 암자를 짓고 소설小雪이라 하고 장차 그곳에서 몸을 마칠 뜻을 가졌습니다. 공민왕이 즉위하여 선사를 궁중에 청하여 현묘한 말씀을 나누고 조칙으로 경룡사敬龍寺에 거주하도록 하니, 승속이 법음을 듣고자 달려와 예배하였습니다.

그 후 오래지 않아 선사는 표를 올려 산사로 돌아갈 것을 청하였는데, 왕은 만류하여 놓아 주지 않고 그해 4월 24일에 선사를 왕사로 봉했습니다. 왕이 나라를 다스리는 도를 묻자 태조 왕건을 본보기로 하여 불법에 의지하라고 권하였습니다. 선문禪門이 구산으로 나뉘어 각기 자기 문중을 등에 업고 우열을 따져 갈등이 심해지고 화합을 해치고 정도를 깼습니다. 그러므로 이 모두를 통일하여 일문一門으로 만들어 다 같이 부처님의 일심에서 나온 것이어서 물과 우유가 서로 화합하듯 인아人我가 없이 평등함을 강조하였습니다. 또한 백장 청규로써 일상생활을 도야하고 위의를 엄숙하게 하여 조사의 가풍을 일으키며 오교五敎가 각각 그 법을 넓혀 만세에 이르도록 받들라고 하였습니다.

선사는 다시 산으로 돌아갈 것을 청하였는데 왕의 윤허를 얻지 못하자 도성을 빠져나와 은둔하였습니다. 왕은 어쩔 수 없이 법복과 인장 등을 처소로 보냈습니다. 홍건적紅巾賊의 난이 일어나기 전에 선사는 미지산彌智山 초당에 옮겨 살았습니다. 난이 평정되자 왕이 사신을 보내 양산사陽山寺로 옮겨 거주하도록 청하였습니다. 그 후 가지산迦智山에 맞이하여 머물게 하니 크게 종풍을 떨쳤습니다.

사람의 목숨은 물거품이나 허공과 같고
80여 년이 한낱 봄날의 꿈속과 같다네
죽음에 이르러 가죽부대를 버리듯 하니
하나의 둥글고 붉은 해가 서산으로 넘어간다.

라는 게송을 마치고 열반에 드니 세수 82세 법랍 69하였습니다. 무수한 사리를 얻어 지방관리가 사리 1백 과를 나라에 올리니 왕은 공경함이 더하여 시호를 원증圓證이라 하고 탑호를 보월승공寶月昇空이라 하였습니다. 이색李穡이 칙명을 받들어 비명을 찬술하였고 문인 유창維昌이 행장行狀을 찬술하였습니다. 양산사陽山寺 · 사나사舍那寺 · 청송사靑松寺 · 태고암太古庵에 나누어 봉안하였습니다. 그리고 다시 소설산에 탑을 세웠습니다. 상수제자로는 환암幻庵과 고저古樗가 있으며, 시자 설서雪棲는 『태고어록』을 집성하여 세상에 유통시켰습니다.

나옹 선사

나옹懶翁(1320~1376) 선사는 고려 말기의 스님으로, 속성은 아牙 씨입니다. 아버지의 휘는 서구瑞具이고, 그 벼슬이 선관서령膳官署令에 이르렀습니다. 충숙왕 7년(1320) 정월 15일에 태어났는데, 어릴 때 이름은 원혜元慧입니다. 자라면서 머리가 영민하고 비범하였지만 절친한 친구의 죽음을 목도하고는 무상을 느껴 방황하면서 이곳저곳을 떠돌아다녔습니다. 답답한 마음을 풀고자 문경 공덕산 묘적암에 주석하고 있던 요연了然 선사 문하로 출가하였습니다.

나옹 스님은 1347년 원나라로 건너가 연경 법원사法源寺에 머물고 있던 인도 스님 지공指空을 만났습니다. 스님은 지공 스님 문하에서 몇 년간을 수행하였습니다. 그러자 지공 스님은 나옹이 법기임을 인정하고 법을 전해 주었습니다. 스님은 법을 받은 후 몇 년간 선지식을 친견하며 여러 지역을 유행하였습니다.

항주杭州에서 평산처림平山處林 선사를 알현했을 때의 일입니다. 평산은 급암종신及庵宗信의 문하생이고 임제의현의 18세 법손입니다. 선사가 이르렀을 때 마침 평산 스님이 법당에 있는 것을 보고 바로 법당으로 들어가 이리저리 걸어다녔습니다. 그러자 평산이 물었습니다.

"대덕은 어디서 오셨는가?"

나옹 선사가 대답했습니다.

"대도大都로부터 왔습니다."

평산이 물었습니다.

"일찍이 어떤 사람을 뵈었는가?"

선사가 대답하였습니다.

"인도의 지공 스님을 뵈었습니다."

평산이 물었습니다.

"지공이 일용에 무슨 일을 하던가?"

선사가 대답했습니다.

"지공은 날마다 천 개의 칼을 사용합니다."

평산이 말했습니다.

"지공의 천 개 칼은 우선 놔두고, 그대의 칼 하나를 가져오시게."

그러자 선사는 방석으로 평산을 쳤습니다. 평산이 선상 위로 넘어지면서 큰소리로 외치며 말했습니다.

"이 도적놈이 나를 죽이는구나."

선사가 평산을 부축하여 일으키며 말했습니다.

"저의 칼은 사람을 죽일 수도 있으나 또한 능히 사람을 살릴 수도 있습니다."

평산 선사는 가가대소를 하며 나옹 선사의 손을 잡고 방장으로 돌아가 차를 권하고 수개월을 머물게 했습니다. 평산은 나옹 선사의 말과 내뿜는 기운이 부처님과 조사에 걸맞고, 종지를 보는 눈이 분명하여 그 안목이 빼어나며, 그 말 가운데는 메아리가 있고 구절 속에는 칼날을 감추고 있다는 것을 알았습니다. 그래서 설암雪庵 선사가 전한 바와 설암 선사의 법의 한 벌, 불자 한 자루를 부촉하여 믿음을 표하고 아울러 게송을 지어 주었습니다.

　　　불자와 법의를 이제 부촉하노라.
　　　돌 속에서 티 없는 옥을 가려내었으니
　　　육근이 길이 깨끗하여 보리를 얻었고
　　　선정과 지혜 광명이 두루 갖추어졌구나.

선사는 평산을 하직한 후 곧 명주明州(지금의 절강성 영파寧波)에 이르러 보타산을 돌아다니면서 관세음보살에게 예를 올리고 돌아오면서 석가모니 부처님께 예를 올렸습니다. 그리고 그 절의 노스님으로부터 게송을 받았습니다. 이어 설창雪窓 스님·명주의 무상無相 스님·고목枯木 영榮 스님을 알현하였습니다. 고목 스님은 선사와 서로 마주 앉아 한참이 지나 물었습니다.

"수좌가 좌선할 때는 어떻게 마음을 쓰는가?"

나옹 선사가 대답했습니다.

"좌선 시에 쓸 마음이 없습니다."

고목 스님이 물었습니다.

"이미 좌선에 쓸 마음이 없다면 하루 가운데 누가 그대를 오고 가게 하는가?"

선사가 눈만 치켜뜨고 바라보니 고목 스님이 물었습니다.

"그것이 부모에게서 태어날 때의 눈이라면 부모에게서 태어나지 않았을 때에는 무엇으로 보는가?"

선사가 할을 하며 말했습니다.

"무엇을 '태어났다', '태어나지 않았다' 라고 하십니까?"

고목 스님이 나옹 선사의 손을 잡으며 말했습니다.

"누가 고려가 바다로 가로막혀 있다고 하는가?"

선사는 소매를 떨치고 나가 버렸습니다.

공민왕 원년(1352) 4월 2일 나옹 선사는 무주婺州 복룡산伏龍山에 이르러 천암원장千嵒元長 스님을 찾아뵈었는데, 마침 그날이 강호 천여 사람을 모아 입실할 사람을 시험하여 뽑는 날이었으므로 선사는 게송을 지어 올리고 차례를 따라 들어갔습니다.

천암 스님이 물었습니다.

"대덕은 어디서 오는가?"

선사가 대답했습니다.

"정자淨慈 선사로부터 옵니다."

천암 스님이 물었습니다.

"부모에게서 태어나기 전에는 어디서 왔는가?"

선사가 답했습니다.

"오늘은 4월 2일입니다."

천암 스님이 말했습니다.

"눈 밝은 사람은 속일 수가 없구나."

드디어 입실을 허락하여 그곳에서 대중들과 머물게 되었습니다.

후일 금강산 정양암正陽庵에 들어갔다가 다음 해 가을에 청평사淸平寺에 머물렀습니다. 그해 겨울 보암普庵 장로가 원지사元至寺로부터 지공 스님이 유촉한 가사와 편지를 가지고 와 선사에게 전수하였습니다. 1369년 병을 이유로 물러나서 다시 오대산으로 들어가 영감암靈感庵에 머물렀습니다. 이듬해 원나라 사도司徒 달예達睿가 지공 스님의 영골과 사리를 받들고 회암사에 왔습니다. 선사는 오대산을 나와 회암사에 이르러 영골에 예배하고 그런 뒤 성에 들어가 하안거를 지냈습니다. 9월에 공부선工夫選을 실시하였는데, 그곳의 맹주로 받들어졌습니다. 왕은 몸소 행차하여 참관하였으며 선교의 대덕들과 강호의 납자들이 모두 운집하였습니다.

선사는 법좌에 올라 입문의 삼구三句와 공부의 10절十節, 삼관三關으로써 모든 스님들의 수행의 정도와 능력의 깊고 얕음을 시험하였습니다. 혹자는 이치로는 통하되 사상事象 면에서 걸리며, 혹자는 매우 제멋대로 함이 심하여 실언을 하였습니다. 모두 다 알지 못하여 일구一句에 문득 물러났습니다. 법회를 마치고 나자 임금이 천태 선사 신조神照를 시켜서 공부십절목工夫十節目을 물어보니 곧바로 글을 써서 올렸습니다. 『한국불교전서』 권6(p.722 上~下)에 삼구, 삼전어, 공부십절목에 대한 내용이 상세히 기술되어 있습니다. 당시 이러한 내용은 승가고시에서 제출된 시험문제와도 같은 성격을 지니고 있었습니다.

  1371년 8월 26일에 임금은 공부상서工部尙書 장자온張子溫을 보내 편지와 도장을 내리고 금란가사와 법복, 발우를 하사하면서 '왕사 대조계종사 선교도총섭 근수본지 중흥조풍 복국우세 보제존자王師大 曹溪宗師禪敎都摠攝勤修本智中興祖風福國祐世普濟尊者'로 봉했습니다.

  태후도 금란가사를 헌납하고 송광사松廣寺를 동방의 제일 도량으로 삼아 그곳에 머물게 하였습니다. 선사는 지공 스님이 말한 세 개의 산과 두 개의 물에 대한 예언을 생각하고 다시 회암사로 옮겨 살겠다고 청했습니다. 이해 회암사의 북쪽 봉우리에 탑을 건립하고 지공 스님의 영골과 사리를 정중하게 봉안하였습니다.

  1373년 정월 서운산瑞雲山, 길상산吉祥山 등 여러 산을 돌며 많은 절을 일으켜 세우고 8월에는 송광사로 돌아갔습니다. 9월에는 칙령을 받들어 회암사의 소재법회消災法會를 주관하였습니다. 1374년 다시 이 절로 옮겨 주석하면서 전각을 중수하였고, 9월에 임금이 승하하자 선사는 몸소 장례식에 나아가 서식을 갖추어 왕사의 도장을 조정에 돌려주었습니다.

  우왕禑王이 즉위하자, 사신을 보내 내향內香을 내리고 동시에 인보印寶를 보내면서 다시 왕사로 봉했습니다. 회암사는 한양과 아주 가까운 거리였으므로 사부대중의 왕래가 주야로 끊이지 않아 번거로워지자 임금은 교지를 내려 스님을 영원사로 옮겨 머물도록 하고 출발을 재촉하였습니다. 가는 도중에 병을 얻어 여주 신륵사에 머물던 중, 5월 15일에 열반하였습니다. 다비를 하자, 두개골 다섯 조각과 치아 40개가 모두 타지 않았으며 수습한 사리가 수를 헤아릴 수 없었습니다. 5월 29일 회암사로 사리 등을 옮겨와 절의 북쪽 언덕에 탑을 세웠습니다. 또 정골頂骨사리 한 조각을 신륵사에 안치하고 석종石鐘을 조성하여 그 위에 덮었습니다. 선사의 세수는 57세요 법랍은 37하였으며, 시호는 선각禪覺이었습니다. 이색이 칙령을 받들어 탑의 비명을 찬술하였고 문인 각굉覺宏이 선사의 행장을 기록하였으며, 시자 각련覺璉이 『나옹화상어록懶翁和尙語錄』을 집성하여 세상에 유통시켰습니다.

   나옹 선사의 제자로는 무학 스님이 있습니다. 훗날 지공·나옹·무학 3대 스님을 '3화상'이라고 하여 불사에 증사로 청하여 모시게 되었습니다. 다음에 불자님들에게 널리 알려진 나옹 선사의 선시를 소개합니다.

    청산은 나를 보고 말없이 살라 하고
    창공은 나를 잡고 티없이 살라 하네
    사랑도 벗어놓고 미움도 벗어놓고
    물같이 바람같이 살다가 가라 하네.
    青山兮要我以無語
    蒼空兮要我以無垢
    聊無愛而無憎兮
    如水如風而終我

현각 스님의 테마가 있는 법문
한국을 빛낸 선사들

2011년 5월 25일 초판 1쇄 인쇄
2011년 5월 30일 초판 1쇄 발행

글쓴이　　최현각
펴낸이　　김희옥

출판부장　　김윤길
편집　　심종섭, 심경숙, 김덕희, 김도형
마케팅　　김용구, 김용문
관리　　최옥향

디자인　　나라연
인쇄　　서진인쇄

펴낸곳　도서출판 한걸음 · 더 | **등록**　2007년 11월 15일(제2-4748)
주소　서울시 중구 필동 3가 26 | **전화**　02) 2260-3482~3, 2264-4705 | **팩스**　02) 2268-7851
전자우편　book@dongguk.edu | **홈페이지**　www.dgpress.co.kr

ISBN 978-89-93814-36-1　03220

- 책값은 뒤표지에 있습니다.
- 잘못된 책은 구입한 서점에서 바꾸어 드립니다.
- 도서출판 한걸음 · 더는 동국대학교출판부의 자매 브랜드입니다.